サステイナブルな住宅・建築デザイン

新しい空間創造の方法

竹山清明

日本経済評論社

プロローグ

　20代の後半，様々な公共建築や集合住宅を設計しながら，現代の建築設計やその論は間違っているのではないかと思い始めた．現代の建築設計とは，本書29頁以降に詳しく記している装飾がなく，平坦な壁やフラットな屋根を持つモダニズム様式の建築のことである．

　その後もいろいろ，試みに考えてみるのであるが，どのような建築デザインや建築様式で建物をつくればよいのか判然としなかった．建築専門外の友人からも，日本の街並みはすごく醜いが，欧米のように整った街並みにするにはどうすればよいのか，専門家としてどのように考えているかを問われることも少なからずあった．しかし，そのような質問には，的確に答えることはできなかった．良心的な建築設計を専門とする友人とも，日本の街並みを美しいものにするにはどうすればよいかを議論することもあったが，そこでも明確な答えを出すことはできなかった．

　50代に入り公立大学に勤めることになり，研究者の立場から建築デザインを真面目に掘り下げて考えざるをえないことになった．それからの12年間にわたる調査や考察の産物がこの図書である．

　結果として，これまでの既存の建築に対する論考とはかなり趣が異なるものとなった．それは，それらのようなつくり手・建築専門家の立場からではなく，使い手・住み手である市民の立場から考察を行ったためである．

　モダニズム建築デザインがアプリオリに（理論的な検討をするまでもなく先験的に）正しいと考えるのが現代の建築専門家の一般的な考え方である．私自身はこのような考え方に疑問を持ってから長いが，世界的に支配的なこのような考え方に明確に対置する考え方の確立は，簡単ではなかった．しかし今回の論考で，どうにか，かなりはっきりとそのような考え方の問題点の指摘と，それに対する代替案を提起することができたと思っている．これらにつき皆さまからご意見・ご批判をいただければ幸いである．

本書は全7章からなるが，第1章は日本の街並みを醜くしている一番の原因であるスクラップ＆ビルドの都市・建築づくりの問題点について，第2章・第3章は，現代建築の理論的解明と建築の本来的なあり方について，第4章は市民の住宅デザインに関する考え方の調査で，第5章は，市民が主体的に美しい街並みづくりを行うための法制度について，第6章では，これからの望ましい住宅建築様式のあり方を探り，第7章では，望ましい住宅建築様式づくりのための優れた先行事例を，紹介している．

　なお，本書では，同じような論旨が異なる章や項で繰り返されることがある．1つは12年間の長期にわたる執筆のため各章や項が部分的に重なり合いながら書かれていることによる．そして単線的に記すより，複線的・複合的な記述の方がより深くご理解いただけると考え，それらは大きく直すことはしていない．もう1つは，その論旨が重要な内容を含んでおり，それを含むセンテンスや項などの理解には欠かせない場合，いちいち初出に戻って意味を引くようでは，その部分の記述内容の理解はスムーズには行えないと考えたことによる．それを防ぐため，ややくどくはあるが，重要な論旨の繰り返しての記述は残すこととした．通読されると，またかとやや食傷気味になるかもしれないが，以上のような意図を持って編集していることをご理解いただきたい．

　最後に，この図書の主要なテーマになっているデザインの定義を簡単に記しておきたい．デザインという言葉には広義の意味と狭義の意味の2種類がある．建築のデザインの場合，広義では，平面計画や構造・設備なども含め，総合的に形づくることを意味する．狭義の意味は，いわゆる意匠や造形，および，なじみやすさやアイデンティティなどの文化的情報に関わる形づくりのことを指す．

　広義の意味でデザインを論じても多義的になり，深い分析は困難である．この図書では，デザインという言葉を，住宅や建築の狭義の文化的情報に関わる形づくりを意味する言葉として用い，そのあり方に検討を加える．

目次

プロローグ

1. スクラップ＆ビルドを繰り返すわが国の都市・建築づくり … 1
    1-1. スクラップ＆ビルドの都市・建築づくりを考える 2
    1-2. スクラップ＆ビルドの都市・建築づくりの実態 5
    1-3. ストック性の高い住宅・住宅地づくりが必要との最近の論調 10
    1-4. 景観法が街並み・住宅の文化性の向上を課題にすえる 13
    1-5. スクラップ＆ビルドが環境問題を悪化させる 16
    1-6. スクラップ＆ビルドが資産形成の障害に 18
    1-7. スクラップ＆ビルドが市民の生活充足を妨げる 26

2. 現代建築とは何か …………………………………………… 29
    2-1. 現代建築デザインはモダニズム様式 30
    2-2. モダニズムデザインの社会的経済的背景 32
    2-3. モダニズムデザインの造形論的背景 38
    2-4. 現代建築のデザイン傾向 55
    2-5. モダニズム建築の計画論・造形論とその後の評価 60
    2-6. 市民的保存運動が起こる近代洋風建築，起こらないモダニズム建築 65
    2-7. モダニスト建築家は何を考えて設計しているか 70
    2-8. 生産性第一のモダニズム建築デザインの問題点と発展の方向性 77
    2-9. 西山夘三の建築造形の分析・評価からデザイン論を考える 84

3. 住宅・建築とそのデザインの本質的な役割 91

    3-1. アメニティと住宅デザイン　92
    3-2. マズローピラミッドと生活空間のあり方　102
    3-3. 住居と人権　108

4. スクラップ＆ビルドを乗り越える生活空間づくりを探る 113

    4-1. 住み続けられる戸建て住宅の建築デザイン　114
    4-2. 関西において好まれる住宅デザイン　141
    4-3. 新開発団地に建設される建築様式の傾向　153
    4-4. 市民が望む住宅・住宅地のあり方を探る　157
    4-5. 「都市の評価イメージ」とアメリカの住宅ストックの実態
            169

5. 市民による街並みデザインが可能になった 177

    5-1. 景観法による市民主体の街並み景観づくり　178
    5-2. 地権者の 2/3 で行政に地区計画が提案できる　179
    5-3. 行政や専門家の役割　182

6. これからの日本的な住宅建築様式を考える 187

    6-1. 大正モダンをモデルにした新しい様式　188
    6-2. 新しい和風の様式の検討　192
    6-3. 輸入様式であるモダニズムの人間化の課題　196
    6-4. ポピュリズム批判と西洋風デザイン支持批判の問題　198
    6-5. 美しい住宅デザインの普及に必要なこと　205
    6-6. これからの住宅づくりは登録文化財を目標に　210

7. 優れた事例に学ぶ 215

    7-1. 優れた事例に学ぶ　216
    7-2. イギリス近代の住宅地レッチワース　217

7-3.　サンフランシスコの好まれる住宅・住宅地　220
7-4.　横浜市郊外のマーク・スプリングス・カーサ　224
7-5.　神戸市西神ニュータウン，シアトル・バンクーバービレッジ　227
7-6.　100年定期借地によるさいたま市の住宅地ムカサガーデン　230
7-7.　住宅による街並み景観づくりをめざす金山町　232
7-8.　大正モダンの建築様式に学ぶ　237
　　　南海鉄道浜寺駅駅舎（設計：辰野金吾ほか）　240
　　　JR 萩駅駅舎（設計：不詳）　242
　　　求道会館（設計：武田五一）　244
　　　旧制松本高校本館・講堂（設計：不詳）　246
　　　旧制姫路高校講堂（設計：不詳）　248
　　　紫織庵（設計：武田五一・上坂浅次郎）　250
　　　スパニッシュ・ミッション様式の住宅（設計：W.M. ヴォーリス）　252
　　　京極小児科住宅（設計：不詳）　254
　　　西本願寺神戸別院 M 寺（設計：筆者）　256
　　　芦田内科（設計：筆者）　258
　　　惣山町の家（設計：筆者）　260
　　　北野白梅町の家（設計：筆者）　262

参照図書　264
エピローグ　268

1. スクラップ＆ビルドを繰り返す わが国の都市・建築づくり

1-1. スクラップ＆ビルドの都市・建築づくりを考える
1-2. スクラップ＆ビルドの都市・建築づくりの実態
1-3. ストック性の高い住宅・住宅地づくりが必要との最近の論調
1-4. 景観法が街並み・住宅の文化性の向上を課題にすえる
1-5. スクラップ＆ビルドが環境問題を悪化させる
1-6. スクラップ＆ビルドが資産形成の障害に
1-7. スクラップ＆ビルドが市民の生活充足を妨げる

六本木ヒルズから見る乱開発東京

1-1. スクラップ&ビルドの
都市・建築づくりを考える

スクラップ&ビルドが日本の醜い街並みをつくる

　わが国のおおかたの住宅や建築・都市空間は，混乱した醜い姿・景観をしている．何故そのようなことになったのかについては様々な理由があろう．その中で現象的に捉えやすく，他の様々な理由を集約するものと考えられるのが，スクラップ&ビルド[1]を繰り返す都市の形成・再形成と建築物の構築・再構築である（以降この図書ではこれを「スクラップ&ビルドを繰り返す都市・建築づくり」と呼ぶ）．歴史的・文化的で豊かな生活空間の確保よりも利潤優先の施策を支持する国民の意向，建物や都市を「仮の宿」と意識する歴史的な思想傾向，歴史や文化など伝統に対する今どきの人々の執着心の乏しさ，それらに起因する開発に関わる法規制の緩さ，流行に弱く新しいもの好きといった人々の嗜好，大多数の市民が合意する街並みを魅力的に形成できる建築デザインの欠如，街並み景観が大切であるとする市民的意識・世論の未発達，などが混乱した街並み形成の理由であろう．そしてこれらの理由に起因する具体的な現れは，現象的には，質の低い安物を建ててはつぶしまた建てるという，スクラップ&ビルドを繰り返す都市・建築づくりに集中的に体現されているように思われるからである．

安定して美しい欧米の都市空間

　ひるがえって，欧米の都市をながめてみるとその多くは，長期的に都市景観の変化が極めて少ないのが特徴である．中世・近世・近代に由来する都市景観は美しく整えられ，わが国の都市のような経済優先の放埒な開発・再開発などによる景観破壊は少ない．開発圧力の強いロンドン・パリなどの大都市でも景観の保護・保全はわが国とは比較にならないほど高い水準で行われ

---

[1] スクラップ&ビルド：一般には性能が低下した古い生産施設を更新すること．ここで問題にしているのは，工場建設のように生産性や経済性のみを目的として短期間で建築や都市施設が更新される都市形成・再開発をいう．

ているし，多くの地方都市では数十年あるいは百年以上も景観はほとんど変わっていないのではないかと思わせる安定した都市空間の保全が行われている．すなわち欧米の多くの国や都市では今や，スクラップ＆ビルドを繰り返す都市・建築づくりは主たる動きではない．そして人々は，豊かで安定した歴史的・文化的環境を愛でながら快適な生活をおくっている．

工場のように形成された日本の都市空間

さて，スクラップ＆ビルドという言葉は一般には否定的に用いられるわけではなく，古くなった工場施設を新しくつくり替え生産性を高めるという意味を持つ．必要により古い生産施設を更新することは当然で，比較的短期間でスクラップ＆ビルドを繰り返すことになる．

第2次大戦後，この工場建設のように生産性や経済性のみを目的として短期間で建築や都市施設が更新される都市づくりが，日本では全国的に展開された．生産性の向上を第一義とし，また固有の文化を低く見てアメリカ文化を崇拝する傾向も相まって，低価格で機能・効率性のみが重視され，利潤の追求に更に有利であればすぐさま建て替えられる，いわば工場施設のようなものとして都市や建築・住宅が開発・建設されてきた．このような都市や建築のつくり方がスクラップ＆ビルドを繰り返す都市・建築づくりである．

美しい生活空間はあこがれに

一方，一般的な都市や地域空間あるいは建築・住宅は，工場のような生産性の拡大のみを目標とする施設や空間ではなく，経済の発展に関わりながらも，人々が安定的に幸せに生活するための場でもある．ヨーロッパの多くの地域では，生活空間を歴史的な文化性を持つ安定的で美しいものとして形成し維持管理してきた．そのような美しい数々の都市は，現在のわが国では多くの人々のあこがれにもなっている．

後発国に特徴的なスクラップ＆ビルドの都市形成

こう見てくるとスクラップ＆ビルドを繰り返す都市・建築づくりは，極めて日本的な（そして経済の成長を図る後発の国々に特徴的な）問題であるこ

とがわかる．経済の成長過程におけるある程度の都市のスクラップ＆ビルドは当然に認められるべきことである．しかし日本は今や世界のトップクラスの経済力を持つに至ったにもかかわらず，依然としてスクラップ＆ビルドの都市形成が主要なあり方として繰り返されている．

やや具体的に述べてみよう．わが国では一般に住宅や建築は短期的な消費財として考えられ，長期に使い続けられる価値の高い資産として位置づけられてはいない．例えば1996年の旧建設省の発表では戸建て住宅の建て替えまでの期間は，日本26年，アメリカ44年，イギリス75年となっている．他の国連のデータを用いた試算では，日本27年，アメリカ・ドイツ100年，イギリス200年とも言われている．戸建て住宅は他の国では2～8世代にわたって住み続けられる長期的な社会的資産であるが，わが国の戸建て住宅は，どちらの調査でも1世代の間しか利用されない，短命で私的な消費財でしかない．1世紀の間に4回も建て替えられるということは，じっくりと安定した街並み景観を熟成するよりも，その時々に流行った工業製品を用いて安価を旨とした安っぽいデザインのものか，新奇なデザインで住宅・建築がつくられることになる．街並みはますます混乱の程度を深めていくことになる．

これがわが国の第2次大戦後の住宅・建築・都市計画の特徴であるスクラップ＆ビルドを繰り返す地域の空間形成の具体的な特徴である．先にも述べたとおりスクラップ＆ビルドを繰り返す都市・建築づくりとは，短期間で既存の建物を取り壊し，そこに新たな建物を建設する．そしてそのサイクルが継続するというものである．長期に使うに耐えない質の低い建物や住宅を建設するために，短期で更新せざるを得ないという実態と，常時，建物を更新・建設することによる建設・不動産資本の永続的な仕事づくりという側面もある．

サステイナブルな生活空間づくりをめざす

本書はこのスクラップ＆ビルドを繰り返す都市・建築づくりを克服して，ストック性の高い長く使い続けられる魅力的な住宅・建築や街並みを形成する方策を探ること目的とする．なかでも身近な，住み手や所有者・開発者がその気で取り組めば，具体的な成果をつくり出しやすい，高いストック性を

持つ住宅や住宅地のあり方の探求を最も主要な課題としたい．より具体的には，サステイナブル[2]な住宅・まちづくりのデザインを主要な課題として追求すると言い換えてもよい．その過程で，現在のわが国の都市や住宅地を形成するメインストリームであるモダニズムの建築・住宅デザインのあり方についても，市民的な立場から検討を加えることとする．何故デザインを主要な課題として追及するかについては 4-1 から 4-5 をお読みいただきたい．物理的耐久性などは従属条件であり，文化的な質であるデザインがサステイナブルな住宅やまちづくりのあり方に決定的な役割を果たすと考えられる点に，具体的な検討を加えている．

1-2. スクラップ＆ビルドの都市・建築づくりの実態

　スクラップ＆ビルドを繰り返す地域づくりの問題点の１つは，その継続により，世界の環境問題に否定的な役割を果たしているという点である．取り壊しによりおびただしい廃材を生み出し，度重なる新築で世界の木材などの資源を浪費していることになる．問題点の２つめは，建物の質が低いことにあわせ，短期で建て替えられるため，その住宅や建物の所有者および社会的な資産形成を阻害するという点である．問題点の３つめは，短期での建て替えを前提とするため，建設される住宅や建築の質が低い．これによりわが国の住宅・建築や街並み景観や環境は醜い混乱したものとなっており，そこで暮らす人々の幸せな生活の実現を阻害するという点である．これらの問題点については，後の章でやや詳しく検討を加えたい．

---

2) サステイナブル：サステイナブル・ディベロップメント（Sustainable Development：持続可能な開発）を語源として用いられている言葉．サステイナブルの単語だけでは「持続できる」との意味に過ぎない．しかしサステイナブル・ディベロップメントからの派生語として，「現代の人類が，将来の人類の利益や要求を損なわない範囲内で環境を利用・活用し，要求を満たしていこうとする理念」をベースに持っていると考えられる．1992 年の国連地球サミットでは，「環境と開発に関するリオ宣言」や「アジェンダ 21」に記され，現代の地球規模の環境問題に関して世界的に大きな影響を与える理念となった．

以下で，スクラップ&ビルドを繰り返す都市・建築づくりのこれまでの状況と，それに対して異を唱えつつある一般世論の方向性や，批判する論調，そしてそのような状況の改善をめざす法の制定など，最近の大きな流れについて簡単に触れたい．

乱開発京都と，整えられたウィーンの市街地

　最初に述べたようにわが国の多くの都市の街並み景観は，混乱して醜いものである．建ち並んでいる建物の高さや形態がバラバラで街並みそのものが混乱した猥雑な印象を与えるとともに，道路にはみ出した電柱や電線や電話線がその猥雑さを倍加しているという光景が一般的である．

　例えば写真1-1-1は2001年12月の京都市内の中心市街地の写真である．都市内の住宅地としての利用と商業・業務地としての利用が混在している地域である．建物の高さはバラバラで，各々のデザインも四角く装飾のないいわゆるモダニズムのデザインのビル・マンション建築の間に，瓦屋根の町屋がポツポツと残されている．また，容積率規制が緩いこともあり，外部空間のゆとりは少なく高密で，居住する上での快適性の低い空間になっている．

　電柱がそこかしこに立ち，電線は傍若無人に空を覆う．色の派手な大きな看板が眼の付く範囲に隙間少なく掲げられている．伝統的な町屋は美しいが，新しく建てられたマンションやビルは，戦後アメリカから輸入されたモダニズムに倣い経済効率を第1の目標としてつくられた安っぽいデザインであり，質の高い美しいものであるということはできない．このように街並みもそれを構成する主要な建物も，間違っても，それを愛でて心が落ち着くものであるとは言いにくい．

　この街並みは，おそらく1950～60年代までは，数少なく現存しているような伝統的な京町屋が主要に建ち並ぶ，美しい都市空間であったのであろう．しかし，主として高度経済成長期以降に，建築規制が緩いことによる低層と中高層の建物の混在などで整った街並みが破壊された．古都京都の中心市街地であっても全国のどの都市にもみられる混乱した街並み空間となってしまった．あとに建てられたビルは建物としても風格や魅力は乏しく，長期に大切に使い続けられる質は獲得できていない．そのため短期でスクラップ&ビ

ルドされる可能性は高い。これを欧米の京都と同様に歴史的な都市の街並みと較べてみよう。

写真1-1-2はオーストリアの古都ウィーンの市街地の街並みである。ここも住宅と業務利用が混在した地区である。ウィーンの中で特に美しくはない普通の街並みである。しかし、建物の高さや壁面線が概ね整っており、街並みは、京都のものに較べ格段に美しい。建物のデザインの質も京都の中層建築に較べかなり高い。左手前のビルは、最近建てられた四角く装飾のないモダニズム様式の建築である。そのデザインはかなり練り上げられたものですっきりとしている。その右奥の建物は、ヨーロッパの伝統的なルネッサンスの

写真1-1-1　混乱した京都の中心市街地

写真1-1-2　整然としたウィーンの普通の街並み

ヴィラ[3]様式の落ち着いたデザインである。さらにその隣は、19世紀末に流行ったモダニズム様式への過程であるゼセッション[4]様式の建物で、端正な様式が美しい。その向こうには、またルネッサンスの折衷様式の歴史的なデザインの建物が続く。このような、安易にスクラップ＆ビルドを持ち込むことなく、質の高いデザインの建築により構成されたバランスのとれた、歴史的な継続性・安定性を見せる街並みは、ヨーロッパの都市では普通の景観で

---

3) ヴィラ：イタリアのルネッサンス期につくられた貴族のための邸宅。
4) ゼセッション：ウィーン分離派のこと。19世紀末〜20世紀初頭に、イタリアルネッサンスの装飾の多い古典的な様式からの分離をめざし、ウィーンで進められた芸術運動。簡単な装飾が付加されるなど、現代建築より文化的情報が多い。

ある．

統一感に欠ける京都郊外住宅地，破綻のないサンフランシスコ住宅地

　写真1-1-3は，京都郊外の低層住宅地の写真である．民間開発の建売住宅の街並みとして，一般的なものである．写真1-1-1に較べ圧迫感や喧噪感は少ない．低密・低層で，道路からの天空率も高いためである．各々の住宅建築は，洋風や和風などのイメージを感じさせるものが多い．しかしそれらの建物のデザイン性や文化性の質はそう高くはなく，またデザイン的な統一感やバランス感が欠如している．道は狭く建物は道の近くまで出張ってきており，低層住宅地としては圧迫感がある．道路上には，電線が飛び交っており，これも街並み景観を貧しいものにしている．そのためごちゃごちゃした感じで，美しい街並みをじっくり眺めて楽しむ，あるいは私の街としてアイデンティティ[5]を持つようなことは難しい．これらの建物が，持ち主が変わっても長期間にわたって愛され使い続けられる愛着の持てる高い文化的質を持っているとは感じられない．持ち主が変わればいずれ建て替えられスクラップ＆ビルドが繰り返されることを予感させる．

　写真1-1-4はサンフランシスコ北部の低層住宅地の街並みである．低層とはいえかなり高密な住宅地で建物は街路沿いに配されている．しかし道幅はそれなりに広くゆったりとし，緑が意図的に植えられ，魅力的な街路を形成している．また街並み景観にノイズを加える電柱や電線は存在しない．

　建物は，南国らしい地中海様式を基本としたものなどが壁面線をそろえて建ち並び，違和感が少ない．ベストとはいえないが，空間的な変化がありながら調和がとれ，住む魅力を持つ住宅地であると評価できよう．これらの住宅はおおむね100年前に建設されたもので，所有者が変わっても大切に使い続けられている．売りに出されている住宅もあったが，数億円を超える高い価格がつけられていた．古いものでもデザインなどの文化的価値が売り物で，建物にも高い交換価値が継続され，大切に扱われ取引されている．

　以上，都市内の既成市街地および低層住宅地の景観の違いを概観してみた．

---

　5)　アイデンティティ：その人に身近で無理がなく愛着が持てること．自己同一性とも訳せる．

特別なものではない普通の街並み景観を単純に比較するだけで，わが国と欧米のそれとの質の違いはあきらかであるといえよう．街並み景観から判断すれば，わが国ではスクラップ&ビルドが暗黙の前提にあり，長期には使い続けにくいデザイン的・文化的質の低いものが普通で，欧米の少なくない都市では人々に好まれ，長期に使い続けられる優れたデザインのものが普通であることがわかる．

街並み景観が社会的課題に

これまでわが国では，街並み景観などの問題は重要な問題とは考えられてこなかった．一部の趣味人が贅沢に主張する好事家的な問題であると考えられていた節もある．しかし最近では，

写真1-1-3　京都郊外の戸建て住宅地のバラバラな街並み

写真1-1-4　サンフランシスコ北部住宅地の破綻の少ない街並み

人々の間でこのような日本の住宅・建築や街並み景観・文化的価値の問題が，現代の社会的に共通の課題と認識されるようになりつつあるように思われる．わが国においても，歴史的地区だけではなく，普通の地区で景観改善が課題になる時代となってきたということであるように解釈をしてもよいだろう．

例えば，18世紀初め，ロンドンは現在の日本の都市とは異なるがそれなりに混乱した都市景観であった．もちろん現代日本の大都市のように超高層や低層が混在した街並みではなく低層が中心の街並みではあったが，当時の貴族や新興資本家の師弟・建築家など専門家はイタリアやフランスに文化を学ぶグランドツアー[6]を行い，その美しい景観やデザインに大きく心を動か

された．18～19世紀をかけてイタリアの都市景観に学んだイギリスの支配者階級は，イタリアから輸入したジョージアンやビクトリアンなどと呼ばれるギリシャやローマに範を取ったクラシックなスタイルの建築様式を都市建築の基本として採用し，美しいストック性の高い都市・建築・住宅づくりを推進した．

一方，わが国では1980年代前後から，中産階級などの海外旅行が一般的になり，多くの国民が欧米の街並み景観の美しさを経験した．この結果，欧米に較べてわが国の街並み景観の質が大幅に低いことが，多くの市民の共通認識となったといえるであろう．筆者の具体的な経験では，初めてのヨーロッパ旅行から帰った人たちに彼我の街並みの違いについて感想を聞くと，ほとんどの人が日本の街並みの貧困さを嘆く．特に帰りの飛行機から降りて日本の街並みにさしかかると，ヨーロッパで体験した美しい街並みとのあまりの違いにがっかりするというのが，ほとんどの人の意見である．住宅の物理的質の向上や住宅戸数の一応の充足もあいまって，住宅の美しさや街並み景観が，現代の少なくない人々に共通の課題と認識されるようになったといってよいだろう．

1-3. ストック性の高い住宅・住宅地づくりが必要との最近の論調

以上のような欧米に較べてわが国の街並みが問題であるとする社会常識の広がりの影響を受けてか，混乱して文化的質が低く，スクラップ＆ビルドが続くわが国の住宅・住宅地に対し，誰もが住みたくなる魅力的で長期間使い続けられる価値の高い住宅・住宅地の形成が必要であるとする論が展開され始めた．以下に特徴のある論旨を簡単に紹介したい．

---

6) グランドツアー：18～19世紀にイギリスの貴族や資本家は文化の輸入のためその子弟やお抱えの建築家などを文化先進国であるイタリアなどに長期研修に派遣した．

住宅と街なみの質を高度化するという欲望（山田良治）[7]

和歌山大学の山田は，経済学者の立場から，人々の欲望の発展と建築デザイン・街並みの関係を，「住宅に対する欲望は，次第に街なみに対する欲望を派生させ，両者が密接に絡み合った社会的欲望として顕在化してくる」，「住宅が持つ資産性という特質は，そこに住むという実体的な欲望をベースとしながら，住宅と街なみの質を高度化するという欲望をさらに促進・加速する要因となる」と述べている．

すなわち持家化が進むにつれ，所有者は住宅のデザインや街並み景観が優れた美しいものになることを望むようになる，そしてそれは社会全体の傾向である，というように要約できよう．

日本の住宅はなぜ貧しいか（戸谷英世）[8]

NPO住宅生産性研究会の戸谷英世は，サステイナブルハウス（人々の好みに適合し長期間住み続けられる住宅）の必要性を説き，その要件を以下の5点にまとめている．またサステイナブルハウスの実現のためには，街並み景観が美しいことが最重要の条件であると述べている．

- アフォーダブル[9]（収入の25%以下の住宅費）
- バリュアブル[10]（クラシックデザインの住宅はリモデルし使い続けられる）
- フレキシブル[11]（ライフステージの変化に対応できる）
- セイフティ，ヘルシー（安全で健康な生活環境を確保できる）
- ノスタルジック（懐かしさを感じる心象風景）

古くて豊かなイギリスの家，便利で貧しい日本の家（井形慶子）[12]

随筆家の井形慶子は，イギリス人の既存住宅の購入行動では，個々の住宅

---

7) 建築とまちづくり，2004年1月号（新建築家技術者集団）．
8) 日本の住宅はなぜ貧しいか（井上書院），2003年．
9) アフォーダブル：無理なく負担できる．
10) バリュアブル：価値があること．具体的には古い住宅でも売買価値が下がらないこと．
11) フレキシブル：間取りの可変性が高いこと．

より街並みが重視されること，住宅の質についても間取りなど物理的な質よりも建築様式など文化的な質が重視されることを明らかにした．そして日本の家は便利ではあるが文化的に貧しいこと，そしてイギリスのような住宅や街並み形成が行われることを望ましいことと主張している．

失われた景観（松原隆一郎）[13]

東大の都市工学科出身で同大学院経済学研究科教授の松原は，日常景観を汚しても省みない日本の実態をえぐり出し，これからの日本にとって景観保全が総合的に重要な課題であることを指摘している．彼は「失われた景観」の序論の終わりに，次のような記述を行っている．「爾余[14]を捨てても経済の建て直しが昨今ではあるが，それにともなう景観破壊が《一部の人にではあれ》問題として認知されつつあるということは，経済改革においても考慮すべき秩序があると気づくきっかけが現れたことを示している．景観と経済で後者のみを重視してきた戦後日本において，その経済観に疑問が突きつけられたということなのである．」と記している．また終章では「イタリアにおいては自治体ごとに手法の異なる『マイクロ・プランニング』で都市改造が実施され……復活させた年ごとの伝統的な景観が……その中で散策し買い物することの楽しみを倍加させている．こうした事例を考察すると，景観保護を経済活性化の観点から眺めることも必要であろう．」とのべ，景観が経済活動にも大きな効果がある可能性を示唆している．

快適都市空間をつくる（青木仁）[15]

青木は，国の行政官として都市・建築・住宅分野に携わってきた責任から，「生活軽視」の「生活空間」問題に大きな責任を感じている．そして第1章末尾で「最終的には，私たち自身の『発想と価値観の転換』が必要なのである．『どうせこの国の街は良くならない．せめてたまには外国旅行して，

---

12) 古くて豊かなイギリスの家，便利で貧しい日本の家（新潮文庫），2004年．
13) 失われた景観（PHP新書），2002年．
14) 爾余：「その他」のこと（筆者注）．
15) 快適都市空間をつくる（中公新書），2000年．

日々の生活の垢でも落とそう』という発想は捨て,『いまの制度が変わるわけがない,抜本的制度改善,規制緩和など起きるはずがない』という既成概念を打ち破ることができれば,より良い21世紀の快適な生活空間づくりのための『社会制度の枠組み』を作り上げることは可能なのだから.」と記し,街並みや景観の改善などを現実的な課題にあげている.

美の条例(五十嵐敬喜・野口和雄・池上修一)[16]

　五十嵐らは「はじめに」の末尾で次のように記している.「1992年のある日,真鶴町役場の2階会議室……中でスライドが写されていた.イギリス……インド……ソウル……日本の寺社の屋根.スライドは『場所を超え,時間を超え』て生起した建築と町の『名づけえぬ質』を捉えていた.……スライドが終わってカーテンがあけられ……そこから見える真鶴町の風景……町長も職員も全員が一様に,真鶴町に最も欠けているものが『美』であることを瞬間的に了解したのである.……『美の条例の制定』はその場で決まった.しかし,それはどのようにしてつくることができるのか.」と美の条例制定の取り組みのスタートの雰囲気を伝えている.そして様々な取り組みや努力の後,この条例は翌年の1993年に制定された.

　以上の6冊の図書の論点は総合的には様々である.しかし共通しているのは,人々が幸せに暮らす上での街並み景観の重要性を語っていること,そしてその改善の必要性や改善の方向性を現実的な問題として語っていることである.これまではあまり意識に上らず論議の対象になりにくかったわが国の街並み景観の問題が,実践的な課題として掲げられつつある傾向がわかる.

1-4. 景観法が街並み・住宅の文化性の向上を課題にすえる

　最近制定された景観法や住生活基本法なども,ストック性の高い美しく文

---
16) 美の条例(学芸出版社),1996年.

化性の高い生活空間の実現を求めるそのような考え方を背景にそれを実体化しようとしているものであると考えられる．法律で街並み景観の改善や住宅・建築の文化的価値の重視が定められるということは，単に一部のものの意見としてそれらが重要であると意思表明されたのではなく，国民の総意としてその必要性が認知され，具体化が現代的課題になっていることの証しであろう．

一般の街並み改善を課題としてかかげる景観法

2005年6月から全面施行になった景観法は，「わが国の都市，農山漁村等における良好な景観の形成を促進するため，景観計画の策定その他の施策を総合的に講ずることにより，美しく風格のある国土の形成，潤いのある豊かな生活環境の創造及び個性的で活力ある地域社会の実現を図り，もって国民生活の向上並びに国民経済及び地域社会の健全な発展に寄与することを目的とする．」具体的には，自治体で「景観形成計画」を作り，指定地域において，建築物の色やデザインなどを規制できるようにする，規制に合わない場合は市町村長が変更を命じることもできる，住民が「景観協定」を結び色彩や建築様式など景観上の統一を図ることができる，などの内容となっている．NPO法人などが法的に位置づけられた「景観形成機構」として重要建築物の保全や景観づくりに取り組むことができる，住民自身が景観形成の素案を行政に発意し地区計画として都市計画決定を行う「景観地区（景観地区の具体的な用い方については5-1，5-2で詳述）の制度が導入された」などの内容も含まれる．この法律は，歴史的景観に限らない一般の街並景観の改善を法律として取り上げたという意味では，大きな意味を持つ．また地方自治体が国法を超える規制を条例により定めることができることも高く評価できる．しかし，乱開発が基調となっている日本の現状から，十全に機能させることはそう簡単ではないかもしれない．今後，全国各地での地方自治体と住民とが協力した地道な取り組みが必要であると考える．

「良好な居住環境の形成」を目的にかかげる住生活基本法

2004年の政府の住宅政策改革要綱では，市場・ストック活用，セーフテ

ィネット・消費者保護などとともに良好な住宅・居住環境形成を課題として掲げていた．2005年には経団連や大手ハウスメーカーなどの団体である住宅生産者団体連合会（住団連）が「住宅・まちづくり基本法」につき提言を行い，「社会資産としての住宅・住環境，美しい街づくり，暮らしにあわせた住まい方（経団連）」や「住生活価値の最大化（住団連）」などを主張した．そのような経過の後，国民の「住生活の安定の確保・向上」を目的とし，国自治体や事業者の責務を示した住生活基本法案が2006年6月に成立・施行された．目的実現へ向けた基本理念・基本政策には，住生活の基盤となる良質な住宅の供給など，ユーザーの利益擁護・増進，居住の安定の確保などとともに，「良好な居住環境の形成」があげられている．その具体的な内容は，「第四条，住生活の安定の確保及び向上の促進に関する施策の推進は，地域の自然，歴史，文化その他の特性に応じて，環境との調和に配慮しつつ，住民が誇りと愛着をもつことのできる良好な居住環境の形成が図られることを旨として，行われなければならない」となっている．住宅そのもののデザインも含めた文化的質や，街並み景観を含めた居住環境が，住民が誇りと愛着を持てるような高い質で形成される必要があることを，法案は明確にしている．

普通の街並み景観の形成が課題

このように住環境の自由権[17]を支持するリベラルな性格を持つ住生活基本法や景観法による既存の都市法制（都計法，建基法，再開発法）の乱開発促進方向のコントロールの方向性が示された．以上のように法律面から見ても，街並み景観や住宅・建築の文化的価値であるデザインの改善が国民的な課題になったと判断できる．これまで法は，歴史的に評価の定まった文化財的建築や歴史的景観のみを評価対象にしていた．しかし今や，どこにでもある普通の街並みや住宅・建築のデザインの改善を，都市・地域づくりの基本的な課題とするように，法律のスタンスに抜本的な変化が現れた．ただし法律の目的として街並み景観や住宅の文化的質の向上が記されたとしても，それが自ずと実現できるわけではない．一応の目標として掲げられたに過ぎないと

---

17) 自由権：111頁に詳述．

もいえる．しかし，目標として認識・合意されるか否かは，その改善を進める上で，天と地ほどの開きがある．ようやくスタートラインに立ったということで，これからの多様な取り組みが期待される．

1-5. スクラップ＆ビルドが環境問題を悪化させる

　スクラップ＆ビルドが繰り返されるわが国の一般的な街並み景観や住宅・建築デザインの混乱がどのような問題を抱えるか．1-2 で述べたスクラップ＆ビルドの 3 つの問題について少し考えてみたい．

　第 1 の問題は，スクラップ＆ビルドが現代的課題である全地球的な環境問題に大きなマイナスの影響を与えていることである．この点は非常に重要な問題であるが詳しくは別の専門書に譲り，以下に簡単に触れる．

世界の森林資源の浪費

　スクラップ＆ビルドの継続により世界の森林資源などを浪費していることが問題である．2000 年前後にはわが国は年間約 1 億立米の木材を消費している．うち約 20% は国産材の利用であるが，残りの約 80% は輸入にたよっている．

　輸入先別では，アメリカやカナダの北米が約 30%，東南アジアからが約 13% である．使用目的は，パルプチップ用が約 40%，建材用が 55% で，その他が 5% となっている．建材としての輸入量は約 4400 万 m^3 に達する．

　世界的な森林面積は 2000 年現在で約 39 億 km^2 であるが，毎年約 1200 万 ha と日本の国土面積の 1/3 程度が減少[18]している．この減少の主要な要素は熱帯雨林における減少で，過剰な焼き畑農業や現地の人々の燃料としての使用量の増加，森林火災などを原因とする．これまでの循環的な森林利用が，そのような地域における大幅な人口増によって，環境食いつぶし型の森林利用に変化している．この問題はこれからも大きい問題を抱える．森林資源問

18）　環境要覧 2005/2006，8 頁／地球環境フォーラム編／2005．

題に関わる最重要な問題である．

　一方，先に述べた日本の年間約 4400 万 m³ の建材としての木材の輸入・消費は，少ない量ではない．後出の図 1-5-1 の欧米のモデルのように，建設量を 1/3 程度に減少させ，それが同比率で木材の建材に反映すると仮定すれば，建材としての利用は 1500 万 m³ に減少する．すなわち約 3000 万 m³ が減少するわけで，木材輸入量は 4 割の減となり，世界的な森林資源の保護に少なくない役割を果たすことができる．

解体ゴミによる産業廃棄物問題

　スクラップ＆ビルドは新たな建設によって資源を浪費することだけが問題なのではない．解体された建築の残骸の処分のために新たな環境問題を生み出す．海洋や森林地帯のゴミによる埋め立てで自然を破壊するとともに，ゴミの運搬や処理のために，無駄な化石エネルギーの消費を必要とする．2002 年の産業廃棄物のうち建設業にかかわるものは 735 万トンでシェアは約 20%（図 1-4-1）である．同程度のシェアを持つ農業・エネルギー産業とともに最も排出量の大きい産業分野の 1 つである．

温暖化にも大きい影響

　地球温暖化問題からも，スクラップ＆ビルドは検証される必要がある．2002 年における日本の CO_2 排出量は世界の総消排出量の 5% で，全体の 1/4 を占める 1 位のアメリカ，2 位・3 位の中国・ロシアに次いで第 4 位（図 1-4-2）となる．アメリカから日本までの 4 カ国で，世界総排出量の半分を占める．わが国の GDP ベースで考えれば，1999 年の国内総最終消費支出は約 370 兆円であったが，そのうち建設投資は約 70 兆円であった．すなわち建設投資は全体の消費額の概ね 20% の大きなシェアを占める．CO_2 排出量と消費額がストレートに相関するとすれば，わが国の建設投資は，CO_2 排出量で全世界の 1% 程度に関わるということになる．建設量が 1/3 になれば，世界的な CO_2 排出量は 0.7% 減少することになる．これも少なくない数値である．

　以上のようにスクラップ＆ビルドを行わないでも使い続けられる住宅や建

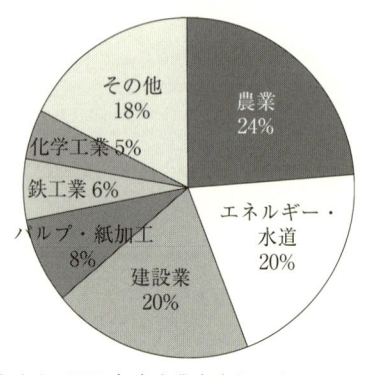
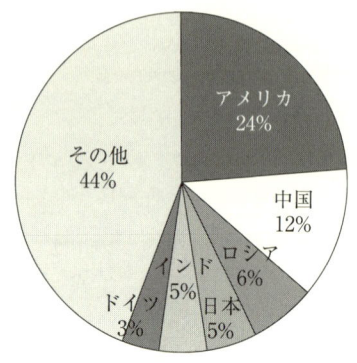

図1-4-1　2002年度産業廃棄物の業種別排出量
　総排出量は393百万トン
　環境省：産業廃棄物の排出および処理状況等，
　環境要覧2005/2006より作成．

図1-4-2　2000年炭酸ガス排出量
　環境要覧2005/2006より作成．

築の建設・整備が，環境問題の多様な面からも課題となっていることがわかる．

　これまでのようなスクラップ＆ビルドの不動産投資による経済活性化施策はこれからの地球や日本には不適切であるように思われる．欧米のようなストック形成の住宅・都市政策と，農林業など１次産業の振興や，まっとうな製造業を基調とした，健全な経済政策に転換していくことが求められている．

1-6. スクラップ＆ビルドが資産形成の障害に

　第２の問題は，スクラップ＆ビルドが人々や社会の資産形成を妨げることである．

　スクラップ＆ビルドの問題点でこれまであまり取り上げられてこなかったのは，短期の建て替えを前提にすることにより，住宅など建物の価値が短期で著しく減価することである．すなわち日本の住宅は建設後に価値が下がり続け，人々は投下した資金を短期間で大きく損をしているという実態がある．

四半世紀ごとに新築する日本の住宅，100年後も価値を保つ欧米の住宅

　図1-5-1が，それをあらわした模式図である．ある敷地に住宅を建設し住み続ける場合にどのような費用負担と残存価値があるかを模式的に現したものである．あるいは，都市全体の投下建設資金と残存価値と考えても良い．この残存価値とは，法定耐用年数に基づく会計法上の減価を想定してのものではない．その時点での交換価値である．すなわち古い建物や住宅であっても，文化的価値や使用価値が高いということで売買の取引がなされる場合の価格を示す．

　日本では，概ね25年ごとにスクラップ＆ビルドがなされる．建てられる住宅は，コストをおさえる観点から欧米よりも手早くそして低い仕様で安価に建設される．0年からの建設後は急速に残存価値が低下し，25年で価値はゼロになる．またそこから同じようにスクラップ＆ビルドが繰り返される．ノコギリ状のグラフが連続する．投資額は，25年ごとに新築費用が上積みされる．100年後には資金投入額の累計は，1回の新築に関する資金投入額の4倍もの額に達する．しかしながらその時点では残存価値はゼロとなる．

　一方，欧米の場合はこれとは大きく異なる．最初の建設に関しては，長期に使い続ける質の高いものをつるため，工期はやや長めで，工事費も質の高い美しいものをつくるためやや高価であろう．時が経過すれば残存価値はわずかに低下するが，25年ごとに価値を復元する改修工事を行うと，残存価値は新築時相当に回復する．25年ごとに修繕するため投入資金累計は増加

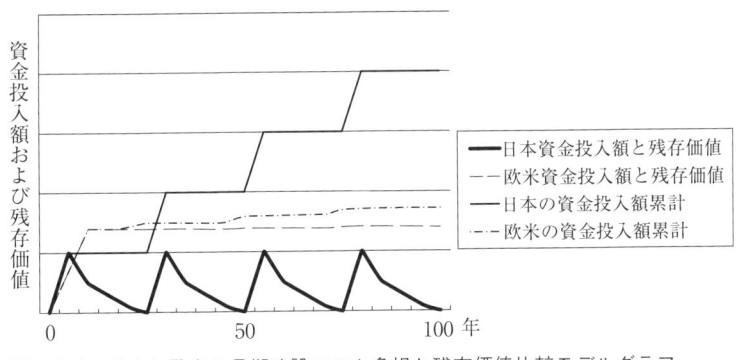

図1-5-1　日本と欧米の長期建設コスト負担と残存価値比較モデルグラフ

1．スクラップ＆ビルドを繰り返すわが国の都市・建築づくり

するが，日本のようなスクラップ＆ビルドに較べると総額ははるかに少ない．100年後にも新築時と同等の資産価値が継続していることになる．

毎年200～300万円を損する日本の新築持家住宅所有者

　実際に，日本の戸建て住宅の場合は，更地上に居住者が新築する場合でも，建て売り住宅を購入する場合でも，新築され住み始めたとたんに価値が著しく低下する．自己建設の場合は建設時には2000～3000万円ほどの建設費が必要であるし，建て売り住宅を購入する場合はそこそこの広さの敷地であれば自己建設の場合より土地代として1000～2000万円は価格が高い．住み始めてしばらくすると中古住宅となり，その売値は数分の1に低下する．

　木造住宅の法定耐用年数は20～30年であり，その年限が過ぎれば会計法上は無価値となる．これは実際の価値とは無関係であるが，人々の「中古住宅は価値がない」と考えるわが国の「常識」を醸成する根拠ともなっている．

　実際的には，売買取引では一般に木造住宅は1年に1割売値が下がるともいわれており，10年程度が経過すれば，建物の交換価値は大幅に低下し，中古住宅として売買される場合はほとんど土地の価格のみで取引されることになる．例えば，自己所有地に，持家住宅を3000万円で建設したとしよう．築後10年以上経過した後，その家を売却しようとすれば，家の価値はなく土地価格で取引される．ひどい場合は土地価格から既存の家の取り壊し費用を差し引いた価格で取引されることにもなる．この場合，10年目で売却すれば毎年の損失は平均して300万円，月当たりでは25万円となる．この例は単純化した1事例にすぎないが，ほとんどの持家所有者は，これに似たような状況下に置かれていると考えてよい．新築・販売により，建設会社やディベロッパーはそれなりに大きい儲けを得るが，家を取得した人は短期間に大きい損失を被るということになる．家は高価な買い物であり，その後の人生を支える大切な安定的な個人資産であるべきであるが，わが国の住宅は，価値の高い資産としての性格を短期間で失うという欠陥商品とも言うべきものである．

　それに対し，例えばアメリカでは，市場で取引される既存住宅（アメリカでは古い住宅を既存住宅と呼び中古住宅とは言わない）は，古くなっても価

格はあまり下がらず，新築住宅に準じる価格で取引される．この30年ほど，アメリカの新築住宅は毎年5％程度価格が上昇しているが，既存住宅の売買も同程度の価格上昇が続いた．アメリカでは，普通の住宅を所有すれば，その価格は概ね物価上昇にともなって上昇しているため，住宅を売却すれば当初に投下した価値に近い資金を回収できる．また，アメリカ人は，生活を豊かにするために，頻繁に住宅に改善を加えるが，その改善を銀行が評価に加え，売買価格はさらに上昇する構図となっている．そしてこの既存住宅の想定売買価格の上昇分を担保に，銀行は住宅所有者に資金を貸し付ける．この資金は住宅所有者の生活の質の向上や，さらなる住宅の改善に振り向けられることになる．アメリカは家計貯蓄率が2～3％と極めて低いが，これはこのように住宅の価値が維持されており，家計上の不安が少ないことも原因の1つであると考えられる．

なおサブプライム・ローン問題でアメリカの住宅価格が大きく低下するのではないかなどの報道がされている．これについては，ある冊子[19]では5～13％の，異なる報道[20]では10～20％の低下と記されている．筆者が実施した09年1月のラスベガスやロサンゼルス現地調査では，価格が半減した事例も少なからずあるが，程度の良いものではサブプライム・ローン問題以前と同等の価格を維持しているものも相当数あった．全体としてサブプライム・ローン問題の影響はかなりのものだと感じられた．しかしそれでも日本の，10年でほぼ100％が減価するという実態とは大違いである．住宅が市民の生活を支える資産形成に役立つ資産であるというアメリカの構図は基本的には同じである．

転居が多いアメリカの住宅市場

日本の中古住宅の市場流通戸数はこのところで年当たり約10～15万戸である．それに対してアメリカの既存住宅市場の流通戸数は約500～700万戸となっている．人口千人当たり日本では1戸前後だが，アメリカでは20戸以上である．新築住宅については，アメリカも日本も100万戸程度なので，

---

19) 新しく住宅を購入する人のための100のQ&A，3頁，戸谷英世，HICPM．
20) ニューズウィーク日本版，2008年10月1日号，33頁．

アメリカの古い住宅の流通量の多さと，日本のそれが相当に少ないことがわかる．なぜ，わが国とアメリカで，古い住宅の流通量がこのように大きく異なるのかを考えてみたい．

　古い住宅の流通量が多い1つの原因は，アメリカ人の転職が日本人よりずっと多いことにある．生涯に日本人の4～5倍転職するということも言われている．1995～2000年の間の5年間で，全家族の43％が転居したというデータもある[21]．アメリカ人の転職は，上のグレードの職への上昇が基本である．転職することにより，社会的地位も上がり収入も増加する．そうすると，これまでの住宅よりも立地や見えも良く，面積も大きいものに買い換えることになる．アメリカの市場は様々な階層の買い換えに対応した様々な質の住宅が用意され，活発な住み替え需要に応えるシステムになっている．

アメリカでは既存住宅，日本では中古住宅

　先に述べたとおり，売買される古い住宅を，日本では普通には中古住宅と呼び，アメリカでは既存住宅（existing house）と呼ぶ．アメリカでは，例えば自動車は used car であるとか second-hand car という「中古」自動車を表現する言葉はある．しかし住宅については「中古」を意味する言葉は用いない．つまり自動車は長期的な価値を持たない消費財であるのに対し，住宅は短期に消費する消費財ではなく長期に使い続ける文化的財・資産であると考えられているからである．

　日本では，他人が住んだ古い住宅は人の手あかがしみこんだ汚いもののようなイメージで考えられることが多いように思われる．先にも述べたとおり，住宅を建設後10年もすれば，建物の価値はほとんど無くなり，住宅とその敷地はほとんど土地の値段だけで売買される．家付きの土地を購入した人は，最初は古い家に住んでも，お金が貯まれば大工や工務店あるいはハウスメーカーに依頼して，自分の思うとおりの家を建てる．そして再び，長期には存在しがたい資産価値のない住宅が建てられては潰されるというスクラップ＆ビルドが繰り返される．

---

21)　ハウジングアンドコミュニティ財団，住宅資産化方策の研究開発報告書，146頁，ハウジングアンドコミュニティ財団，2005年．

住宅地や住宅の質がアメリカの既存住宅の価値を保つ

アメリカでも既存住宅は新築住宅よりも少し安い．国土交通省の外郭団体コミュニティ財団発表の資料によれば，1997年の既存住宅価格は新築住宅価格の85%程度となっている．それ以前の年でも似たような関係である．つまり日本では中古といわれ建物の価値がほとんど無くなる古い住宅でも，アメリカでは新築住宅よりも少しだけ低い価格で取引されているということがわかる．そして既存住宅であっても，前述の通り1997年からの四半世紀の間，年率約5%程度で価格が上昇し続けている．これはアメリカ経済の比較的順調な発展と，人口がコンスタントに伸び続けていることに，基本的には起因する．しかし，1990年代までは同様に好況であった日本では，まともな既存住宅がほとんど無く，質の低いスクラップ＆ビルドが繰り返されたことを考え合わせると，関連する文化や社会的傾向に合わせ，住宅や住宅地の質そのものの中に，アメリカで既存住宅の資産価値を保ち向上させる最も大きな要因が隠されているではないかと考えられる．このように日本の住宅が資産価値を保ちえずアメリカの住宅の価値が減じない理由を，双方の比較で考えてみたい．

文化的価値の低さが日本の中古住宅・住宅地の価値を引き下げる

日本の住宅は欧米の住宅と比べ狭小で，「ウサギ小屋」とあざけられた．しかし最近に建設される持家住宅は十分な広さを確保できている．旧建設省住宅局が公表している「住宅事情と住宅政策」によれば，1998年度の持家住宅の床面積は，日本は約123m^2，ドイツは約124m^2，フランスは約114m^2，イギリスは約92m^{2}で，面積計算基準が異なる[22]とはいえ，日本の新築持家の面積は概ねヨーロッパの水準に達したということができる．最近の住宅は断熱性や気密性が高く温熱性能も高い．また建築基準法の相次ぐ改正や住宅金融公庫の建設基準などにより，構造的な安全性も向上している．このように日本の持家は，最近は十分な広さを有しその他の性能も大きく向上してき

---

22) 日本の面積計算基準は壁芯間の距離で算定する．欧米では壁の表面間の距離で算定する．すなわち日本では壁面積が算入されるのに対し，欧米では壁面積は算入されない．また欧米では，小規模な部屋を算定に入れないことが多い．

ている．しかし，多くの中古の住宅が欧米並に高い売買価格で取り引きされるような状態，すなわち日本の中古住宅が高い資産価値を有している状況が一般的になっているというようなことは見聞していない．

このようなことから日本の持家が資産価値を保ち得ない理由は物理的水準ではなく，欧米の事例などから判断して，デザインなどの文化的価値の水準の低さ[23]によると考えられる．不動産専門家のヒヤリング[24]によれば，欧米の古い住宅・住宅地の高い資産価値は，多くの人々が好む様式のきっちりとした建物の美しさと，それにより形成される住宅地の整った街並みや住環境により担保されている．そのような住宅地や住宅は，文化財的に見ても高い質を持ち，長期間使い続けられる必然性があることが理解できる．

ところが，戦後の日本の一般的な住宅は，和風・洋風など様々なものが建設されているが，文化財的に長期に使い続けたくなる質のものはまれである．住宅地としての文化的・景観的価値も，それを形成する住宅の価値と同様低い場合がほとんどである．欧米の美しい街並みに比べ，わが国のそれは，わずかな優れた事例をのぞき，残念ながら大多数は乱開発などで混乱した，住みたいと思わせる魅力のないものとなっているのが，資産価値を保ち得ない主たる理由である[25]と考えられる．

既存住宅が好まれ高い値段で取引される事実が住宅の資産価値を決める

古い住宅や建築が高い資産価値を保有するとは，具体的にはどのような事実を示すのであろうか．この場合，価値とは抽象的な概念では意味をなさない．この場合の価値は，具体的に取引される売買価格を持って評価される．

すなわち古い住宅や建物であっても，高い対価を払ってそれを手に入れ住むか活用したい購買客が存在する魅力を持つものを，資産価値が高い住宅であり建築であるというのである．それも少数の客が求めるのではなく，少なくない購買客が購入したくなる質を持つものを正しく資産価値が高い住宅で

---

23) 文化的価値の水準の低さ：この点については後に続く章（4-1～4-5）で詳述している．米国の住宅のストック性の高さとデザインの関係については112頁に記述．
24) バークレーの不動産仲介業者 Karnay 氏（173頁）．
25) 例えば，4-4 の鶴見のサブプロジェクトに関する記述を参照いただきたい．

あり建築であるということができよう．

　それでは，どのような住宅・建築がそのような質を獲得することができるのであろうか．そのためには前頁に記したとおり，建築家や建築主のみの好みではなく，多くの人が住みたくなり購入したくなる普遍的な価値を持つ質，とりわけデザインを備える住宅であることが必要とされる[26]．

　また，それらの質・デザインの住宅により形成される街並みが美しく整っている必要がある．単体ではいかに質が高く美しい住宅であっても，ゴミ溜めのように醜い地区に立地していれば，高額の対価を払って入手しようとする人はまれであると思われるからである．

美しい街並み形成は市民的な合意による

　わが国の街並み景観は，一般的に統一感や美しさに欠け混乱した醜いものであるのは何度も記したとおりである．街並み景観の主たる構成要素である建築物の統一感の無さや美的なデザインの質の低さが，その基本的な原因であると言ってよいだろう．建て主や設計事務所・工務店が美しい街並みをつくるという志向性なしに勝手かってに個々の建築を建設した結果このような街並み景観が形成された．

　その改善のためには建物の外部デザインの質を上げ，何らかの統一やバランスのある街並をつくりあげることが必要である．建物の外部のデザインの選択には，設計者・建設会社・建て主（個人の場合もあるし開発会社など法人もある）が関わる．設計者や建設会社の意向も無視は出来ないが，基本的にデザインを決定する権能を持っているのは，お金を支出する建て主である．特に自己のデザインの実現を強く主張する設計者が関わる場合を除き，建物のデザインはおおむね建て主の好みで決定されると言ってよいだろう．

　敷地や道路が大きく庭の植栽や街路樹で建物相互のデザインの違いが隔離されるような場合を除き，異なる建築様式の建物が混在する場合は，混乱した街並みとなる．このような事態を避け美しい街並みをつくる方策を考えてみよう．建て主である市民（法人の建築デザインの決定権を持っている人も含め）の建築デザインに対する好みをもとにデザインされた住宅・建築で構

---

26) デザインの重要性については4章に詳述．

成される街並みデザインを，統一感や秩序間のある美しいものとするためには，市民の建築デザインに対する好みが，ある共通性を有していることが必要となる．ヨーロッパやアメリカの美しい街並みにおいては，建築の高さや道路からの凹凸はほぼそろえられ，建築様式は統一されるか近似性の高い調和のとれたものになっており，結果として美しい街並みが形成されている．これは建物の建築様式や街並みの形成に，市民的な合意が社会常識として広範に存在していることを示している．そして人々のデザインに関する共通の認識や合意を元に法的な規制が定められ，これに基づいて街並みが形成されることになる．ロンドンやパリ，サンフランシスコなどの美しい街並みは，このようにしてできあがった．

資産価値を保つ美しい街並み形成の第一歩は人々が合意できる普遍的な建築様式の確立

わが国の街並みでも同様のことを実現するためには，住宅や建物の発注者である一般の人々のデザインに関する要求・好みを的確に反映した建築様式が普遍的なものとして社会的に合意された形で存在し，誘導力や強制力を持つ法的規制にまで高められ，設計者・建設者が基本的にそれに基づいて形づくるというようなことが，実現されなければならない．そのためには，まず第一歩として，人々が望ましいものとして合意に達しうる建築様式やデザインのあり方を探ることが必要となる．一般の人々はどのようなスタイル・様式の住宅や建築を好み，どのようなスタイルの住宅や建築を好まないか，そしてその理由はいかなるものか，などが明らかにされる必要がある[27]．

1-7. スクラップ＆ビルドが市民の生活充足を妨げる

スクラップ＆ビルドの第3の問題は，美しく落ち着いた文化的環境で生活することを望む市民の生活充足を妨げるという点である．本来，住宅の内外

---

27) これについては4-1，4-2に詳述．

の空間やデザインは，人々の愛着やアイデンティティに沿うようつくられるべきである．憲法13条には基本的人権として幸福追求権がある．人々の愛着やアイデンティティに沿って住空間を形づくると言うことは，この幸福追求権を根拠にその実現を主張することができる．

これまでは物理的質の向上が課題

しかし，とりあえずの住まいや生活空間の確保やその安全性の獲得など，生活する空間の物理的な質の確保に精一杯の段階では，愛着やアイデンティティの獲得の課題は人々にとってはまだ重要な課題ではない．わが国においては1980年代以前の都市部において，とにかく家族がどうにか住むことのできる家を確保することが最大の課題であった．負担できる住居費で，家族数に見合った床面積や部屋数と，生活に支障の少ない立地の住居の確保が多くの人の目標であった．

物理的充足から文化的質の改善へ

しかし持家階層が60%を維持し，住戸数が家族数を上回る1980年代以降，人々はより豊かで幸せな生活を実現できる生活空間の獲得を求めるようになってきている．持家では，床面積は先進国水準に比肩されうるものとなった．温熱環境や給湯などの物理的アメニティ[28]の整備も，持家に限らず新しいものは先進国水準に追いついている．

そのような段階にいたり，前出の山田の分析に基づけば，持家階層を基盤に住宅や住宅地の文化的質を改善する要求が顕在化することになった．人々は，精神的・文化的により豊かな生活を求めるようになった．住まいや街並みの質の向上，すなわち街並み景観の美しさや住まいの内外のデザインの質の高さや文化的・歴史的雰囲気の獲得などが，求められるようになってきたのである．そして，最初に記したように，欧米の街並みや建築と比較してわが国のそれらを耐え難く醜いものと，多くの人が認識するようになった．

---

28) アメニティ：快適性のこと，詳しくは本書3-1．

醜い生活空間は不愉快・苦痛

　このように人々の認識や要求が発展すれば，それまでは気にしていなかった醜い街並みや生活空間で暮らすことは，人々の生活上の不愉快な問題，さらには苦痛となる．わが国の混乱した街並みや建築は，今や美しく落ち着いた文化的環境で生活することを望むようになった市民の生活充足を妨げる，劣った存在物と認識されるようになった．これらの点は，本書が最も重点を置き解明すべき点であり，後の章（3-1, 3-2）でさらに詳しく分析したい．

　以上見てきたように，スクラップ＆ビルドの空間づくりが，様々な問題を抱えていることが明らかになった．デザインや街並み景観の混乱と低質化をもたらした一方，市民の意識におけるデザインに関する考え方の混乱や欠如が，美しい街並み景観の形成を阻害し，スクラップ＆ビルドの空間づくりを助長したであろうこともわかった．以降の章では，住宅や建築のデザインおよび街並み景観が人々と関わってどのような意味を持つのか，スクラップ＆ビルドを止揚する上でデザインや景観がどのような役割を果たしうるのかにさらに掘り下げた検討を加える．

2. 現代建築とは何か

2-1. 現代建築デザインはモダニズム様式
2-2. モダニズムデザインの社会的経済的背景
2-3. モダニズムデザインの造形論的背景
2-4. 現代建築のデザイン傾向
2-5. モダニズム建築の計画論・造形論とその後の評価
2-6. 市民的保存運動が起こる近代洋風建築，起こらないモダニズム建築
2-7. モダニスト建築家は何を考えて設計しているか
2-8. 生産性第一のモダニズム建築デザインの問題点と発展の方向性
2-9. 西山夘三の建築造形の分析・評価からデザイン論を考える

かたつむりのようなコルビュジェ設計のロンシャン教会堂

2-1. 現代建築デザインはモダニズム様式

　この章では，今わが国が直面しているスクラップ&ビルドの空間づくりに大きく関わっている現代建築の設計とりわけそのデザインのあり方について検討を加える．建築の専門家であっても，現代建築デザインについて，論理的に明快に理解している人はなかなか見あたらない．大学などの建築教育は，構造や設備教育が中心で，デザインでは抽象的な造形のトレーニングを行うが，「建築とは何か」，「デザインの本質と社会的役割は何か」などについての研究や教育はほとんど行われていないからである．現代建築デザインが何者であるかは，一般の市民には一層わかりにくいのではないかと思う．
　この章では，現代建築デザインの歴史を簡単に探りつつその本質について，できるだけ平易に考えてみたい．また後の章で建築デザインが果たさねばならない本来的な役割についても簡単な検討を行う．

わが国の現代建築の主要な様式は四角く装飾のないモダニズム

　現在のわが国の都市を形成する建築のデザインは基本的には，住宅をのぞき，装飾がほとんどない四角い単純な形をしたデザイン（例えば写真2-1-1）で形づくられている．このような建築デザインの様式を，前章で述べたようにモダニズム様式と呼ぶ．様式とは建物のデザイン的な全体の構成と細かい各々の部分（ディテールという）の総合的な組み合わせのシステムである．全体と部分が総合的にバランス良く形づくられ，美しい魅力ある建物のデザインを創りだす，そのようなシステムを様式と呼ぶ．言語・文学で言えば，各々の単語がディテール（詳細な部分）であり文法や修辞法が全体の構成にあたるとも言えるだろう．

西洋の歴史的様式を否定してつくられたモダニズム様式

　建築の様式には歴史的なものとして，西欧では例えばギリシャやローマ時代に範を取るルネッサンス様式や，中世の寺院の様式であるロマネスクやゴ

シックの様式がある．近世では宮殿などの壮大なインテリアをつくり出したバロックや，軽やかな宮廷美を演出したロココの様式などがある．モダニズム様式は，そのような歴史的様式の装飾的な部分を全面的に否定してつくられた，新しい建築様式

写真 2-1-1 モダニズム建築の典型であるミースによるイリノイ工科大学のクラウンホール

である．外観でいえば，コンクリート打ち放しやガラスのカーテンウォール[1]などの平滑な仕上げ・形が一般的である．古い建築のような手のこんだ彫刻などの装飾はほとんどなく，平たいツルッとした外壁とガラスの開口部，そして勾配のない平たい屋根の組み合わせで外部デザインが構成されている．このモダニズム建築デザインは20世紀初頭に生みだされ，第2次大戦後に世界的に一応の認知を得た．そして現在，わが国やアジア・アメリカなどで，主たる建築デザイン・様式として，新しい建築の建設に用いられている．

モダニズムと伝統的デザインの混在

モダニズム建築デザインが生みだされてほぼ1世紀が経過しているが，現在，わが国で建設される建築すなわち現代建築の建築デザイン・様式は，基本的にモダニズム建築デザインの原則に基づいたものである．建物の種別としては市庁舎や図書館・市民会館などの公共施設，事務所ビルや銀行などの業務ビル，スーパーやデパートなどの商業施設がある．また住宅ではこのようなデザインでつくられているものとして，鉄筋コンクリート造などの中高層の集合住宅がある．

それに対し，戸建て住宅では純粋なモダニズムデザインは少なく，勾配屋根の和風または洋風の伝統的なデザインを模したものがほとんどである．しかしそのような民家風のデザインを基本とするものでも，建材などはシンプルなデザインの工業製品を用い，造形感覚もモダニズムデザインの影響を受

---

1) カーテンウォール：もともとの意味は構造的耐力を持たない吊り下げた壁のこと，現在は金属サッシにガラスをはめ込んだ大面積の外壁をさす，例えば写真 2-4-4．

けており，モダニズムデザインと伝統的デザインの混合物となっている．わが国の都市の景観は，このようなモダニズム様式建築と民家風様式の多様なスタイルのまぜこぜで構成されている．そしてその質は，多くの場合，残念ながら低水準でおもちゃ箱をひっくり返したような街並み景観の原因となっている．

　そのようにわが国の建築や都市景観に大きな影響を与えているモダニズム建築様式とはどのようなものなのか，以降の頁でやや詳しく触れてみたい．

2-2. モダニズムデザインの社会的経済的背景

　モダニズム建築デザインが創りだされた社会的背景や，技術的な発展，デザイン論・芸術論との関連性などをどのようなものなのであろうか．

写真2-2-1　フィレンツェの花の聖母教会のドゥオモ

産業革命以前は宗教建築などが中心的建築

　建築デザインのあり方についてヨーロッパをモデルに考えてみよう．産業革命で資本主義経済が大きく発展した．それ以前の長い人類史の間では，神殿や教会などの宗教施設と，王や貴族などによる宮殿建築が，各時代の中心的な建築すなわち建築の主題であった．そのようなものとして，エジプトのピラミッドや神殿，ギリシャやローマの神殿や宮殿，中世のロマネスクやゴシックの教会，ルネッサンスの教会や邸宅，近世のバロックやロココなどの教会や宮殿などがある．典型的なものと

して，写真2-2-1のルネッサンス期のフィレンツェの花の聖母教会のドゥオモ（大聖堂）をあげることができる．160年を超える長期間と市民による多額の拠金により建設され現在の姿となった．その姿は，市民の精神の象徴として美しいプロポーションと魅力的な装飾を備えてい

写真2-2-2 ガルニエによる3ヒンジの大架構の工場

る．宗教施設のこのようなつくられ方は，ヨーロッパ各地で共通である．

ギリシャ・ローマやルネッサンスなど，市民的な民主主義がある程度発展した時には，市民的な必要に応じた都市施設の整備がある程度行われた．しかし，それでも建築の基本的な主題は，宗教建築であり宮殿建築であったといえる．

産業革命で建築の主題に大きな変化

産業革命が18〜19世紀に展開され，ヨーロッパの資本主義が大きく発展した．ワットの蒸気機関発明は18世紀末になされ，19世紀に入り機械化が更に進み，大きく生産力が伸びた．そのような経済の発展にともない，工場・業務施設・運輸交通施設・行政施設・労働者のための住居など，それまでとは異なる様々な施設整備が必要になった．そしてそれらの建築や都市施設が多様に大量に必要となった．このように産業革命前後では，建築の主題や建設量について大きな変化がおきた．

ローコスト・大スパンなどの工場

生産の面で重要な役割を果たしたのは，工場と業務施設・交通運輸施設である．生産の発展を主に担ったのは工場であり，生産性を上げるためにそれまでの宗教施設などに比べ，建設費がローコストで，かつ短い工期で完成させる必要性が生じた．また機械の配置を自由に行うためには柱間隔の大きい大架構とすることが必要となった．このように工場建設に要求される性能や

2. 現代建築とは何か

デザインは，それまでの建築のそれと大きく異なるものであった．写真2-2-2はリヨンに建つトニー・ガルニエ設計による3ヒンジ構造[2]の大架構工場の内部写真である．現在はイベント会場として利用されている．

　また，生産にかかわる流通の主役として鉄道が発達した．建築や構築物として駅舎・鉄橋などが多数建設された．大量の旅行客を扱うところから駅舎は長く広いプラットフォームや広いコンコースが必要となった．鉄橋は大きい谷を架け渡す必要から3ヒンジアーチなどを用いたスパンの大きいものを掛け渡す技術が発達した．これらの建築や構築物の建設には，芸術性を強く必要とされる都市部での建設が少なかったことや，新しい技術的発展を活用する必要から，主として建設技術者[3]が携わった．当時建築家は，芸術としての建築を創造する役割を担当していたことから，装飾の少ない性能・機能優先の構築物の設計にはかかわらなかった．

高層化した業務ビル

　そのような中で建築家が関わったものに，事務所ビルがある．生産や流通に関する管理業務を担当する施設で，都市部に建設された．業務集積地としての都市での建設ということで，芸術としての建築を設計する役割を果たす建築家が関わることが必要となった．当初は5階建て程度で建設されていたが，エレベーターの発達とともに高層化が進んだ．これによりこれまでの限界を超えた高度な集積が可能となった．ニューヨークやシカゴなど，ヨーロッパ的な伝統的都市空間の形成が十分ではなく高層ビル建設に抵抗の少なかったアメリカの中心都市において，高層・超高層の業務ビル街が20世紀初頭に形成された．これらの業務ビルは，アメリカの工業生産の大きな発達に重要な役割を果たした．このように業務ビルでは，高層ビルを比較的安価に素早く建設する技術，高層ビルでの縦方向へ移動するエレベーターや設備の

---

2) 3ヒンジ構造：両端のヒンジ（回転する支点）以外に構造体の最上部にもヒンジを設けたもの．未発達の構造力学でも解析が可能であった．

3) civic engineer：都市構築物の建設にかかわる技術者．

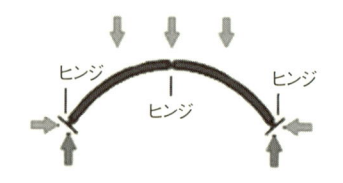

技術の発展が必要とされた．また芸術としての建築を高層・超高層でつくる必要から，ヨーロッパの中低層を中心とした歴史的・伝統的なデザインとは異なる，高層建築用の美しいデザインを創出する必要が生じた．ニューヨークやシカゴ，サンフランシスコなどに多数残されている1920年代の頃の歴史的な高層ビルに，その優れた達成を見ることができる．写真2-2-3は20世紀初頭の8～10階建て業務ビルが建ち並ぶサンフランシスコの街路景観である．その後ろに更に新しい超高層ビルが迫る．

写真2-2-3　サンフランシスコの20世紀初頭の業務ビルディングの街並み

通商と交流の華パビリオン建築

　パビリオン[4]建築もこの時代の典型的な構築物である．経済通商と科学技術の発展・交流の目的で，19世紀末から20世紀初めにヨーロッパでは多数の万国博覧会が開催された．この博覧会で短期的な仮設建築として建設されたものがパビリオン建築である．仮設建築であるということで，工場で部材をつくり現場で組み合わせるだけという施工性の高さが必要とされた．そして撤去も簡単であることが要求された．様々な最新の産業生産品の展示空間であるが，多人数の利用と見やすい展示のため，明るく機能的平面が必要とされた．そのためには大きなスペースが必要とされる．その意味で工場建築などと同じような天井が高く梁のスパンが大きな架構が必要となった．またパビリオン建築自体が各国の最新の建築技術とデザインを提案する建築・構築物であり，鉄骨や大きい板ガラスなど新しい材料や仕上げを活用した，見学者を驚かせる魅力あるデザインの創造が必要とされた．そのような事例としてはロンドン万博で有名な水晶宮（万博後取り壊し）や現在もパリのシンボルとなっているエッフェル塔などがある．このような博覧会のパビリオン建築ではかなりアクロバットな試みも行われたが，当時の建築デザイン・技術を発展させたことは間違いない．

　4）　パビリオン：博覧会の展示用の仮設建築物，デザイン的に目立つようつくられた．

2. 現代建築とは何か

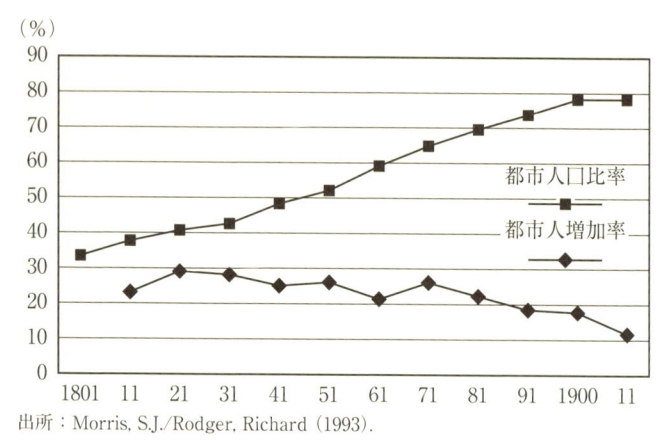

出所：Morris, S.J./Rodger, Richard (1993).

図 2-2-1　都市への人口集中（イングランドおよびウェールズ）

都市への人口集中と労働者住宅整備の課題

　以上のようにこの時期には多数の工場や業務ビル・施設が建設されたが，そこで働く労働人口も大きく増加した．例えばイギリスでは，生産力の発展に伴う人口の自然増は非常に大きいものであった．国全体で1760年には650万人であった人口は，1820年には1200万人と，60年間でほぼ倍増している．また生産施設が集中した都市人口の農村からの流入による社会増も大きいものがあった．（ちなみに，わが国における同様の農村から都市への人口の大移動は，イギリスに比べ約150年遅く，1900年代後半の高度経済成長期に実現した．）この中で，人間関係の質も大きく変わった．農村では田園の領主と農民であったものが，都市では産業資本家と労働力を売る労働者という関係になった．すなわち農村の封建主義的関係から都市における資本主義的関係へと変換を遂げた．イングランドとウェールズの19世紀の都市への人口集中の様子は図2-2-1[5]のとおりである．19世紀初頭には都市人口比率がおおむね35％であったものが100年間後の21世紀初めには80％弱となっている．社会増のみで都市人口は約2.3倍に増加したが，自然増を入れるとその増加はさらに大きなものになる．この時期の都市における増加した労働者のための都市住宅の不足はすさまじいものがあったことは，エンゲ

5）　図2-2-1：山田良治「土地・持家コンプレックス」日本経済評論社，1996．

ルスの「イギリスにおける労働者階級の状態」やピカード「18世紀ロンドンの私生活」などの文献に詳しく述べられている．このように，多くの人が住まい働く場所としての都市と都市住居の整備が社会的な重要な課題となった．また大幅な人口増による社会的混乱を回避し，産業の安定的な発展と，人々のよりましな生活の確保のため，さまざまな社会システムや公共施設が整備された．大人口を抱える都市をコントロールするための行政施設，犯罪など社会的混乱をコントロールするための警察・裁判所・刑務所など，都市住民のための学校や図書館・劇場・美術館などの文化教育施設，貧困な労働者の疾病の多さに対応するための病院，そして労働者のための住居などの整備が不均等な進行ながら進められた．

20世紀初頭までは伝統建築様式で都市を形成

　ヨーロッパの大都市の多くは産業革命以後の近代に拡張・再整備されたが，建設された都市施設や住宅はデザインの面では基本的には歴史的・伝統的な建築様式でつくられた．都市の拡大期の初期には歴史的・伝統的な建築様式しか存在しておらず，それを用いて建築が行われた．モダニズム建築が姿を現した後でもその建築様式は都市の建築としてはあまり受け入れられず，中世から連続する建築様式で建築や街並みは形成され，原則としては現在までその状況が続いている．

主題の変化から空間テーマの変化

　以上述べてきたことをまとめると，建築の主題の変化がおこり，それに伴う技術的・空間的テーマの変化が起こった．建築の主題は，宗教・宮殿から産業施設・庶民住宅へと変わった．そして技術的・空間的なテーマとして，次のような課題が現れた．
1) 機能・構造の面では，大架構と高層化の技術の獲得：工場や交通施設で機能面での効率化をはかるため，機械などが配置しやすくする上で柱が少なく梁間が大きい構造が必要となった．都市における業務ビルの集積度を上げることを目的とすることから，ビルの高層化が必要になった．
2) 建築生産の面からは大量生産・ローコスト化・建設の速さの実現：生産

の急速な発展と利潤の追求のためには，例えばそれまでの教会建築のように，浄財を惜しげもなくつぎ込んで何百年もかけて，工場やビルを建設するわけにはいかない．工場やビル・住宅は大量に，ローコストで，迅速に建設される必要がある．

3) デザインの面では，デザインや装飾の簡略化とその社会的承認：安く早く大量につくるためには，それまでのような彫刻や装飾の多用，石材など高価な材料の惜しげもない使用などは避け，簡略で安価な建築が可能なデザインの達成が必要であった．また建築を都市内で建設するためには，そのような簡略化した建築デザインに対すると「都市内での建設を許される芸術性を持つもの」としての社会的な認知・承認が必要であった．

以上のような技術的・空間的テーマの課題の解決のために，様々な行きつ戻りつがあったものの，最終的にモダニズム建築の技術とデザインが創りだされということになる．大架構や高層化の機能的・構造的な課題や大量生産・ローコスト化など建築生産の課題は，比較的早く19世紀末から20世紀初頭の時期に，社会的な要請に対応できる状況になっていた．最後まで残ったのは，芸術としてのモダニズム建築デザインの創出とその社会的認知の問題であった．

2-3. モダニズムデザインの造形論的背景

この項では，芸術としてのモダニズム建築デザインがどのように創り出され，どのような経過の後に社会的に芸術として認知されたのかという点について，簡単に記したい．

ヨーロッパでは建築は人々が認める芸術でなければならない

モダニズム以前のヨーロッパの都市では，街並みを形成する建築のデザインは，古代や中世に由来する伝統的・歴史的なものばかりであった．いまでもヨーロッパの多くの都市の街並みは，中世・近世以前のデザインに由来す

るもので，各時代の様々な様式が混じりながらバランス良く形成され，感心するほど美しいものが多く残され活用されている．

そのように歴史的に形成されてきた近代のヨーロッパの都市では，先にも述べたとおり，一般に建築は人々が認知する文化性を持つ芸術的なものでなければならない．そのような芸術性の認知が無ければ，都市を構成する主要な構築物であると見なさず，建築が許されないのが普通である．

その点についての彼我の違いを現代の建築法の違いで比較してみよう．フランスの「建築に関する法律」の第1条では「建築は文化の表現である．建築の創造，建築の質，これらを環境に調和させること，自然景観や都市景観あるいは文化遺産の尊重，これらは公益である」と記されている[6]．フランスでは建築は文化であり，中心となる施設は当然に高い芸術性を備えなければならない．そして歴史的都市環境と調和しなければならないことになる．それに対し日本の建築基準法ではその2条で建築物（建築ではないことに注意：筆者）の定義を「土地に定着する工作物のうち，屋根若しくは壁を有するもの……」として，建築の文化性や環境との調和には全く触れていない．建築を単に物理的な質を有するものと見なし，文化的な価値については一顧だにしていないのである．現代日本においてスクラップ＆ビルドの貧困な都市更新が進められる所以であろう．

ヨーロッパではこのように歴史的な環境やデザインを重視する環境におかれつつも，しかし一方で，建築主題の変化や生活の変化に伴う空間テーマの変更に関わりながら，建築デザインについても変化が徐々に進行した．間取りや構造は機能や技術の変化・発展に伴い，速やかに変更され得るが，デザインは人の美的感覚や価値観に関わるもので，すぐには変わることはできない．様々な実践の積み重ねと理論的積み上げ，そして広い社会的了解・合意ができて初めて，新しいデザインの芸術性が認知され，安定的に存在し得ることになる．

ウィーンにおける市民と建築家アドルフ・ロースとの葛藤

そのような典型的な事例として，20世紀初頭にウィーンで活躍した建築

---

6) 和田幸信「フランスの景観を読む」3頁，鹿島出版会，2007．

家アドルフ・ロースの建築デザインとウィーン市民の葛藤の事例を紹介したい．ロースは装飾のないモダニズムの様式の建築をウィーンに建てようとした．ウィーンの中心地である王宮前に，無装飾のビル（後にロースハウスと呼ばれるようになる，写真 2-3-1）を設計・建設しようとし，市民的に大きな反対を受けた．様々な議論がなされ，妥協の産物として窓の下にフラワーボックスを装飾的に設置することで一応の妥結を見，1911 年に現在見られる形で完成した．ロースはこの無装飾のロースハウスのデザインを新しい芸術として主張したのであるが，

写真 2-3-1　思いのほか地味なロースハウス

市民的には受け入れられる芸術とは見なされなかった．以後，このようなモダニズムの様式の建築はウィーンで数少なくしか実現していない．その後のモダニズム建築の代表的なものとして，ウィーンの中心地の1つであるシュテファン寺院の前に建つハースハウスがある．オーストリアの代表的な現代建築家であるハンス・ホラインにより 1990 年に建てられたガラスカーテンウォールの建物である．この建設に関しても市民的に物議をかもし出し，すったもんだのすえ建設がなされた．ロースハウスは初期モダニズム建築で部分的な装飾などまだ古い建築の要素も持っているため，現地で見るとそれなりに落ち着いて見える．それに対し，ガラスとアルミのピカピカのハースハウスは，シュテファン寺院周辺の落ち着いた雰囲気には全くそぐわない建物のように思われる．巨大な宇宙船が歴史的都市のウィーンの中心地に侵略してきたようにも感じられ，地域空間には違和感のある建物であると言えよう．ちなみにハースハウスのピカピカの曲面ガラスにシュテファン寺院が映り込み（写真 2-3-2），シュテファン寺院に背を向けてもシュテファン寺院を認知することができる．これぐらいが，この地の文化的環境にハースハウスが貢献できる数少ないことのようにも思える．

ウィーンにはこのようなモダニズム建築以前の19世紀末から20世紀初めに，モダニズム建築の先駆的な要素を持ちながら特徴のある装飾を付加したゼセッションの建物が多数残されている．また最近では画家フンデルト・バッサーの設計による絵画的な装飾を付加した集合住宅（写真2-3-3，1986年完成）なども建てられている．これらの建築は，その装飾で市民にも親しみやすく，モダニズム建築のような反発は無いようである．観光バスを仕立てて多くのオーストリア人が見に来る観光スポットにもなっている．これらの例から考えられることは，ウィーンやオーストリアの市民は装飾のないモダニズム建築を好まず，装飾の様式が幾分異なっても，市民の目で見て支持できる装飾を付加した建築デザインを排除しないあるいは支持するということのようである．ハースハウスの事例を見ると，ウィーンの市民やヨーロッパの市民が，歴史性の強い都市の中でモダニズム建設を快く思わないということの実態が良く理解できる．

写真2-3-2　周辺の建築とは全く異なり街並みを混乱させるハースハウスのデザイン

写真2-3-3　おもちゃの国のようなフンデルト・ヴァッサーハウス

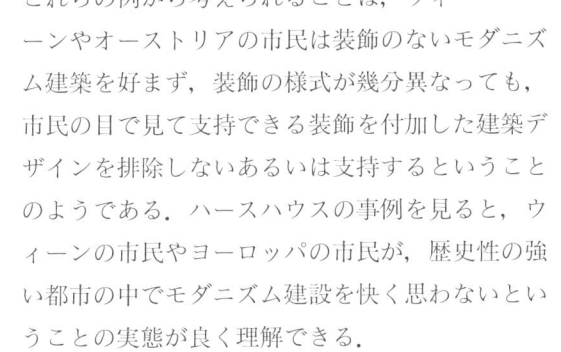

手仕事にデザインと質の高さを求めたアーツ・アンド・クラフツ

さて，モダニズムデザインの成立の経過に戻りたいと思う．近代化に関わる建築空間デザインの変化の動きの最も初期のものが，ウィリアム・モリスらにより19世紀末にイギリスで繰り広げられたアーツ・アンド・クラフツ運動である．中心的には工芸品改革運動として進められた．これは当時の工場製作の日常生活用品の質の悪さを克服するため，

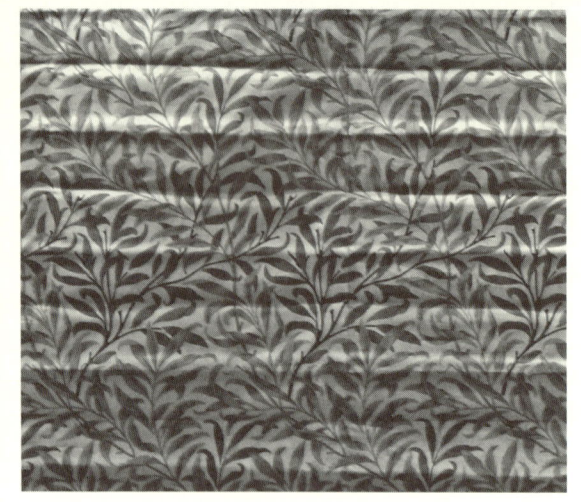

写真 2-3-4　モリスのファブリックデザイン

写真 2-3-5　シンプルなデザインのレッドハウス

優れた質の工芸品をつくる上で，手仕事にデザインと質の高さを求めたものである．思想的にはラスキンの中世主義に根拠を置き，中世の手仕事を理想とし機械とそれによる大量生産を排斥しようとした．資本主義の進行による安易な工業化への警鐘を鳴らしたものである．モリス自身は壁紙などのデザインに携わっているが，それらは植物の模様を基本にするなどの明るく近代的で美しい（写真 2-3-4）．当時の建築ではモリスが住んでいたレッド・ハウス（設計はウェブ，写真 2-3-5）は，プロポーションや屋根勾配に中世的な雰囲気を残すものの，これまでのような彫刻などの装飾は少なく，シンプルなディテールによる近代的なデザインの雰囲気に満ちている．モリスは，「材料・工法・意匠が真実でなければならない」と発言しており，当時ヨーロッパで主流の建築スタイルであった折衷様式（クラシックやバロック・ロココなどの様々な装飾的なデザインを，機能や空間の必要性とは関係なく混合して形づくる建築デザイン）とは異なる方向性を主張していた．「材料・工法・意匠が真実」という内容は，後のモダニズム建築思潮との相関性があり，資本主義的な合理性を求められる時代に則した考えをしていたことがわかる．

有機的な造形のアール・ヌーボーとそれを抽象化するアール・デコ

ついで19世紀末にヨーロッパで拡がった建築デザインの動きにアール・ヌーボーがある．これは動植物を擬した鉄などの緩やかなカーブの造形などで新

写真2-3-6　マッキントッシュによる中産階級の住宅ヒル・ハウス

しい有機的な造形を創りだし，それで建築空間を美しく飾るというものである．それまでのクラシックやゴシック・バロックなどの荘重なデザインではなく，繊細な唯美主義的なものであるが，その魅力でヨーロッパを中心としながら世界中に拡がった．アール・ヌーボーと正式に呼ばれるものはフランス，ベルギーが発祥であるが，同様の傾向のものは同時期にイギリスなど他のヨーロッパ諸国でもつくられた．写真2-3-6は同じようなデザイン傾向でスコットランドの建築家マッキントッシュにより設計されたヒル・ハウスである．

その影響は遠く極東まで及び，ロシアが当時の流行を持ち込んだ中国東北部のハルピンには，多数のアール・ヌーボー建築が残されている．スペインでは，ガウディなどがモデルニスモ建築として，アール・ヌーボーと同様の植物などをモチーフとした有機的な造形を追求した．

アール・ヌーボーのデザイン理論では，ヴァンデベルデの合理主義の主張が有名である．「生産の過程の中で，機械をいかにそのところを得させるか」との主張は，生物に範を採った有機的なデザインを追求しつつも，機械を建築生産やデザインの中に適切に活用しようとする，合理的な考え方が一方であったことを示している．

1920年代に入り，アール・ヌーボーの曲線的なデザインを，直線化するなどすっきりさせたアール・デコのデザイン（写真2-3-7）が展開された．複雑で手のこんだ細工により非常にコストのかかるアール・ヌーボーに較べ，直線的なデザインによりコストが押さえられるという点が時代の要請に適合したものであった．このアール・デコは，装飾的なアール・ヌーボーのセン

スをモダニズム建築デザインにつなぐ役割を果たした.

過去の様式主義からの分離を志向したウィーン・ゼセッション

前出のウィーンゼセッション運動も,アール・ヌーボーと軌を一にする建築デザインの動きであった.日本語で分離主義と訳されるが,これは過去の様式主義からの分離を志向したことを意味する.折衷主義などの形の上だけの様式模倣への疑問を示し,近代合理性の建築への導入を意図した運動であった.ドイツ文化圏における様式主義建築とモダニズム建築をつなぐ役割を果たしていると評価できよう.そのデザインはアール・ヌーボーに近いもので,古典的あるいは折衷主義の様式建築の荘重華麗な装飾ではなく,抽象的な形に単純化した新しい時代に相応しい軽やかな装飾を用いたものである.現代人の目から見ても魅力的な装飾を持つ建築が多数創りだされた.

写真2-3-7 アール・デコによるデザインのロサンゼルス公共図書館

ウィーン・ゼセッション運動の指導的役割を果たしたオットー・ワグナーは,「芸術を支配するものは必要のみ」[7]として当時の現代建築の条件を次の4点にまとめた.

・目的を正確に掴み満足させる
・施工材料の適切な選択
・簡単で経済的な構造
・以上を考慮した上で極めて自然に成立する形態

このワグナーの主張は,極めて合理的なもので,思想的にはモダニズム建築の考え方とほぼ同じ位置にいたことがわかる.しかし彼の建築は,後のモダニズム建築のように装飾を廃したものではなく,合理的なプランに魅力的

---

7) オットー・ヴァーグナー「近代建築」54頁,中央公論美術出版,1985.

な装飾を付加したものであった．そのデザインは，若い時代の既存の様式建築とがっぷり四つに組んだ豊饒で華麗なものから，晩年に近くなると抽象的で軽やかなものに変化を見せている．写真 2-3-8 は，ワグナーの円熟期に設計された住宅である．四角いシンプルなマスに軽やかな装飾が付加され美しい．

写真 2-3-8　ウィーン郊外に建つワグナーによるゼセッション住宅

高層ビルをデザインしたシカゴ派

アメリカでは建設技術者による工場・サイロ（高い穀物倉庫）などの機能的な構築物の建設が進み，その機能本位のデザインが，芸術建築を扱う建築家にも影響を与えていた．アメリカではアール・ヌーボーなどと同時代に，シカゴ派の建築活動が活発であった．高層の業務ビルに折衷様式の装飾やアール・ヌーボーのような装飾を付加するデザインの掘り下げが進んだ（写真 2-3-9，バーナムによるフィッシャービルなど）．シカゴ派の代表的な建築家にルイス・サリヴァンがいる．彼は，後に帝国ホテルなどで有名なフランク・ロイド・ライトの指導者としてもしられている．サリヴァンは，「形態は常に機能に従う」という後の「機能主義」の語源ともなる有名な言葉を残している．機能主義は現在ではモダニズム建築の建築理論と思われており，サリヴァンはモダニズムの建築家である

写真 2-3-9　シカゴ派バーナムによるフィッシャービル

2. 現代建築とは何か

ように聞こえる．しかし彼のデザインは高層建築に植物をモチーフにした装飾を付加するという新しい装飾のデザインの探求であり，後に確立された合理的なデザインを基本とするモダニズム建築とは異なるものであった．

ドイツ・フランスの合理主義

20世紀に入り，ドイツ・フランスなどで合理主義的な建築デザインの考え方が深まった．生産における工業化・創作における抽象化の度合いが高まり，モダニズム建築の基礎をつくったと言ってよい．そのような実例としてベーレンスの

写真 2-3-10　ペレー兄弟によるパリのフランクリン街のアパートメント

工場建築がある．工場の芸術化図ったもので，四角い工場建築に抽象的な形象を与えた電機メーカー AEG の工場などが有名である．ケルンのドイツ工作連盟でも同様の取り組みがおこなわれた．美術と工業の協力や量産品の品質改善が課題とされた．

フランスではペレー兄弟が合理主義的な建築デザインを発展させた．彼らの主張は，「最小限の材料と労力により最善の仕事を」という，デザインに効率性を持ち込む考え方に特徴がある．具体的には構造の単純化に取り組み，コンクリート打ち放しなどコンクリート自体の美しさを見せるデザインを追求した．しかし，その一方で，アール・ヌーボーにつながるような新しい時代の装飾の付与も行っていた．写真 2-3-10 はペレー兄弟によるパリのフランクリン街のアパートメントである．外壁には植物の文様が張り詰められて美しい．

情動的な表現を追求しようとしたドイツ表現主義

後のモダニズムにつながる合理主義的な建築デザインの追求がなされる一方で，建築デザインを個人の感情の表現として捉え表現しようとするデザイ

ン思潮も現れた．情動的な表現を追求しようとしたドイツ表現主義である．このデザインの思潮は，絵画・彫刻などと同時発生したものである．絵画では，個人の不安を鋭く表現したムンクなどが有名である．しかし建築の場合は実用性が足を引っ張り，絵画や彫刻のような純粋芸術とおなじ感情的・主観的表現を，デザインの主要課題として社会的に認知された形で拡げることはできなかった．具体的な事例としてメンデルゾーンのアインシュタイン塔などがあげられる．実際に建設されなかった提案として有名なのは，日本建築を「凍れる音楽」と評価し世界

写真 2-3-11　アルプス建築スケッチ

中に宣伝したブルノー・タウトによるアルプス建築（写真 2-3-11）である．これは，ヨーロッパアルプスの山頂にガラスのまばゆい建築が建ち並ぶ計画である．実際の形や建築計画もよくわからない構想図であるが，当時の，最もスケールの大きい自然であるアルプスの上にガラスでできた近代文明の成果物が輝くという，近代の発展を言祝ぐような時代精神を反映しているように感じられる．

イタリア未来主義・ソヴィエト構成主義

　同じような時期に，合理主義的なデザインのように見えて，その実は主観的で感情的なデザインの流れがあった．その1つはイタリアの未来派である．詩や絵画・彫刻などを中心とした抽象芸術の動きで，同じような考え方や傾向のデザインが建築デザインの分野でもなされた．直線を基調にした線の重なりを厳しい構成でまとめ上げる抽象芸術的なデザインであった．中心的な建築家としてサンテリアなどの名があげられる．

　同じような傾向を持ち，デザインの方向性が酷似していたものにソビエト構成派がある．1917年に社会主義国のソ連誕生し，働くものの立場からは，

写真 2-3-12 ソ連構成主義チェルニコフのコンポジション

写真 2-3-13 リートフェルトによるシュレーダー邸
（大橋周二撮影）

当時は理想の国と見られていた．実際に世界で初めて八時間労働制を実現するなど，民主主義的な施策を導入した．これに対し，ヨーロッパの多くの芸術家がソ連の支援活動を行おうとし，作品としては新しい抽象的芸術を展開した．そのような状況の中で，ソ連において展開された建築デザイン思潮がソビエト構成派（写真 2-3-12）である．働く人の集団的意志や労働の象徴的表現，新材料や合理的表現（機械のような造形）の賛美と信頼が基調の，抽象芸術であった．しかしその造形は，ソ連政府や中世の雰囲気を強く持つ民衆にはあまり受け入れられることはなかった．構成派の作品として残されているものは，タトリンによる記念塔などわずかなものである．

ディスティール派による合理主義

　合理主義的な造形はモンドリアン，リートフェルトなどのオランダのディスティール派によっても，展開された（写真 2-3-13）．過去の様式を打ち捨てたモダニズム芸術に客観的な美しさを与えようとする建築運動で，合理主義の立場を美意識の客観的解決まで拡げようとしたものであった．モンドリアンの様々な絵画や，抽象芸術として座ることを拒否するようなリートフェルトの椅子が有名である．

コルビュジェらによるエスプリヌーボーの動き

フランスでは 1918 年から，純粋派が活動を開始している．画家のオザンファン，画家・建築家のコルビュジェがエスプリヌーボー（新精神）誌を中心に活動を進めた．コルビュジェは，それまでのヨーロッパの石造建築とは異なる，壁を荷重から開放したドミノシステムを提唱した．これまでの分厚い石積みの壁に代わり細い柱が構造体であり，壁は構造体の役割を逃れて間仕切りとなり，機能に応じて移動が可能になる，というような提案であった．そして近代建築の5原則（1. ピロティ，2. 屋上庭園，3. 自由な平面，4. 水平連続窓，5. 自由な立面）を唱えた．

コルビュジェはまた「家は住むための機械である」と主張した．空間デザインよりも使い勝手などの機能の重要性を主張しているようにも聞こえる．しかしその後の彼のデザイン展開を見ると，住みやすく使いやすい機能を真摯に追求すると言うよりも，機械をデザインソースにするというような意味合いが強かったのだと思われる．機械は機能を体現したものであり，その新しい功利主義[8]的な美しさは機能主義の造形理論に繋がるということなのであろう．コルビュジェの思潮と建築デザインは，その後のモダニズム建築デザインに非常に大きい影響を与えた．初期から晩年に到るまで，その考え方やデザインは変化発展を遂げたが，時々に世界の建築デザインの最先端として注目を浴び，各国のモダニズム建築家やそのデザインに強い影響力を示した．初期のサボア邸（写真 2-3-14）などに代表される平滑なイメージの「国際建築」[9]的なデザインから，高層住宅のユニテ（写真 2-3-15）にみられるような彫塑的な彫りの深いデザインへと変遷した．そして晩年には，ロンシャンの教会[10]のような曲面を全面的に用いたまさしく彫刻・オブジェ呼んでもおかしくない，造形を前面に押し出した地点にまで達した．

コルビュジェは都市計画についても発言し「輝ける都市」を著した．これは後にアメリカやアジアの現代都市のモデルとなったもので，それまでのヨーロッパの伝統的な都市の人間的・歴史的なたたずまいを否定し，ピロティ

---

8) 功利主義：善悪は社会的な効用や有用性により判断されるとする倫理観．
9) 国際建築：50頁に詳述．
10) ロンシャンの教会：29頁写真．

写真 2-3-14 近代建築5原則体現のコルビュジェによるサボア邸

写真 2-3-15 建物がまるごと1つの町になるマルセイユのユニテ

のある建築や超高層建築と公園のようなオープンな空間で都市をつくり，高速道路網で都市をつなぐという提案であった．そのような都市の典型的な事例としてはブラジリアやキャンベラなどの新規建設された都市がある．しかしこの提案は今や，人間のにおいがしない超高密都市のモデルとして批判されてもいる[11]．

モダニズム建築の確立に大きな役割を果たしたバウハウス

バウハウスも，コルビュジェと同じようにモダニズム建築の確立に大きな役割を果たした．最初はワイマール（1919〜24）で開校され，後にデッサウ（1924〜32）に移って継続された（写真 2-3-16）．そのめざすものは工業と芸術を結び合わせ，新しい建築や工芸を創造することであった．資本主義・工業化の進行に対応する建築デザインや技術の発展方向としては，正面から大きい時代的な課題に対応しようとし，現代デザインに非常に大きい影響を残したという結果からも，生産発展の立場からは正当なものであったと評価できる．具体的には，工業的新材料の科学的研究と合理的使用，生活機能の積極的な把握など，機能と造形の高い水準での結合をめざすものであった．教授陣はグロピウス，モホリナギー，カンディンスキーなど抽象芸術を掲げる専門家達で構成された．デッサウのバウハウスの閉校後，中心人

---

11) ブラジリア：83頁に詳述．

物であったグロピウス，ミースは，ナチに追われアメリカに亡命した．その後は，アメリカがバウハウス的なものづくりや建築デザインの中心地となった．

グロピウスは，工業技術の進歩が人類の建築の共通部分を拡げるとして，国際建築（international architecture）の提唱を行った．そして後に世界中に拡

写真2-3-16　グロピウスによる「国際建築」の典型，デッサウのバウハウス（大橋周二撮影）

がり一般的なビルのスタイルとなった国際建築様式の要件を次の3点に集約して提起した．

・平滑な壁
・連続ガラス窓
・フラットルーフ

このグロピウスの提起が，それに続く現代建築（contemporary architecture）の基礎型となった．そしてこの国際建築の宣言は，モダニズム建築の完成・典型となり，まねしやすい形として世界中に拡がった．

モダニズム建築を掲げる国際新建築会議

グロピウス，コルビュジェ，アウト，ギーディオン，ベルラーへらモダニズム建築を掲げる建築家が1928年に国際新建築会議（CIAM）を開催した．モダニズム建築の発展の上では非常に重要な会議であったが，その当時，世界的・世間的にはほとんど受け入れられない，モダニズム建築家の仲間内の会合でしかなかった．この会議の締めくくりに「ラ・サラ宣言」が出された．その内容は「建築の課題が経済の諸問題と結び合うこと，都市計画は美学的見地ではなく機能的な推論を重視すべきこと，近代建築（モダニズム建築のこと：筆者注）は一般大衆に作用すべきこと」などであった．各国のモダニズムを信奉する若手建築家に大きな影響を与えた．一瞥すればいずれも合理的な主張ではあるが，現代的に見ればいくつかの問題を抱える内容を含んで

いる.

機能をデザインに用いる機能主義

　モダニズム建築デザインは機能主義建築デザインとも呼ばれている．「形態は常に機能に従う」というルイス・サリヴァンの言葉が語源であるといわれてきた．機能主義という言葉から，使う立場からの機能の充実を探る建築計画論と受け取る向きもあるが，その実態は機能をデザインに用いるということであると考えられる．建物の空間を支える機能の体現である構造を洗練し造形として強調する，あるいは空間を利用する意味での機能の特徴を造形化する，あるいは機能の権化である機械の造形をまねるというような内容を含んだ複合的な概念であると言ってよいであろう．

　わが国のマスコミなどの一般的論調は，現代有名建築家の設計した建物は雨が漏りやすく使いにくいとの非難が多い[12]．これらの建築は機能主義建築（≒モダニズムデザイン）としてつくられているはずであるが機能は単なる看板で，真に機能的にはつくられていないことはこれらの数多くの有名現代建築の事例が示している．

モダニズム芸術の一環としてのモダニズム建築

　モダニズム建築デザイン理論を整備する上で，バウハウスなどで，その他の絵画や彫刻などの抽象芸術論との結合などが試みられた．モダニズムの造形の運動は20世紀はじめには，建築とその他の美術とを新時代に適合させようという同時並行の運動であった．すなわち資本主義の新たな大きな発展の時代の文化論・芸術論・造形論が必要となり，相互に連関する実践と理論構築の結果，抽象芸術としてモダニズム芸術が認証された．そしてその一環としてモダニズム建築にも芸術としての一応の認証が与えられたのである．

ヨーロッパ市民の間は現在でもモダニズム建築の認知度は低い

　しかし前述のように，モダニズム建築やCIAMを，古い世代の建築家や一般の市民は半ば無視をし続けた．そしてモダニズム建築が広く認知され，

---

[12] 丹下健三による新東京都庁舎の事例など．

その建設が進むのは，第2次対戦後のアメリカやアジアにおいてであった．しかしヨーロッパでは現在でも認知度が高いとは言えない．建築家の仲間内では現在の正しい建築デザインであるとの認知は進んでいるが，ヨーロッパでは一般の市民の間ではそのような認知度は極めて低いと感じられる．モダニズム建築やその後継者である現代建築は，街並みなどが形成されていない郊外地では建設が許されているが，中世や近世に由来する街並みが一般的な多くの都市では，そのラディカルな主張・デザインのままでは前述のウィーンの事例のように簡単には建設は許可されない場合が多い．この禁止は法律などにより担保されているが，これは多くの市民の支持に由来する．

写真2-3-17 自然の中に美しい造形を見せるライトの傑作落水荘

アメリカの歴史的建築とモダニズムをつなぐフランク・ロイド・ライト

話が前後するが，コルビュジェやバウハウスに先導されたモダニズム建築は，第2次大戦前後に建築家の間では世界に拡がった．その中で，新しい時代に適応しようとはしているが，バウハウスなどの「正統派」のモダニズム建築とは異なる独自の主張・造形を展開する建築家がいた．例えばアメリカのフランク・ロイド・ライトがそのような建築家の1人である．ライトの役割は，アメリカの歴史的建築とモダニズムをつなぎ，アメリカの風土や国民性に適合した建築デザインを創出することであった．機能と造形の無理のないバランスをめざす「有機的建築」の主張があり，水や自然とやや抽象的な造形が溶け合った落水荘（写真2-3-17・カバー）などを代表とする，アメリカの広い大地に適合した建築の新しいあり方を示した．

写真 2-3-18　木材の多用と手作りの仕上げが心をいやすマイレア邸

ハウスメーカーが真似するライトデザイン

　しかし，コルビュジェやバウハウスの造形のようにライトのデザインは一般化はしなかった．コルビュジェやバウハウスが示した新しいモダニズム建築デザインは，世界の多くの若い建築家の手本となり皆が真似をし，その亜流をつくり出した．つまり彼らがつくり出したモダニズムデザインは，それを信奉するものには単純でわかりやすく真似がしやすいという特徴があった．それに比べライトのデザインは真似がしにくくそのデザイン力は個人の能力・センスに依存するところが大きかったのであろうと考えられる．ライト没後もライト建築事務所は活動を続けるが，その作品はライトのデザインを発展的に継承することはできず，建築デザインの第一線からは大きく後退したものになっている．しかし最近のわが国の大手住宅メーカーのデザインを見ると，ライトの水平線を強調したプレーリーハウス[13]を模した住宅が商品として売りに出されている．それも単なる試みというレベルを超え，主力商品の1つという位置づけに見える．建築家のデザインの世界では過去のものになったライトのデザインが，住宅の商業化に取り組む企業の手により一般の市民の好みに訴え，それに応える形で再現されていることは，興味深い事象であるといえよう．

人間的なデザインの北欧地域主義

　北欧では30年代後半にフィンランドのアルバー・アールトらが，がコルビュジェなどの中部ヨーロッパの傾向とは異なる，地域性を大切にした建築デザインの追求を進めた．パイミオのサナトリウムなどの公共施設やマイレア邸（写真 2-3-18）などの住宅を多数設計したが，それらはいわゆる「国際建築」とはやや異なる，抽象的すぎない人間的なデザイン，建築家の造形

---

13)　プレーリーハウス：プレーリーはアメリカ中西部の大草原のこと．ライトは水平線を強調した市民のための住宅を多数設計しプレーリーハウスと呼んだ．

を主張しすぎないデザインが特徴であった．木材など自然素材の活用や自然な曲線の多用，建物外部の緑など自然との調和などに重点が置かれた．後述の「関西において好まれる住宅デザイン」の調査でも，マイレア邸は，好まれる度合いが高く嫌われることが少ないという，一般のモダニズムとは異なる評価を得ている．

このような北欧の建築デザインは，一般的なモダニズム建築とは一線を画して，「地域主義」の名で呼ばれている．この「地域主義」のデザインは，その後の北欧の建築家に受けつがれ，人間的で美しいデザインとして新たな発展を遂げている．

2-4. 現代建築のデザイン傾向

コルビュジェやバウハウスなどのモダニズム建築の本流のデザインや理論が提唱されて100年近くが経過している．その後の新しくつくられる建築デザインは，モダニズム建築デザインに大きい影響を受けながら推移してきた．そして現代の最先端の建築デザインはどのようなことになっているのか，少しの検討を加えてみたいと思う．

現在の最先端デザインはコンセプチュアリズム，ポストモダニズム，ミニマリズム

最先端といわれる現代建築デザインの主たる傾向は，(1)コンセプチュアリズム，(2)ポストモダニズムと(3)ミニマリズムであると言ってよいであろう．実務的な現代建築のほとんどはモダニズムのデザインや技術でつくられているが，新しいデザインを追い求め，有名になることをめざす建築家は，おおむねそれらのどれかに関わるようなデザイン追求を行っている．

びっくり箱建築のコンセプチュアリズム

第1のコンセプチュアリズムとは，コンセプトと呼ぶ，他の設計者とは際

写真 2-4-1 変わったコンセプトとデザインで目立った大阪新今宮のびっくり箱建築のフェスティバルゲート．改築または取り壊しの運命が待っている

だって異なる考え方による変わった建築のデザイン・計画を良しとする傾向である．モダニズムの造形は陳腐なものになりやすいため，最初からの魅力的なデザイン的達成や機能的で使いやすい建築計画の追求はさておき，変わったアイデアで人よりも目立つものを設計しようというものである．新規・珍奇なアイデアで設計競技の審査員や建築界の世間を驚かし，評価を得ようとするものが普通である．

　実際に使用する市民の声を聞かずに設計・建設されることが多い文化施設などの設計競技による作品や，評判を取り営業に活用したい商業施設などでこのようなつくり方が顕著である．このような建築は，最初の一瞥ではその思いもよらぬ形にびっくりするが，2度目には感興が大きく減ることになる．一般的に長期的に価値を持つ文化財的資源としての質はなく，びっくり箱のような瞬間的におどろかせる存在でしかない．そしてまたそれは，周辺の都市空間とは全く異質な造形により，ただでさえ美しくない既存の街並みを，いっそう混乱させより救いがたい景観にする役割を果たすことになる（写真2-4-1）．

本来ポストモダニズムデザインは歴史的街並みに新しい建築を入れ込む手法

　第2のポストモダニズムとは，歴史的な建築のデザイン要素を簡略化して新しい建築に取り入れるというデザイン手法を指す．もともとは，新しい建築を歴史的な建築の建ち並ぶ街並みの中に入れ込むときのデザインのあり方である．欧米の都市では多数の歴史的街区が残され活用されている．そのような街並みに新築する場合，歴史的環境のデザインに適合させて新しい建物するのが通例である．高さや大まかなイメージは既存のものに合わせるとしても，歴史的なデザインにあわせて細かい装飾を施すのはコスト的にも工期

的にも技術的にも困難である．そこで，装飾をモダンな新しさも加味しつつ簡略化して新しい建築に付加し，これにより歴史的建築の街並みにその建築をなじませるという手法がとられる．少なからぬ欧米の歴史的な都市の古い街区にはこのようなデザ

写真 2-4-2　バッキンガム宮殿に接する業務ビル街

インでつくられた新しい建築が並んでいる．モダニズムによる装飾の少ないデザインであるが，コストや技術面で可能な簡単な装飾をつけ，ファサード（道路側の外観）はルネッサンス建築デザインの定番である3層構成（一番下の層を素朴で力強いドーリア式，最上層を繊細なコリント式，真ん中の層を中間的なイオニア式の造形や比例で形づくる立面構成法）などでデザインされている事例はよく見られる．写真2-4-2はロンドンのバッキンガム宮殿に隣接する業務ビル街の景観である．一番右の建物は伝統的なルネッサンス様式の建物，その左は現代建築の様式である．ただし現代建築であっても1階はやや荒々しい石積み風のデザイン（ドーリア風），最上階は軽いデザイン（コリント風），そして間の2〜5階は中間的なデザイン（イオニア風）の3層構成となっている．そしてそのように形づくられた建築は，新しいものであっても歴史的街区に結構しっくりと溶け合っている．

形だけ歴史建築を真似し造形的アピールをねらういわゆるポストモダニズム

　アメリカの建築家であるフィリップ・ジョンソンがニューヨークで設計したAT&Tビルを建築デザイン評論家のチャールズ・ジェンクスがポストモダニズム建築と評価したのがポストモダニズムの言葉が用いられた最初である．19世紀末に流行ったネオバロックの中低層の建物や家具や出入り口枠に用いられたブロークンペディメントを，超高層建築の頂部に用いたデザインである（写真2-4-3）．外観からは，巨大な家具のような奇矯なイメージを感じるが，具体的なデザインはニューヨークの歴史的ビルのデザインに対応した，しっかりとしたデザインである．いわゆる世間に喧伝されている，

写真 2-4-3 頂部にブロークンペディメントをいただく AT＆T ビル

軽佻浮薄に歴史的建築のデザインソースを歴史的な文脈もなしに建築家の勝手に取り込むというものとは違うように感じられる．ニューヨークには1910～20年代につくられた美しい歴史的デザインの高層・超高層ビルが多数存在しており，ジョンソンはそれらのビルとデザイン的な折り合いをつけるためそのようなデザインを取り入れたと考えるのが，合理的な考え方なのではないかと思う．

このような歴史的街区に新しい建築を入れ込むデザイン手法を，歴史的街区や環境と関係なく，デザインの新奇さのみを評価して単体の建築デザインとして独立させたものがいま言われているいわゆる「ポストモダニズム」の建築デザインである．

モダニズムの建築は，装飾を付加しないため，立面の縦横のプロポーションの美しさや吹き抜けやアンバランスな形の意外性などで，デザインの魅力をつくり出そうとする．しかし用いることのできるデザインソースは限られているため，デザインは陳腐な魅力の乏しいものになりがちである．モダニズム建築はマンネリズムに陥っていると，モダニズム建築が成立した後の早い時期から語られていた．そのような陳腐になりがちなモダニズム建築デザインの魅力化を考えた建築家や評論家が，歴史的街区に新しい建築を入れ込む技法に注視し，単体建築のデザインの魅力のみに絞って評価・創作を行ったのが，俗に言う「ポストモダニズム」建築であるということができると考える．しかし建築家個人の特徴ある造形のために，まわりの街並みとは関係なしに，歴史的な建築様式の一部を真似したり誇張したりして，奇怪な造形や景観を生みだすという問題点が，もともとの本質的な意味・役割にかける「ポストモダニズム」の問題点として指摘されている．

ミースの手法をより精緻化・抽象化する現代のミニマリズム

　第3に，具体的な造形手法・様式としてポストモダニズムと同様にこのところさかんに主張されているミニマリズムについて記したい．むしろわが国では，ポストモダニズムよりもミニマリズムの方が建築家の間では支持されているように見受けられる．ミニマリズムとは，言葉としては1960年代から使われだし，装飾を極限まで切り詰め徹底的に抽象化して表現する芸術の様式を指す．当初は絵画などの芸術に用いられていたが，90年代には，インテリアや建築にも広範な影響を持ち始めた．建築のモダニズムはもともと抽象化をそのデザインの基本的な手法としていたので，さらにそれを抽象化するというデザインの方向性は，新しい芸術の追究をめざす建築家には取り入れやすい手法であった．ミニマリズムの建築デザインは，装飾や具体的な造形を避け，単調な表現を延々と続け，限られたポイントにひねりを効かせた独自性の強い表現を滑り込ませるという手法をとる．

写真2-4-4　格子が美しいレイクショアドライブアパートメント

　建築におけるミニマリズムの嚆矢は，ドイツのバウハウスの主要メンバーでアメリカに亡命したミース・ファン・デア・ローエである．ミースは，ガラスと鉄骨とによる単調なデザインの繰り返しで，高く評価される大きい空間をつくり出した．写真2-4-4はミースによるシカゴのレイクショアドライブアパートメントである．単調ではあるがプロポーションが美しい格子がビル全体を覆っている．彼は「Less is More（少ないほど豊かである）」と主張し，建築の表現の抑制，見えがかりの線の少なさ，建築詳細の単純さを主張した．この手法は真似しやすく，全世界に拡がった．そして現代のミニマリストは，ミースよりもさらに詳細を単純化し，市民にはより理解しにくい，

感性や感情を極度に抑制した抽象デザインの作品づくりに腐心している．

2-5. モダニズム建築の計画論・造形論とその後の評価

　以上見てきたように，モダニズム建築[14]デザインは，資本主義的な生産の発展に適合する効率的な建築設計・生産のあり方を追求し，現代の主要な建築のつくり方として定着した．またその過程で，それまでの歴史的な装飾の多い建築デザインから，装飾のないあるいは少ないモダンなデザインをつくり出し，世界的にそれなりの認知を得ることに成功した．建築界や建築家の間では一般的に，歴史的な建築デザインは過去の遺物であり，モダニズム建築デザインやその後継である現代建築デザインこそがこれから設計に用い発展させるべき優れた唯一の建築デザインであると考えられているのは前に述べたとおりである．そのような建築界でも，20世紀中頃から，設計者の間などからモダニズムにたいする批判が出されはじめた．その内の代表的なものを紹介したい．

ブレイクによる「近代建築の失敗」

　まず第1は，1964年出版の「近代建築の失敗」を著したアメリカ人の建築家ピーター・ブレイクの主張である．ブレイクは(1)モダニズムの機能主義とは機能をデザインの要素に使うもので使いやすさの意味で機能を追求するものではないこと，(2)モダニズムの建築家が好むオープンプラン[15]はそこで仕事や生活をする人にはプライバシーもなく使いにくいものであること，(3)雨や風の影響の大きい外気の中で，モダニズム様式の特徴である純粋な抽象的な形象を長期に保つ建材が存在しないこと，(4)世界の多くの国では

---

14) モダニズム建築：前節で詳しく解説．第2次大戦後一般化した建築様式で，四角や丸の抽象的な形と装飾のないシンプルなデザインが特徴．現在日本で建てられる建築はほとんどこの様式によっている．

15) オープンプラン：間仕切り壁や柱がなく自由に使い方を変えられる平面計画．

伝統技術による建設が基本であり，工業化崇拝のモダニズムが予言した先進技術の全面的展開はありえないこと，(5) モダニズム建築運動の象徴であった高層建築は居住性や景観など様々な意味で社会的な敵対物・邪魔者となったこと，(6) モダニズムの思想によってつくられたブラジリアなどのニュータウンは非人間的で人気のない都市であること，(7) モダニズムの交通政策は高速道路網による自動車交通のみに頼るアーバンスプロール（都市郊外の広域的乱開発）という暮らしにくい住宅地を生み出したこと，(8) モダニズム建築運動の先駆者が唱えた都市を機能別に分割するゾーニング[16]の都市計画により，伝統的な質の高い都市生活が破壊されたこと，(9) コミュニティを上から勝手に押しつけ抽象的な形の住まいを強制するハウジング（大規模住宅団地）による住宅供給を推し進めたこと，(10) 抽象的な「完全」な形を追い求め使いやすさという機能は無視する傾向が強いこと，(11) モダニズム建築家は大規模開発を好み住民の生活を破壊する側に立つ傾向が強いこと，などを指摘し非難している．

そしてモダニズム建築の教義に対する代替案を8つ述べている．第1は「高層ビル建築のモラトリアム（中止）」である．「高層ビルは危険であり，周辺に交通・環境・景観などの大きな災厄を引き起こす．高層ビル建設の建設理由は貪欲な金儲けだけであり，それを継続する正当な理由は存在しない」としている．第2は「歴史的なものも含め現在存在する全ての建築の取り壊しのモラトリアム」である．「まだ使える建物をつぶして資源や資金を浪費している．この取り壊しの理由も貪欲な金儲けであり，継続すべきではない」との主張である．第3は「新しい高速道路建設のモラトリアム」である．「高速道路建設は多額の資源を浪費するだけでなく，都市と生活を破壊する」としている．第4は「建設業がその製品に責任を負うことを義務づける法律の制定」である．第5は「ゾーニングのモラトリアム」である．「ゾーニングは既存の都市やそこにおける家庭や生活を破壊している．ボストンなどゾーニングのない都市の方がゾーニング熱望者から賞賛されている」と

---

[16] ゾーニング：近代都市計画の概念で，都市を用途別に純化すること．例えば住宅地区，商業地区，工業地区など．近代以前は住宅や店舗・工場などが混在して職住一体のまちであった．

述べている．第6は「巨大な計画を縮小し人間の尺度の計画を立てるか，全く立てないこと」である．「大きな計画にくらべ小さい計画は人々の要求にはるかによく応えやすい．また民主主義的には小さな計画が実施しやすい」としている．第7は「建築教育の根本的な再編成」である．「新しい建築教育は，実務を知らない教師が雑ぱくな知識を教え込まれてジェネラリスト[17]として育てられ，多くの学生は質の高い建築をつくる術を学んでいない．優れた作品を創造できる建設と設計の専門家としての教育に改めるべきである」と記している．第8は「建築自体のモラトリアム」である．「モダニズムの建築家のやったことは過去に例のないほど『創造的で破壊的で疲労を感じさせる』ことでありしばらくは建設を『休憩』すべきである．また現代の建築の顧客は偉大な建築作品を創る意欲に欠けているように思われるので建築のモラトリアムは自ずとおこるであろう」としている．

　ブレイクの主張は，モダニズム建築思潮に関わり全面的に問題提起を行った．建築デザインから都市政策・住宅政策・建築教育など多面的に問題点を指摘している．40年以上前の著作であるが，その内容は今のわが国の状況にもピッタリと当てはまる現代的な側面を有している．

ヴェンチューリのミニマリズム批判

　建築家のロバート・ヴェンチューリはその著書「建築の多様性と対立性」（ブレイクの提起とほぼ同時期の1966年に出版）の中で，ミース・ファン・デア・ローエが主張した「要素が少ないほど豊かである（less is more）」に対し「要素が少ないほど退屈だ（less is bore）」と批判した．ミースの主張は，現在のミニマリズムと同じ考え方で，建築のディテールに表れる形や線を最小限に抑え，シンプルな構成とそれらによる比例関係（窓などの縦と横の長さの比から感じる美しさ）を整え単純で美しい造形をねらうものであった．

　それに対しヴェンチューリは，ミニマリズム的造形はデザイン的な情報が少ないため，何の変哲もない退屈なものになりがちなことを指摘したのである．ミースのミニマリズム的な造形は，それまでの装飾過剰な造形に対する

---

17) ジェネラリスト：一般的な知識はあり組織運営にはむくが，専門家としての力量が低い人たち．

代替案としてのインパクトがあった．またミースの研ぎすまされた比例感覚からつくられた造形は，そのような造形を習練した専門家らの目から見れば，美しいものであった．しかし一般の人々から見れば難解なものである．そしてミースの造形は真似しやすいため，多くの建築家や設計者に真似され世界中にそのコピーが建設された．ミースの二番煎じ，三番煎じということで，創造的造形としてのインパクトは乏しく，またミースほどの優れた比例感覚をもつ設計者はそう多くはないため，そのようなコピーのデザイン的な質はおしなべて低い．私たちの身の回りに多数建つガラスのカーテンウォール[18]建築は，概ねデザインの質の低い退屈なものであるが，ヴェンチューリはこのような建築を指して，退屈であると評したのである．ミニマリズムが大流行の現代においてヴェンチューリの主張が大きな意味を持っているように思える．

西山夘三によるモダニズム様式批判

わが国の専門家でもモダニズム様式に批判的な意見を持つものがいる．食寝分離論で著名な住宅・建築学者であった西山夘三は第 2 次大戦後のわが国へのモダニズム様式導入を厳しく批判した．その著「現代の建築」（岩波新書，1953 年）で，モダニズム建築は資本家の好みに沿った功利的な実用建築で，資本主義世界の支配的な建築様式であるとしている．具体的には近代建築（モダニズム建築のこと：筆者注）は「美術建築の実用建築への屈服」であり「なるべく安上がりにつくりたいと思っている資本家に最も好都合な主張で」，「民衆とは関係のないモダニズムの美を導入した」，あるいは「近代建築の美学は……資本の露骨な功利的な要求を，やわらかくうけとめる独占資本の美学であり……『冷酷な表情』をした 1 つのモードであった」，また「アメリカ独占資本が指導的な立場にたつにいたったのに対応して，アメリカがしめす近代建築は，資本主義世界の支配的な建築様式となるにいたった」と記している．書き方はやや極端に聞こえるが，第 2 次大戦後に建設された安上がりで醜く混乱した現在のわが国の都市の建築や景観を考えれば，西山の批判は基本的には正しいものであるということができよう．

---

18) 31 頁の脚注参照．

チャールズ皇太子による現代建築批判

　前述の3つの批判の事例は，20世紀中期のモダニズム建築様式・思潮が世界的に拡がりつつある時点でのものであった．次に，より新しい，モダニズム建築がある程度普及した段階の時期の批判を1つご紹介したい．イギリスのチャールズ皇太子はその著書「英国の未来像」(1989年) で，モダニズムやポストモダニズムの現代建築が勝手気ままに環境破壊を行ってきたことを厳しく告発している．そして市民が建築をつくる上で守るべき10の原則として，(1)場所「風景を蹂躙するな」，(2)建築の格付け「もし，建物が自己を表現できないとしたら，われわれは建物をどうして理解できるのだろう？」，(3)尺度「小さいものほどよい．大きすぎても不十分」，(4)調和「聖歌隊とともに歌え，合唱にさからうな」，(5)囲い地「子ども達に安全な遊び場を用意し，風はどこか別の場所に吹かせよ」，(6)材料「材料は，それがある所にあらしめよ」，(7)装飾「むきだしの輪郭はいただけない，細部を豊かにせよ」，(8)芸術「ミケランジェロは前庭にぽつんとただひとつ立つ抽象彫刻をつくる依頼などは受けたことはなかった」，(9)看板と照明「公共の場所に粗悪な看板を立てるな」，(10)コミュニティ「家を建てる時は，そこに住むことになる人の意見を聞け」，を提案している．チャールズ皇太子は現代建築とそれによる開発を，環境や文化的街並みを破壊し，巨大開発により人間性に欠け，装飾など文化性を取り去った抽象的なデザインで，本来建築がもつべき風格に欠け，安全で親しみやすい空間の形成をないがしろにし，地方・地域を無視した材料や技術の濫用を行い，その他の芸術などを粗末に扱い，そこに住む人の意見も聞かないで設計する，と厳しく指弾している．

　この著書は前年にBBCで放映され大きな評判となった同内容の番組を出版したものである．この本や放映はイギリス国民の景観や環境の意識に大きな影響を与え，政府の方針もチャールズ皇太子の主張に沿った形で都市計画の方針を展開しつつある．

2-6. 市民的保存運動が起こる近代洋風建築，起こらないモダニズム建築

保存運動に見る支持され長期間使い続けられる建築デザインのあり方

　人々がどのような建築を大切に思っているかは，その建築が取り壊しの危機に瀕したときに明確になる．壊されそうになるときに，多くの人々が反対に立ち上がるとすれば，その建築は人々に愛され大切に思われているということになる．一般的に建物の取り壊しの際，普通の市民の間で保存運動が起こるのは近代洋風建築[19]などの歴史的様式建築である．全国的な建物の保存運動を概観しても，そのほとんどは歴史的洋風建築である．現在残されている明治期以前の和風建築は，既に文化財指定を受けているものがほとんどで，保存運動を起こす必要はない．しかし，明治期以降に建設された近代洋風建築は文化財指定が進まず，多くが取り壊されてきた．その取り壊しに対し，全国各地で市民的な保存運動が起こり，近代洋風建築などの近代建築の大切さが世論として広がった．その結果として，最近は文化財指定を受け，保存が可能となる事例が増加している．市民が保存運動を起こす理由は，多くの場合，文化財的な価値を評価するとともに，その外部デザインの街並みに与える大きな影響を支持してのことである．

　また，近代洋風建築のレトロな雰囲気が市民的な好みに合致し，商業的な活性化に役立つということで，保存再生される例も増えている．小樽の倉庫群を中心としたまちづくり，横浜や神戸の旧外国人居留地のまちづくりなどがそれである．これらのまちでは，人々が近代の歴史的雰囲気を楽しみつつ，専門店などのウインドウショッピングを楽しみ，そぞろ歩くという魅力的なスポットとなっている．

　一方，モダニズム建築[20]には市民的な保存運動は起こりにくい．建築界では有名な「名建築」といわれるようなものでも，その取り壊しに際して，市

---

19) 　近代洋風建築：明治期以降，日本で建設されたルネッサンス様式などの欧米の歴史的な様式の建築．
20) 　モダニズム建築：2-1, 2-2, 2-3 に詳述．

民的な保存運動が起こることはまれである．建築専門家による保存運動は起こることはあるが，市民的運動には広がらないことがほとんどである．これは，モダニズム建築のデザインが，市民的に理解・支持されていないことを原因とする．一般の人々は，建築界では「名建築」といわれるものであっても，モダニズム建築の場合は，街並みから消え去ることを気にしないのである．

東京駅の大きな市民的保存運動

　さて，以上のような，近代洋風建築の多くは市民的な保存運動が起こり，その内の少なくないものの保存がなされ，一方たとえ「名建築」といわれてもモダニズムの建築は市民的な支持がなく取り壊されてしまうという実例を，東京駅と旧東京都庁舎の例を引いて紹介したい．

　東京駅は，建築界の第一人者であった辰野金吾が最終的に設計を行い，1915年に完成した．日露戦争の勝利を背景として，諸外国にも見劣りしない威風堂々とした建築デザインが要求され，辰野は留学時にイギリスで流行していた赤レンガに白い石を帯状に配する華やかな様式を採用した．アムステルダム駅に範を取ったとの説もあるが，どっしりと安定感のある美しい近代洋風建築である（写真2-6-1）．

　1987年4月に国鉄が分割民営化され，「東京駅周辺地区再開発連絡会議」が発足し，東京駅建替え高層化計画が浮上した．11月に日本建築学会が保存要望書を提出した．そして12月に「赤レンガの東京駅を愛する市民の会」（筆頭代表に高峰三枝子・三浦朱門氏，以下，市民の会）が発足し，署名運動や広報活動を開始した．翌1988年1月には，隣接する丸の内地区について三菱地所が通称マンハッタン計画（丸の内超高層化計画）を発表した．時代はバブル経済のまっただ中で，スクラップ＆ビルドが大流行の時代であった．保存運動は国会や政府を巻き込んで広がり，JRは11月の市民の会との会談で，復元か現状かは未定であるが建物を残す旨を回答した．その後，市民の会はスケッチ展や音楽会などの様々なイベントを開くとともに，建築学会などと協力して保存のためのシンポジウムなどの開催に尽力した．そして1999年10月にはJR東日本社長が復元の意思表明を行った．16年の歳月が

経過した2003年4月には，文化審議会が赤レンガの東京駅舎を重要文化財に指定するよう答申し，ここに市民の会の16年に及ぶ願いが実った．

市民的保存運動が起こらなかったモダニズムの名建築・東京都庁舎

旧東京都庁舎は1957年に建設された，著名な建築家である丹下健三の設計によるモダニズムの建物である．モダニズム建築の創始者の1人であるミース・ファン・デア・ローエのスチールサッシの格子の形状をファサードに用い，同じく創始者のル・コルビュジェの形態をも想起させる美しい建築として，

写真2-6-1　東京ステーションホテルの開業時の絵葉書（大正4年）：「赤レンガの東京駅を愛する市民の会」ホームページより

写真2-6-2　東京都庁舎：新建築1991年6月臨時増刊より

建築専門家の間では世界的にも高く評価された（写真2-6-2）．日本のモダニズム建築の歴史の中でも特に重要であると評価される建築であった．

この建物の取り壊しが，東京駅の取り壊しとほぼ同時期に発表された．またこの建物の位置関係は，東京駅の南側250mの，1ブロックを挟んだ至近であった．しかしこの建物の場合は当初に専門家のみの小さな保存運動が起こったが，市民的な運幅広い運動に発展することはなかった．時期・位置がほぼ一致しているため，東京駅保存の市民の会と連結した運動が起きるのではないかと注視していたが，市民の会は東京都庁舎の保存については動きを起こさなかった．結局予定通り旧東京都庁舎は取り壊され，現在は東京国際フォーラムの建物が建てられている．

建築専門家の間では，特にわが国のそれでは何度も述べているように，現

2. 現代建築とは何か

代の建築デザインはモダニズムやその現代化したもののみが正しいもので，それ以前の様式建築は過去のもの・遺跡であると考えてきた．そしてモダニズム建築でわが国の都市空間や街並みを形成することが正しいと信じられてきたし，今も大方の建築専門家の間ではそう信じられている．しかし上記のような事実から読み取れることは，建築専門家でない一般市民は，装飾があるなどの文化的情報の多い歴史的な様式建築を好ましいものと評価し支持するが，シンプル・抽象的で文化的情報の少ないモダニズム建築を好まないという事実である．

建て替え後のモダニズム建築の質の低さは何故？

歴史的建築の取り壊し問題に関連して，もう1つ筆者が問題意識・疑問を持っていたのは次のようなことである．取り壊す側は，近代洋風建築を取り壊す際，新しく建設する建築のデザインは前のものより優れたものにするので古いものは取り壊してもよいと主張するのが一般的である．しかし取り壊して完成するものは，必ず以前の建物よりデザインが劣るというのが筆者の経験である．これは共に近代洋風建築の保存運動を進める人々の間で共有する長らくの謎であった．

モダニズム建築デザインの問題を考える中で，この疑問に対して最近ようやく筆者は1つの答えを得た．それは，歴史的な建築様式にはデザイン力があり，モダニズム建築様式にデザイン力が少ないということである．モダニズム建築は，造形上，文化的情報をそぎ落とす方向で形の洗練を進めた．「Less is more（少ないほど豊か）」のミースの造形方法や，最近のはやりのミニマリズム建築様式（デザイン要素を最小限にした単調な形の繰り返しなどのデザイン）などがその典型である．抽象芸術として比例などを中心に構成し，文化的な情報をそぎ落とす造形を徹底するうちに，造形の魅力の本質をなくしていったと考えることができる．トップクラスの造形は，そうは言ってもある魅力はあるが，それでも一般市民が理解でき好むデザイン・質であるとは言い難い．さらに取り壊し新築に用いられる一般的な設計者の場合はそれよりも水準が低く，魅力のない陳腐で退屈なデザインになるのが通例である．「普通に建てられた歴史的様式」（例えば写真2-6-3：神戸旧外国人

写真 2-6-4　建て替え後の現在の神戸ダイアモンドビル．左の写真と同様のアングル

写真 2-6-3　旧三菱銀行三ノ宮支店

居留地に建っていたルネッサンス様式の三菱銀行）の建築に比べ，「普通に建てられたモダニズム様式」（例えば写真 2-6-4：建て替え反対の市民運動を無視して上記ルネッサンス建築の跡地に建てられたモダニズム様式の現在の三菱銀行）[21]の建物は，概ね必ずデザイン的な質や魅力が劣るということにならざるをえないように思える．

　現代の日本で新築される建築はそのほとんどがそのような，質に問題があるモダニズムおよびその類似の様式で形づくられている．建築様式だけから考えても，日本の都市は文化的価値やデザインの質の低い建築群で構成されていることになる．これでは，このようにデザインの達成度が低く文化性の低いビルは，機能的に不十分になればただちに建て替えられるであろう．際限のないスクラップ＆ビルドの連鎖におちいらざるをえない．これを避けるためには，日本の都市と建築を救う，皆が保存したくなる質の高いデザインのあり方の検討が重要な課題の 1 つになっていると思う．社会に支持され長期間使い続けられる建築デザインの現代的なあり方を，実践的な課題として

21）　写真 2-6-3．旧三菱銀行写真．出典：http://memoriesofkobe.blog63.fc2.com/blog-entry-105.html

2．現代建築とは何か

探っていくことが求められている．その答えは，モダニズム以前の歴史的様式に真摯[22]に学ぶ中で見つけられるであろうと考えられる．

2-7. モダニスト建築家は何を考えて設計しているか

これまで，現代建築・モダニズム建築のデザイン・思潮などについて，またそれに対する批判について，簡単に触れてきた．この節では，そのような建築が具体的にはどのように構想され設計されるのかということを，筆者の個人的な経験も含め記してみたい．できあがったものを眺めるだけではよくわからなかったことも，計画・設計の過程を知ることで，理解が広がることは多いと思われるからである．

モダニスト建築家の卵として学んだ個人的な経験から

筆者は大学の建築学科で建築の基礎を学び，大学院の修士課程で設計の研究室に入った．その研究室の教授[23]はコルビュジェの造形を信奉している人で，大学院の時代はコルビュジェの造形を徹底的に学ぶことになった．その研究室は実際に建設される設計を行いそれにより大学院生を教育する方針をとっていた．大学院に入ってすぐ，筆者は大学の体育館の屋外階段の担当になった．スケッチを描き教授に見せるのであるが，教授は「そのデザインでは駄目だ」と言うのみで，デザインの方向性は一切指導しないのである．毎週教授にスケッチを見せに行くのであるが，毎回「駄目だ」と言われるのみで，設計は前進しない．数回の駄目出しを受けた後，このままではうまくないと判断し，教授が好むコルビュジェのデザインを徹底的に学んでみようと自分で判断し取り組みを始めた．本体である体育館のデザインはコルビュジェによるロンシャンの教会堂[24]を大型化したような軟体動物を思わせるよう

---

22) 歴史的様式に真摯に学ぶ：6章以降に詳述．
23) 増田友也・京都大学工学部建築学教室教授（当時）．
24) ロンシャンの教会堂：29頁中表紙の写真．

なデザインであった．そのような本体に適合する付属物としての外部階段にどのようなデザインを与えるべきかということで，写真集を元にコルビュジェのデザインの探索を始めたのである．幸い，研究室には多数のコルビュジェの写真集があり，朝9時から夜9時まで，食事時間や休む間も惜しんで写真集を眺めそれを参考にスケッチを無数におこした．そのような勉強が3カ月続き，やっと筆者の設計に教授の許可が下りたのである．この体験は，筆者のモダニスト建築家（モダニズム建築を信奉する建築家）としての出発点であり，コルビュジェのモダニズム建築の造形をおぼろげながら理解できた最初の機会であった．

写真 2-7-1　兵庫県立図書館＋明石市立図書館

写真 2-7-2　ピッコロシアター（兵庫県青少年創造劇場）

モダニズム建築の造形の洗練に明け暮れる 20 代

その後，筆者は自治体では数少なく内部設計を行っていた兵庫県建築部営繕課に就職した．いわゆる役所ではあるが，職場の雰囲気は建築設計事務所そのままで，定常的に残業しつつ計画や設計に明け暮れる毎日であった．モダニズム建築の設計では，人とは違うことを考え提案するコンセプト（設計理念）の探索や，寝る間を惜しんで造形の洗練などに明け暮れた．このような筆者の努力は 20 代を通じて続けられた．設計するものが兵庫県の施設で施設自体が特殊で見栄えがよいこともあり，私が設計チーフとして担当した

---

25)　写真 2-7-1：新建築 1975 年 6 月号の掲載写真．
26)　写真 2-7-2：建築画報 1979 年 5 月号に掲載．

兵庫県立図書館（写真2-7-1）[25]やピッコロシアター（写真2-7-2）[26]などは，完成後すぐさま新建築誌などの建築写真雑誌に取り上げられた．

このような雑誌に掲載されることは，現在もモダニズム建築の設計で名をあげようと考えている設計者にとっては最大の目標である．そのためには筆者が20代に行っていたような建築家仲間の好みに適合する造形の洗練に特化した設計の進め方を行う必要がある．筆者の経験から理解できるそのような建築家の時間の使い方は，すべての時間をデザインの洗練に用いないと他人に後れをとるという焦りなどから，建築デザイン以外に時間を割けない生活であった．強迫観念に迫られて，とにかく寝ている時以外は，四六時中スケッチや製図を行わなければ落ち着かない精神状態に置かれるのが普通である．そのため，その他の芸術の鑑賞あるいは読書など文化的な生活に時間を割くゆとりがない，また家事に時間を割くこともったいないという意識で，全ての時間を建築造形の洗練に捧げるという生活である．

建築の仲間内では支持されても一般の人には支持されない建築設計に疑問

しかし筆者は，30代を前にしてこのような建築のつくり方に疑問を持つことになった．兵庫県の様々な施設のデザインを一生懸命に練り上げても，できあがったものは建築専門家の間でほめられることはあっても，一般の県職員や市民には，「変わったデザインですね」といわれるだけで「良いデザインですね」とほめられることはなかったからである．すなわち建築の専門家と，それ以外の人々とは，同じ建築の評価が全く異なることがわかったのである．ちょうどその頃，四角い箱ばかりのデザインで建築をつくることには少し飽きた状態であったし，自分の好みだけで造形を行うことに疑問を感じるような状況にもなっていた．建築は社会的な影響の大きい存在であり，それをどのように形づくる本来のあり方を探る必要性を感じてもいた．

いろいろと考える中で，どのような設計やデザインを新しい建築に与えればよいのかということに，すぐに答えが出たわけではないが，質の高い建築デザインや街並み景観形成のあり方はその地域に暮らす人々に選択の権利があることにも思い至った．建築家が正しいと信じる造形を声高に主張しても，人々が同意しなければ，集団的な美しい街並み景観の実現はできない．人々

が好むようにデザインをすることの中にこそ美しい建築や街並み景観を実現できる方策があることに気がついたのである．街並み景観形成を考える場合，植栽や門や塀のデザインも街並み景観に関わるが，街並み景観をつくる大本は並び建つ建築である．街並み景観を人々が好むように，そして質高く美しくつくるということは，建築そのもののデザインを人々が好むように美しくつくらねばならないということに，さらに思いいたったのである．

その後，筆者は30代半ばで独立して建築設計事務所を開業し，40代前半で大学の教員となったが，設計事務所を主宰しての建築設計の実践活動は続けている．現代建築設計やデザインの望ましいあり方と，美しい街並み景観形成のための建築・まちづくりの進め方を探る研究や実践を行う努力は一貫して続けた．そのような研究の成果がこの図書であるが，研究結果の詳しい内容は次章以降で紹介したい．

筆者の経験で現代の建築家の考えていることのさわりを述べたが，次に2つの事例を元に，多くの建築家が本音のところでどういうことを考えているかを紹介したい．

安藤忠雄の率直な姿勢の表明：施主の言うことは聞かないで設計したい

まず，わが国では最も著名な建築家の1人である安藤忠雄の事例である．安藤は日経新聞夕刊関西版の2006年10月上旬に5回にわたって手記を掲載した．どの手記もなかなか興味深いものであったが，なかでも10月4日の手記は重要な内容を含むものであった．その全文を紹介しよう．

心の玉手箱，建築家　安藤忠雄(3)

「半年間のヨーロッパ旅行から戻ってしばらく後，建築事務所を始めた．といって，簡単に仕事が来るわけではないから事務所に寝転び，本を読んでばかりいた．これが良かった．時々，仕事が飛び込んで来る．たまに来る仕事だからこそ，ここぞ，とばかり自分の思いを優先して設計図を引き，施主の言うことをほとんど無視した．狭い風呂に狭いキッチン．それでいて大きな吹き抜けにしたり．問題は山ほどあるけれど，どれも思いがいっぱい詰まった家だ．あまりの熱意に押されて施主は文句は言えない．使う

のはさぞ大変だったろうと思う．そんな中の1つが1975年に設計した住吉の長家だ．木造長屋の密集する大阪下町の過密地帯にある三軒長屋の真ん中の家を，コンクリートのボックスとして建て替えた．奥行きを3分割し，中央部を中庭として空に解き放った．失われつつある都市の自然を住居に引き込む装置だ．これが伝統的な町屋の坪庭のような役割を果たし，通風，日照などの住まいに最低限必要な環境条件を整えることができた．もっとも雨の日には2階から1階に行くのに傘がいる．冷暖房もないから夏は暑く冬は寒い．自然と共生することがいかに大変か身をもって知る．だから，私と同年配の施主には体を鍛え続けてほしいと言っている．この家の設計で，1978年の吉田五十八賞の候補になった．しかし受賞できなかった．審査した村野藤吾[27]という大建築家が言った．「この家の設計は悪くはないが，任せた施主がえらい．賞をあげるなら施主にあげたい」と．そう言われて，少しは施主のことを気にしなくては行けないと思うようになった．以来，30％くらいは施主の要望を気にするようになった．しかし，もう年も年だし，そろそろ以前と同じように施主の言うことを聞くのはやめようと思っている．事務所の規模もずいぶんと大きくなった．無難にしていては心を動かす仕事はできない．事務所が大きくなって，知らぬ間に無難な道を選択してはいまいか．それを恐れる．」

すなわち安藤は，施主（建築の発注者）の要求を30％も聞くと良い建築ができないので今後は施主の要求を全く聞かず自分の思うとおりに設計するということを宣言しているのである．そこには，建築は発注者の切実な要求に基づき計画され形づくられるのではなく，建築家である安藤の恣意的な設計で安藤の「芸術作品」として「創造」されることになる．

このような発注者をないがしろにした建築のつくられ方は，安藤のような有名建築家だけの進め方ではない．現代の建築家と呼ばれる人たちの間で普通のことであることを，続いて紹介したい．

[27) 村野藤吾（筆者注）：1891～1984．20世紀の日本を代表する建築家．モダニズムの造形にとらわれず，自由闊達な美しい建築をつくった．作品に，広島世界平和大聖堂，日生劇場などがある．

なお安藤が吉田五十八賞を受賞し損なった建築作品「住吉の長屋」に，日本建築学会は1979年度の建築学会賞作品賞を与えた．デザインの美しさに合わせ，自宅のトイレに行くにも雨の日は傘を差していかなければならないという「革新性」を評価してのことであろう．しかし審査員たちの判断は「住む立場，使う立場」からの視点は乏しく，村野藤吾の建築家としての倫理観とはかけ離れた地点にいることがわかる．次に述べる私が経験した市井の建築家たちの考えや行動も，安藤や建築学会の審査員たちの考え方と軌を一にするものである．

建築主の意向を無視しモダニズムデザインを押しつける現代の建築家の傾向
　十数年前に，ある専業設計事務所（設計・監理[28]のみを行う設計事務所のこと，設計と施工の両方を行うものを兼業事務所と呼ぶ）の組織に参加した．その組織の設立20周年の展覧会の実行委員長を依頼され引き受けた．よく見られる，なんとなく写真を並べる展覧会では面白くないと思い，設計の過程での発注者との打ち合わせと設計の練り上げ方が理解でき，完成後の発注者の意見・感想が明確になり，設計の達成度が明らかになるような内容にしてはどうかと提案した．

　筆者の提案に対して，居並ぶ理事十数名は概ね全員が強く反対した．反対の理由を聞いて，筆者は耳を疑った．その理由は「建物が完成すれば，建築家は発注者と争いごとになるので，完成した建物の発注者に原稿やヒヤリングを依頼することはできない」と言うことであった．「何故，完成時に建築家と発注者が争うことになるのか」と問うと答えは，「設計時に発注者から四角いなどの抽象的なデザインや設計をいやがられ，やむをえず発注者にはデザインを手直ししたように見える図面を渡す．しかし実施設計では当初の建築家の意図通りのデザインの図面を作成しそのとおり施工する．建物が完成し足場が外れれば，発注者は建築家にだまされていたことがわかる．建築家は発注者が思うような手直しの協力はしないし，通常発注者には手直しのための資金的余力がない場合が多い，そのためとりあえずは建物は建築家が意図したデザインのものとなる．その意味では，建築家は自分の『作品』が

28）監理：設計図通りに施工されるよう施工業者をコントロールすること．

完成でき，建築家として『勝利』したことになる．ただし，発注者からの最後の設計・監理料（設計・監理料の10〜15%程度）を手にすることができないペナルティは発生するが」というものであった．そしてそれが通常の仕事の仕方であると，ほぼ全員が何の躊躇もなく言い切ったのである．これらの建築家は，その分野では特殊な考えを持った人たちではなくごく普通の建築家で，その地域では信頼されるべき立場の人たちである．わが国では一般的な建築家像に沿った人たちであると思う．そのような人たちのほとんどがそういう業務の進め方をしていることがわかり，驚くとともに極めて残念に思ったのである．そしてこのような一般の発注者・建築主をだましてでも自分の「作品」を実現したいと思う建築家としての考え方は，その組織にのみ固有のものではなく，日本中の同様な建築家に共通のものであると推測される．そしてこの考えは，前出の安藤忠雄の考え方と同様のものである．

このようなことをされては建築や住宅の発注者である一般の市民はたまったものではない．せっかく多額のお金を出して住宅や家を建設しても，その内容は意に沿わぬもので，手直しは簡単ではなく，不満を持ちながら住み続け使い続けることになる．このような業務の進め方は，発注者の要求に沿って優れた住宅や建築を設計・建設するという，建築家の基本的な社会的責任・倫理に反することである．

このような建築家のあり方は世間的にもある程度認識されているようで，高い設計料も相まって，専業の設計事務所に住宅などの設計を依頼する人はそう多くない．後で述べる新開発団地の住宅建設調査では，デザインにこだわる設計事務所に依頼した戸数は3%以下[29]でしかないことがわかっている．

建築家はなぜ発注者・市民と異なる建築デザイン観を持つのか

現代の建築家は何故このような考え方を持つのであろうか．第1は，芸術家的な建築家として評価されたいという志向である．学校などの建築教育で設計を市民の要求や好みとは切り離した形での抽象芸術として学ぶことが一般的になっている．そのような教育を受けて設計者となるが，目指す自己達成として，建築の世界の中で，優れた芸術家としての建築家であると評価さ

---

29) 3%以下：155頁に記述．

れたいのが一般的な志向である．そのため発注者が望まない，四角や丸の抽象芸術のような，建築家としての造形に強くのめり込むことになる．

　第2は，モダニズムの造形は一般市民には理解できない，建築家のみが統べることのできる高尚なものであると考えていることである．計画，特に造形に市民の要求を反映させることは芸術としての質を落とすことで，建築家が創る造形のみが正しいものであると信じている建築家が多い．

　第3は，抽象的な造形・芸術的達成が全てに優先する第1の重点であると思っていることである．使いやすい平面計画や雨を漏らさないなどの当然に必要とされる性能の実現は二の次に置かれる場合が少なからずある．有名建築家により設計された公共建築が使いにくい，あるいは雨が漏りやすいなどの批判は，週刊誌などによく報道されている[30]．平面計画や防水などの基本的性能よりも自分勝手な造形にこだわる傾向は，トップクラスから町場の建築設計者まで見られる，普遍的なものとなっている．

　そのようにしてこだわった形は，一般には市民から好意的に評価される場合は少ない．逆に目立とうとする造形意欲が横溢する場合は，街並み景観を壊したり，混乱を増加させる役割を果たす場合が少なくない[31]．

2-8. 生産性第一のモダニズム建築デザインの問題点と発展の方向性

　以上のような建築家達によって設計される現代建築のデザインについてさらに総合的に検討を加えてみたい．

　一般に，モダニズム建築様式の最も優れた達成は，ル・コルビュジェや，ミース・ファン・デア・ローエらのバウハウスグループなどによるものであると考えられている．そしてその後，様々な有名な建築家が，モダニズム建築様式を現代化する試みを行ってきた．一般的にはそのような有名建築家による建築を，モダニズム建築およびその後継者である現代建築であると考

---

30) 丹下健三による新東京都庁舎など．
31) 例えば56頁の写真2-4-1など．

られている場合が多い．

モダニズムデザインの普及による，美意識と街並みの混乱

　しかしもう1つのモダニズム建築・現代建築があることを指摘しておきたい．それは，コルビュジェらのモダニズム様式やその後の現代建築様式を簡易に真似して建設されている私たちの身の回りにある大量の建築物である．第2次大戦後から今日に至るまで，わが国で建てられてきた建築物は多くがこれにあたる．このような建物を，大衆化したモダニズム建築と呼ぼう．ミースとともにバウハウスの指導者であったワルター・グロピウスは前述の通りモダニズム建築の典型を国際建築（international architecture）であるとし，その条件を(1)平滑な壁，(2)連続したガラス窓，(3)フラットルーフの3つとした．今日わが国で建設されている新しい建築の多くはこのデザイン条件に適合する．しかしこれらの建築の多くは美しくもないし，それらが建ち並ぶ街並み景観はむしろ混乱して醜い．

　「世界を眺めてみると，現実に近代の都市景観を素晴らしくしたのは，ごく一部の巨匠たちの作品だけだった．何十万棟もの安価で安易なカーテンウォールのオフィスビルが投機的に開発された．ミースの美しいデザインパラダイムは，パロディ化されて都市に氾濫した」とニューヨークの建築史家・都市評論家であるアンソニー・M.タンも嘆いている[32]．

　コルビュジェやグロピウスらが主張したモダニズムデザインが何故このように広く普及したのであろうか．その第1の理由は，形が単純で真似をしやすいデザインであったということにある．トップクラスの建築家ほどの比例や造形のセンスがなくても何となくそれに似たものは誰もが簡単に設計・建設できた．第2は，モダニズムデザインは建設費がローコストで工期も短く，建てやすいということである．コストのかかる装飾を用いず，単純なデザインで安価な工業生産の建材を用いやすいこと，さらに同様の理由で工期が極めて短いことにより，少し資金力があり敷地が用意できれば，誰もが容易に建築主として建設することができる．第3は，大学や工業高校などの建築設

[32) アンソニー・M.タン「歴史的都市の破壊と保全・再生」33-34頁，海路書院，2006．

計教育で，モダニズム建築様式およびその後継である現代建築様式を，新しい建築を建設するための唯一無二のデザインのあり方であると教え込んだことによる．建築史の研究や授業では，古い様式の建築や民俗的な民家のデザインは建築考古学の対象として取り扱い，新しく設計するものはすべてモダニズム様式・現代建築様式で設計するよう教育・指導されてきたし，多くの場合，今もそうである．第4は，これが最も根本的な原因であろうが，多くの国民が，古い和風の建築や街並みではなく，アメリカからもたらされた四角い建築様式を安上がりの近代化・現代化の象徴として，明確な是非の判断なしに受け入れたことにある．日本の地方都市の古い商店街にはモダニズム様式の四角い正面デザインの商店が建ち並ぶ事例が多い．表から見るといかにも鉄筋コンクリートか何かのビルのように見える．しかし表面の壁一枚をはぎ取ってみると，多くの場合その裏には歴史的な美しいデザインを持つ古い和風木造の建物が隠れている．すなわち戦後のある時期に，商店や商店街の活性化のために，商店主らが伝統的な街並みをモダニズムのデザインに変更したということである．このような変更は有名建築家が関わることなく，地域の大工や工務店の見よう見まねのデザインでも進められた．自分たちが住む住宅であれば新しい新奇な形には抵抗があったであろうが，商業などの業務を世の中に遅れないように活性化するための方便として導入されたのであろう．地方都市に限らず大都市でも，簡易なモダニズム様式は安上がりな近代化の象徴として文化性を深く意識されることなく受け入れられ，デザイン的な修練を積んでいない建築設計者の手によるデザイン的な配慮の少ない建築が大量に建設されたし，今もそれは継続し，醜い街並みの生産・再生産を続けている．

主体である国民・市民の街並み景観に関する美意識・規範の再構築の課題

大衆化したモダニズム建築様式の問題点は様々あるがその最も大きいものは，国民・市民の建築や街並みにたいする美意識を混乱させ統一的な価値観を壊してしまったことである．黒瓦・白壁・格子窓の和風建築や街並みのデザイン規範は過去のものとなったが，新しいモダニズム様式を統べる国民的・市民的な建築・街並みに関わる規範・美意識は存在していない．一般の

市民は抽象芸術的なモダニズムのデザインを理解できていないし，多くの場合は好んでいないのは筆者の調査「街並み景観の改善を目的とした関西における戸建て住宅の建築様式についての人々の好みに関する研究」[33]で記しているとおりである．

　美しい建築や街並み景観を取り戻すためには，国民・市民的な共通した街並み景観に関する美意識・規範の再構築が必須であろう．何故なら，街並み景観を創り上げる基本的な権限は，そこに住み，建設費を負担する，市民が有しているからである．建築家など建築の専門家は技術的にどのような建築を建てるのか提案・主張はできる．強引な建築家の場合，建て主である市民の自己主張が少ないときは，建築家の思うとおりのデザインができるかもしれない．しかしそのようなことは例外的であって，大多数は，建て主である市民の意向に沿って建築や住宅のデザインは決定される．筆者の関西の新開発団地に建設される建築様式の傾向調査では，建築家の設計した住宅の比率が3％程度と低かった．これは安くはない設計料の負担から忌避されたこともあるが，建築家に設計を頼むと好みでないデザインを押しつけられるなどという心配もその原因に入っている[34]．このところ数年間の全国平均ではそのような戸建て住宅を建設しているのは35％が大手ハウジングメーカーで65％が地域の大工・工務店である．それらの建設・供給者は，ほとんどの場合，発注者である市民の意向にストレートに従って間取りをつくり内外部のデザインを行う．つまり，現代日本で建設されている戸建て住宅のほとんどは，建て主である市民の好みでデザインが決定され，現在の都市や住宅地の景観が形づくられているのである．そしてそのような街並みはたいていの場合，工務店などの設計者の力量の低さと，美しい住宅デザインに関する市民的常識の欠如により，混乱して醜い．

　このような街並みを美しく改善して行くには何が必要なのであろうか．京都や金沢など伝統的な街並みが残されているところでは，戦前のような，白壁・格子窓の和風建築や街並みをこれからの街並みのデザイン規範にできる

---

33) 平成16年建築学会大会学術講演梗概集E二分冊，491-492頁．本書4-2「関西において好まれる住宅デザイン」にその内容を記している．

34) 建築家が選択されない理由，本書6-5（206頁）に詳述．

であろう．しかし，日本の大多数の都市や住宅地では，戦災により破壊し尽くされたか，戦後の経済現象としてのスクラップ＆ビルドの大流行により，伝統的な街並みはほとんど残っていない．そしてそのような多くの都市や住宅地では，先に述べたとおりビルなど業務施設やマ

写真 2-8-1　伝統的京町家の街区に四角い高層マンションが侵入

ンションなど大きい建物はモダニズム様式で，戸建て住宅は多くの場合，質の高くない洋風民家様式が主流で和風の様式が混在するかたちで建てられている．このような街並み景観を修正していくためには，市民が共通して目標と考える建築デザイン・街並み景観モデルが創出され，街並み景観形成の主体である市民の間で広範な合意が形成される必要がある．

街並み景観形成の思想に欠けるモダニズム建築思潮

　なお国民の建築や街並み景観に関する美意識の混乱や醜い街並みは大衆化したモダニズム建築のみの責任ではない．むしろ有名建築家達によるモダニズムデザイン・理論の普及がこのような事態を招来したといってよいだろう．
　そもそも，モダニズム建築思潮には，当初から街並み景観を形成する考えが存在していないのが特徴である．各々の敷地の中に，「機能第一」のデザインの建物を建てようとするのがモダニズムの建築デザインの志向であり，美しい街路形成を考えたデザイン論は筆者の知るかぎり支配的なものとしては存在しない．
　ヨーロッパではモダニズム以前には，ルネッサンスの時期から，都市景観を形成する建築デザインのあり方が追求されてきた．その後，ローマを始めとするイタリアの影響を受けながら，ヨーロッパの各国・各都市で，美しい都市景観を形成する取り組みが継続されてきたのである．現在のヨーロッパの各都市で歴史的建築が保存されながら美しい街並みが残されているのは，このようなあり方が継続されてきたことによる．

しかし産業的発展を基軸として生み出されたモダニズム建築は，経済的効率を第一義としてデザインや工法を大幅に簡易化するとともに，歴史的なものを低く評価する立場から街並み景観の形成を課題には掲げなかった．モダニズム建築家の歴史的・バイブルな宣言であるラ・サラ宣言では，経済性が第1の課題として掲げられており，都市計画については「美学的思慮ではなくもっぱら機能的な推論によって決めるもの」[35]であるとしている．このように，それまで美的な見地から形成されてきた歴史的な街区のデザインとは異なり，美しい街並み形成は意図せず「機能によって都市を形成する」ことを主張している．「機能によって都市を形成する」事例として典型的なものとしては，効率性第1で開発・再開発され工事現場の飯場のように形成された東京や大阪などわが国の現代都市があげられる．そしてこのような都市の有り様は，そこで暮らす人々の生活空間として望ましいものであるとは，とても言えないであろう．

　また都市計画レベルの建築に関わるデザインとしてコルビュジェはユルバニズムを提唱した．パリ・ヴォアザン計画は，ユルバニズムを体現した既存の中世の街並みを取り去った広々とした公園のような都市に，超高層のビルを建てるという提案であった．オスマン[36]が18世紀に形成したパリの歴史的街並み景観やそれ以前の街並み景観を否定し，超高層建築と自動車と高速道路による効率的な都市づくりの提案である．その主張が具体化したモデルとしては，ブラジリアがある．そこには人間の感性に結びついた魅力的な街並み景観はなく，広い敷地に抽象的な形をした建物がぽつんぽつんと建つのみである（写真2-8-2）．モダニズム建築・都市を保存する立場から，一応，世界遺産には指定されているが，空虚で魂がない都市であると言われている[37]．またこのところ東京や大阪などわが国の大都市で進められている超高層住宅を中心にする「都市再生」という名の乱開発は，ユルバニズムの思想を下敷きにしていると考えることができる．

---

35) ウルリッヒ・コンラーツ編／阿部公正翻訳，「世界建築宣言文集」142頁，彰国社，1970.
36) オスマン：1850〜1870年代にセーヌ県知事．ナポレオン3世のもとにフランスの近代化に貢献したパリ市街の改造計画を実施．
37) J.バーネット著，都市デザイン，206頁，鹿島出版会SD選書，2008.

モダニズム建築デザインの果たした役割と発展の方向性

　モダニズム建築は経済の発展に基づく世界史的な必然であったことは間違いない．工業化を進める各国の生産施設を中心にそれと同様のデザインは用いられ，生産の大きな拡大に役割を果たした．アジアやアメリカなど第2次大戦後に新たに都市拡張・形成を行わなければいけなかった国では，モダニズムのデザインや設計の建物が都市を主として構成する建物として建設された．そして東京・大阪・上海やニューヨーク・ロサンゼルスなどのエネルギーはあるが混乱した景観を持つ現代都市を，安価に素早くつくり上げた．効率的な生産・都市形成という面では，モダニズム建築はその役割を果たした．その意味で，現代建築のデザインや建設は，コストや工期を考えればモダニズムの技術をベースとせざるを得ない．

写真 2-8-2　抽象的な形のモダニズム建築がポツポツ並ぶブラジリアの殺風景な景観

　モダニズムの建築設計・デザインは，それまでの煉瓦などによる組積造[38]の構造体を鉄骨や鉄筋コンクリート造のラーメン構造（柱梁構造）に発展させ，構造体の占める面積や体積の少ない効率的な平面計画を実現した．このような構造体は現代建築の基本である．また装飾を取りやめたデザインにより，建設コストは大幅に低下し，建設期間も格段に短くなった．今，ルネッサンス様式など石造の彫刻を多く取り入れた建築をつくれば，現在の建設費の数倍を超える莫大な建設費用と永い建設期間が必要となるであろう．また最近は建材の工業製品化が進み，性能の安定した，安価なものを大量に入手することができるようになった．これまでの手作りの建材は，手作りの美しさの魅力はあるが，高価なものとなってしまった．性能と価格を考えれば，建築の部材としては工業化製品を基本とせざるを得ない状況となっている．

---

38)　組積造：ヨーロッパなどで古代から伝統の石や煉瓦を構造体として積み上げて造る構造．地震では壊れやすい．

以上のような意味で，これからつくられる建築は特別に費用や工期をかけられるものをのぞき，モダニズムの設計・デザインと工法を基本とせざるを得ない．ただし，抽象的すぎて味気なく一般の市民に理解・支持がされにくい現在のモダニズムのままではなく，何らかの装飾や文化情報を，コストを低減化しつつ付加した，人々に理解され支持されるデザインのものが創造される必要がある．

　人々の美的感覚も，モダニズム以前の装飾の多いものや民俗的なものから，多かれ少なかれモダニズムに影響を受けたシンプルなものを好むように変化はしている．例えば衣類のデザインは，和洋を問わず近代以前の装飾の多いものから，装飾の少ないモダニズムデザインの影響を強く受けたスタイルの比重が高い．建築デザインでは，先に述べた「街並み景観の改善を目的とした関西における戸建て住宅の建築様式についての人々の好みに関する研究」（本書では4-2「関西において好まれる住宅デザイン」[39]と記載）の調査結果のようにモダニズムデザインに関する忌避感は全体として強いが，若い世代のモダニズムデザインを支持する率が増加する傾向にもあるように，変化を予感させる．

2-9. 西山夘三の建築造形の分析・評価からデザイン論を考える

　前出63頁の恩師西山夘三は著名な住宅・都市問題学者であるが，それとともに，少なくはない建築の設計を行った．研究第一の活動スタイルをとりつつも建築設計に関わる魅力を捨てきれないという状況に置かれていた可能性が考えられる．西山はプロフェッサーアーキテクト[40]として11の施設設計を委託され実現している．

　西山の創作の過程に検討を加えることが，建築デザイン論の掘り下げに独自の意味があると考えられるので，以下にその概要と分析を記す．

39）「関西にににおいて好まれる住宅デザイン」調査，4-2，141頁以下．
40）プロフェッサーアーキテクト：具体の建築の設計活動を行う大学の教員．

実作では低評価の西山のデザイン

　実際の建築設計については，西山の設計は質が高くないとの評価がある．筆者自身は，1950年代の「城之崎温泉外湯シリーズ」，1964年の「京都教育文化センター」の2つはそのものを何度か細かく眺める機会を持った．1971年の「徳島郷土文化会館」は新建築誌上で多数の写真を見る機会があり，建築デザインの全体像は把握できた．率直に言って，これらの3作品に限っていえば，そのデザイン的な質は高くないと感じる．モダニズム建築的なデザインの洗練やプロポーションの美しさは見られないし，歴史的建築や伝統的建築の本物らしさや歴史性のある美しさも見られない中途半端な出来栄えであるとしか評価ができないものである．筆者自身は西山の全作品を知ってはいない．あるいは素晴らしい質の作品が存在するのかもしれない．しかしこの3作品は規模やテーマから実作としてはかなり重要な位置を占めると思われる．その質がおしなべて低いと言うことは，それだけで西山のデザインの質を評価する代表事例になりうると考えられる．筆者自身には尊敬する恩師の1人であり，このような作品の質の評価の低さには，長らくかなりの戸惑いがあった．

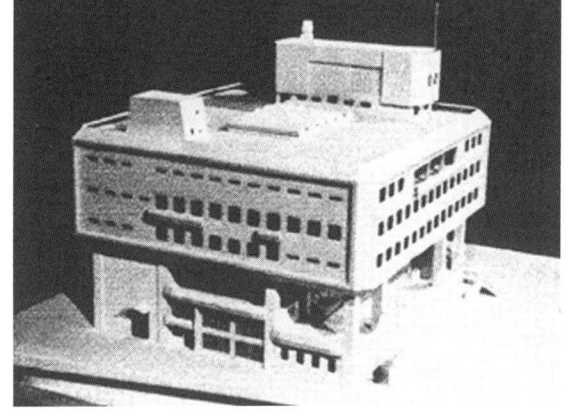

写真 2-9-1　徳島郷土文化会館模型（「西山夘三とその時代」より）

写真 2-9-2　城之崎温泉外湯浴場（「西山夘三とその時代」より）

2. 現代建築とは何か

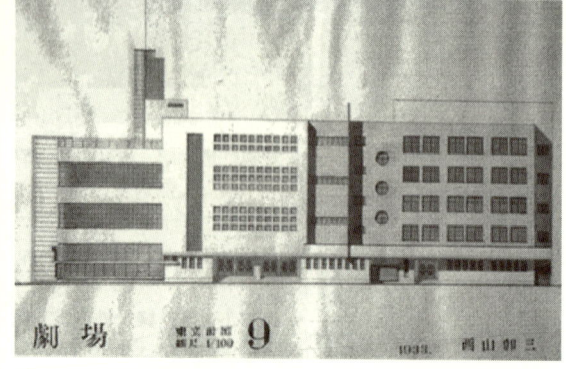

図 2-9-1　卒業設計立面図

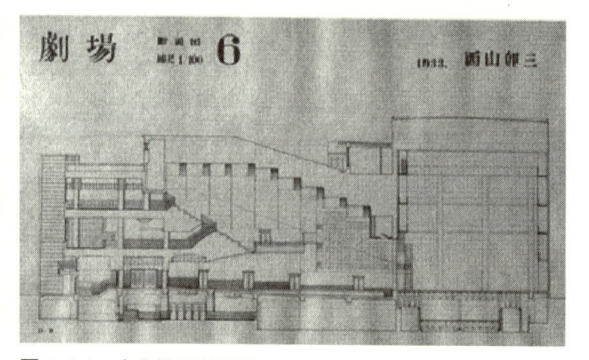

図 2-9-2　卒業設計断面図

非常に質の高い卒業設計

しかし改めてその他の作品の写真などを子細に眺めると, そのような考え方は正しくないと思うようになった. 西山のモダニズムによる卒業設計[41]（図 2-9-1〜4）を見ると, 計画はすっきりとまとまっており, デザインは当時のモダニズムを基調とした美しいもので, その設計センスは決して低いものではなく, 実際にはかなり優れた建築家としての素質を持っていたことがわかる. モダニズムの建築家として設計を継続していたとすれば, その路線で高い達成ができている可能性は強かったのだろうと思う.

よって立つ様式が定まらない困難さ

しかしその後, モダニズムの抽象的・商業主義的デザインに厳しい考え方を持つようになり, 一般的な建築家好みのハイスタイル[42]なモダニズムの設計は行わず, どのような形象をあたえるかについては方向が定まらない困難性があったのであろう. すなわち実作の質の低さは, ハイスタイルモダニズムに対置する創造のための形象を持っていなかったことに主に起因すると考えられる.

モダニズム様式以前に, 折衷主義の様式建築のデザインがあった. 第 2 次

---

41)　この頁から次頁の図面・写真は全て「西山夘三とその時代（NPO 法人西山夘三記念文庫発行）」より. なお, 以降は NPO 法人西山夘三記念文庫を西山文庫と略す.
42)　ハイスタイル：流行最先端のデザイン.

世界大戦以前はこの折衷様式が世界的にもわが国においても建築界の主流であった．しかし当時の進歩的な建築学生のあり方として，西山はこれを批判する立場に立った．そのため，戦後実作をつくるにあたって折衷主義のデザインに戻ることはもちろんできなかった．最近のポストモダンは，モダニズム建築に折衷主義的な様式をかぶせる傾向が強いが，西山はこれをも手厳しく非難しており，このデザインを採用する姿勢にもなかった．

図 2-9-3　卒業設計パースペクティブ

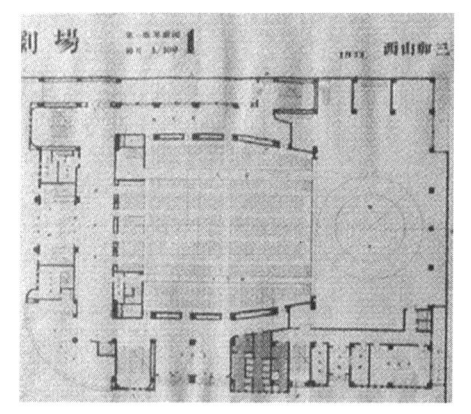

図 2-9-4　卒業設計平面図

わが国の伝統的なデザインで国際的に評価されているものに数寄屋建築の様式がある．これについても西山は批判的な見解を示している．「数寄屋建築は手工業的な技術の上に築いた芸術的完成の極致」[43]であるが，「伝統を生かすということは……決してこうした観賞の世界を再現することではないはず」[44]としている．ということで数寄屋などの伝統的な様式を洗練させるデザインについても抵抗があったのであろう．

名建築は何らかの様式に基づく

ところで，デザイン的に評価される建築は，古今東西，すべて何らかの明確な様式に基づいてデザインされている．様式とは総合的に美しく形づくるための，さまざまな形とその結合のあり方の練り上げられたシステムである．モダニズム以前には西洋では，ロマネスク様式，ゴシック様式，ルネッサン

---

43)　現代の建築，160 頁，岩波新書，1958．
44)　同上，161 頁．

ス様式，バロック様式，折衷様式，アール・ヌーボー様式など，さまざまな建築美の体系があった．欧米の美しい街並みは，ほとんどこれらの様式の建築によって形成されている．

モダニズム建築家は個人様式の洗練に腐心

　様式が建築美の基本であることは，モダニズム建築についても例外ではない．モダニズムの評価の高い建築家は自己独自の様式を確立している．そしてそれは時々に大きな変化を遂げる．例えばコルビュジェ様式（前期：サボア邸[45]などコンパクトな直方体・横長の窓・細い柱によるピロティによる黄金比を中心に据えたスタイル，後期：ラトゥーレットの修道院など荒々しいコンクリート打ち放しを彫塑的に用いたブルータル[46]なスタイル），ミース様式（鉄とガラスをリズミカルに用いたカーテンウォールのスタイル）[47]，カーン様式（ソーク研究所などコンクリート打ち放しや煉瓦を用いた空間・構造・設備を総合化した厳しいオーダー[48]の造形のスタイル），アールトー様式（マイレア邸《54頁》などのヒューマンな造形），あるいはわが国では丹下健三様式（前期：香川県庁舎などコンクリートを用いた和風様式の追求，後期：新都庁舎などのミニマル性の強まったスタイル），安藤忠雄様式（サントリーミュージアムなどコンクリート打ち放しによるカーン風のスタイルの洗練），伊東豊雄様式（仙台メディアテークなど構造を感じさせないミニマルな軽いスタイル），原広司様式（京都駅など抽象的な形象を装飾として用いるポストモダン的様式）などがあげられる．

　モダニズム以前の様式は，長い時間をかけて練り上げられ，世界的に人々の高い支持を得てきた．それに比べモダニズムの様式は，建築家などの個人的な好みやセンスで即興的につくられ，市民的な支持が少ないのは先に述べたとおりである．そしてこれらのモダニズムの個人様式のうち，真似しにくいものは様式を確立した建築家のみの固有のデザインとなるが，真似しやす

---

45) サボア邸，50頁．
46) 外壁面などの凹凸が激しい荒々しいデザインの傾向．
47) 例えば31頁のクラウンホール．
48) オーダー：ギリシャ・ローマの古典主義建築の基本単位となる円柱と梁の構成法のこと．転じて建築物の立面のプロポーションや全体の構成の調和のとれたさまをいう．

い様式は多数にコピーされ世の中に普及する．例えば，フランク・ロイド・ライト[49]の様式は建築家には真似が難しくコピー建築は数少ない．同様に村野藤吾[50]の建築様式のコピーも困難である．それに対し，コルビュジェ，ミース，カーンや丹下，安藤，伊東，原などの様式は真似がしやすく，コピー建築が大量に建設されている．「デザイン」の質を評価され建築写真雑誌などに掲載されているものを筆頭に，そこまでいたらないものも含め，近現代のほとんどの建築がこれらの様式を何らかの根拠にしているといえよう．

様式的達成が不十分な西山の造形

　そのようなことを前提に，西山の建築造形を考えてみる．西山は，上述のとおり，モダニズム様式，折衷様式，数寄屋様式など既存の主だった建築様式をおおむねすべて否定している．西山による城之崎温泉や徳島郷土文化会館などの代表的な実践例のデザインをみると，明確な様式は読み取れない．強いて言えばヴァナキュラーな民俗的なスタイルであると考えることができよう．行き着くところ，西山の心の原風景的な，造形上の原則や洗練のないスタイルにならざるを得なかったものと推測される．西山が志向していたであろうモダニズムを乗り越えようという問題意識にもかかわらず，様式的・デザイン的な達成は不十分で，結果として世間的に「西山はデザインが不得手」という評価を受けざるを得ない状況になったと考えられる．

　そもそも西山が批判するモダニズムの一流建築家は，その目的がどうあれ，仕事にかける時間の大部分を自己の建築様式の確立にかけているはずである．筆者が体験した大学時代の意匠研究室や社会に出た後の設計組織におけるモダニズム建築の創造過程は，寝ても覚めても新たな建築造形の追求に明け暮れ，独自の建築様式の確立に邁進するというものであった．さまざまなモダニズム建築創造に関する文献（例えば「私のルイス・カーン」工藤国雄著）や設計事例報告などを参照しても，「優れた」設計をめざす建築家は，同様

49）　フランク・ロイド・ライト，53頁．
50）　村野藤吾：1891〜1984．20世紀の日本を代表する建築家．モダニズムの造形にとらわれず，自由闊達な美しい建築をつくった．作品に，広島世界平和大聖堂，日生劇場などがある．

の修練を積み,同様の厳しい創作活動を行っている[51]. 西山が多くのモダニズム建築家の創造に疑問を抱き,自らそれに対抗する建築創造を示そうとする意図を持ったとしても,西山の建築設計はあくまでも片手間であり,専門として建築創造に取り組む他の建築家の様式創造のための努力にはおよばず,その質には到達できなかったと考えられる. 西山は研究者として超一流であったが,必ずしも専門分野でない建築創造で独自の高い達成ができるとすれば,建築理論の独自性とそれを反映した独自の創作論が必要で,さらにそれを生かせる創作技能や空間イメージが必要であった. 建築理論では独自性の優位はあるもののそのような創作理論や空間イメージ・技能が充分な高みに達していなかったことが,西山の建築創造達成の不十分さに結びついていると考えられる.

また具体的な設計は,西山を補助する設計担当者によって行われたが,その造形的な質が低かったのだと推測する. この補助設計は,見るところ,モダニズムオートマティズム(モダニズム的な建築設計の修練を積んでいるためデザイン的な検討をあまり加えなくてもほぼ自動的に空間ができあがるルーチンワーク的な設計方法)によりつくられたと考えられる. これが,実務的側面からの,西山の建築作品といわれるもののデザインの質の低さに直結していると考えてよいだろう.

---

[51] 厳しい創作活動,71頁.

3. 住宅・建築とそのデザインの本質的な役割

3-1. アメニティと住宅デザイン
3-2. マズローピラミッドと生活空間のあり方
3-3. 住居と人権

イギリスで最も美しい村カッスルクームの街並み

3-1. アメニティと住宅デザイン

これまで,現代建築・モダニズム建築の問題点についていろいろと述べてきたが,この章では人々の生活という基本的なものに立ち戻って,建築や住宅の本来あるべき役割を考えてみたい.まず,アメニティの概念を用いて建築や住宅の役割,中でも市民生活の精神的な充足に大きく関わるデザインの役割をやや詳しく考えて見たいと思う.

総合的な生活の質の高さを示すアメニティ

アメニティとは,イギリスでつくられた言葉である.「快適性」などとも訳されているが,その本質は,総合的な生活の質の高さを示す概念で,もともとは,19世紀のイギリスの都市における公衆衛生などに関連して[1]生じた考え方である.産業革命の進展により農村から都市へと人口が急速に大きく移動した[2]が,都市では大量の人口増を支える様々な基盤の整備が遅れていた.そのような実態はエンゲルスによる「イギリスにおける労働者階級の状態」に詳しい.人々の多くはスラムに住み,上下水道やゴミ処理の整備は不十分で,大都市は度々コレラや赤痢などの伝染病に見舞われた.このような事態に対応するために定められたのが,1848年制定の公衆衛生法で,その基本的な考え方が健康や衛生を守る環境をめざすというアメニティの考え方であった.このようにアメニティは,当初は公衆衛生的な色彩の強い概念であったが,やがて精神的な価値をも含んだ総合的な概念として欧米を中心に発展したのである.

例えば19世紀後半にシカゴやニューヨークから始まり,全米の各都市で市民が団体を結成し,都市の美化を繰り広げたシティビューティフルムーブメントがある.著名な建築家やランドスケープアーキテクトを招いて美しいランドスケープをつくるというこの運動も,アメニティの概念にかかわって

---

1) 西村幸夫「西村幸夫風景論ノート」134頁,鹿島出版会,2008.
2) 36頁,図2-2-1.

展開された．20世紀半ばの西ドイツにおける美しい農村づくりのムーブメントもそのような範疇に属する．そのころ西ドイツは都市化の進行とともに農村人口が減少し，それに対する国民の疑問や反発が大きくなった．その結果，労働者には長期休暇が，農業者には政府支援が決定された．農村は農業の機能だけではなく都市住民の余暇の空間としての機能も受け持つこととなったのである．農村は美しく整備され，その自然とともに整った農村景観を市民の文化的体験の場として活用されることになった．このように，アメニティの概念は生まれた当時の健康などの物理的な概念から，美しさや景観を含む精神的な概念までにも拡大されることとなった．

現在，おおもとのイギリスでは，ナショナルトラストというNPOの運動が大きく発展している．海岸や沼沢池などの自然や歴史的な建築や街並み・生産施設などを，使用しながら保存し，多くの市民がそれを実体験しかつその保全に参加しつつ協力できるという1895年に設立された運動団体である．「1人の1万ポンドより，1万人の1ポンド」の考え方で，多くの会員が募金を行い，それを行政が支援して自然・文化環境の保全が行われている．2004年現在では，会員数は約340万人で国民の20人に1人，保存・公開されている資産は，土地約24万ha，自然海岸700マイル，歴史的建築200カ所や庭園130カ所以上にのぼる．このナショナルトラストの運動の基本的な思想がアメニティであり，またこの運動がアメニティの概念をさらに発展させているといえる．

現在，アメニティの考え方を最もシンプルに言い表しているのが「The right thing in the right place（然るべきものが然るべきところに）」というホルフォード卿の言葉であるといわれている．「全く無理がなく，矛盾や軋轢がなく，不快な感覚もない，安定して落ち着いた，過不足のない満ち足りた状況をあらわす」といったらよいのであろうか．ホルフォード卿のこの考えは，イギリスにおける原子力発電所の開発に関して提示されたものである．ホルフォード卿は，原子力発電所を自然の美しさを損なうことなく立地させつつ，全面地下埋設による高工事費で電気代が不必要に高くなることを避けるあり方を提案している．すなわち美しさと利便性の2側面の矛盾のない高い水準での実現を，高いアメニティとして提起した．図3-1-1[3]はホルフォ

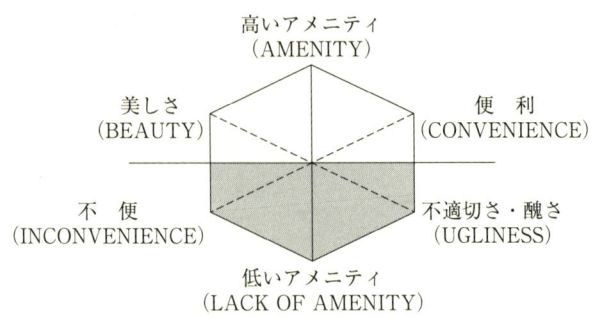

Holford, William, Sir. and Hinton, Christopher, Sir. (1963), p. 16より.

図 3-1-1　ホルフォード卿による「アメニティの水準」

ード卿によるそのようなアメニティの定義で「アメニティの水準」と題されたものである．アメニティの考え方は，当初の衛生・健康などの命を守るという最低水準の概念から，文化的・精神的な充足をも含める高い総合的な水準の概念へと発展してきたことをこの図も示している．

アメニティの4側面

そこで，以上のようなアメニティの現代的な意味を用い，建築や住宅のデザインの役割の検討を行ってみたい．包括的な概念に発展したアメニティの内容を，少し詳細に立ち入って考えることとする．大阪大学名誉教授の大久保昌一は，アメニティを，①物理的・機能的側面，②美的・精神的側面，③歴史的・文化的側面，④人間関係的側面の4つの側面から分析し，その高い水準での実現には自覚的な市民の存在が必要であるとした．

この大久保の分析はホルフォードのものよりより詳細な分析でありこれを基礎に，分析を進めたい．さらにこれを筆者なりに発展させたのが次の4つの側面である．第1は物理的・機能的側面であり，第2は精神的・文化的側面，第3は人間関係的側面，第4は経済的・財政的側面の4つとした（図3-1-2）．

第1の物理的・機能的側面と第3の人間関係的側面は大久保のままとし，美的・精神的側面と歴史的・文化的側面はその意味に，相互に時間的なずれ

3)　図3-1-1：小林俊和「現代のエネルギー・環境政策」161頁，晃洋書房，2008．

(1) 物理的・機能的側面	(2) 精神的・文化的側面
1. 公害・騒音などがない 2. 日照など住環境が良好 3. 構造的安全性 4. 冬暖かく夏涼しい 5. 機能的に使いやすい平面計画 6. 生活利便施設が近く便利 7. 学校や職場が住居に近い 　　　　　　など	1. 建物の美しさ 2. 住み手のアイデンティティのある 3. なじみやすい 4. 歴史的建築の魅力 5. 街並みの美しさ・魅力 6. 商店街の生活文化の魅力 7. 文化施設・催しなどの充実 　　　　　　など
1. 暖かい家族関係 2. 隣近所との適切な付き合い 3. 企業内・団体内・地区の民主的な人間関係・コミュニティ活動 4. 市民本位の自治体行政 　　　　　　など	1. 適切な居住費負担 2. 適切な建設・管理費 3. 地域商業・事業の経済的成立 4. 民主的な地方行政費 　　　　　　など
(3) 人間関係的側面	(4) 経済的・財政的側面

中央：自覚的・主体的 市民・住民

大久保昌一原案を竹山が修正.

図 3-1-2　住宅・建築に関わるアメニティ

などはあるもののいずれも精神的な快適性や満足度に関わるものであり，これを1つにまとめて精神的・文化的側面とした．そして，質の高いアメニティ実現の基礎となると考えられる経済的・財政的側面をつけ加え，上記の4側面とした．この4側面を用いて，建築や住宅にかかわる点を中心にアメニティの向上の課題について，各側面から検討を加えてみることにする．

基本的な生活の質を規定する物理的・機能的側面

　第1の物理的・機能的側面とは，健康・安全・物理的快適・利便などの，これまでは基本的な生活の質をあらわすと考えられてきたアメニティの側面である．具体的には，公害や騒音がなく快適に健康に暮らすことができる，日照や採光・通風が十分にあり生活空間における健康の条件が保障される，構造が丈夫で地震や台風の災害でも安心である，冬暖かく夏涼しく健康を害することなく快適な温度条件下で暮らすことができる，間取りが機能的でまた床面積が十分にあり使いやすい，購買施設などの生活利便施設や職場・学

校が身近にある，子供のための遊び場や公園が身近に安全に利用できる，交通機関が便利に整備されている，などの物理的な質の高さを意味する．性能的，機能的側面と考えることもできる．これまで建築論などで歴史的に語られてきた建築の役割である「用・強・美」の内の，「用（機能）」と「強（構造）」の概念がこの側面に含まれる．

現在でも普通に建築の役割や目的を語るときには，これらの概念，特に用（機能）の側面が議論の中心になる．住まいなどある機能を持つ空間をつくり出すことが建築や住宅の基本的な建設動機であり，機能の問題が建築をつくるときの中心的な問題になることは当然のことであろう．大学などで研究・教育されている建築に関する学問でも，建築の機能的な研究である建築計画学，住宅計画学，温熱環境や光・照明などを研究する計画原論や設備学などが中心的な位置を占めている．また地震など災害が多発する中で，強（構造）の大切さも一般常識として再認識されている．特に大きな社会問題となっている問題として，古い木造住宅や公共建築などの耐震補強の問題がある．大きな利潤追求につながる超高層建築などの新しい技術は素早く発展するが，人々の生活に身近な木造の利用しやすい安価な構造補強技術はまだ未解明な部分もあり，このような分野での技術の発展が望まれる．

人々の精神生活に大きく関わる精神的・文化的側面

第2の精神的・文化的側面は，美しさや歴史的文化的蓄積の享受などの精神活動にかかわるアメニティの側面である．古典的な建築論の概念「用・強・美」のうちの「美」に当たるものといえる．美しいデザインなどを含む空間の文化的な価値に関わる側面である．美しいデザインということだけではなく，空間が人間の精神に与える様々な影響を含む概念と捉えたい．具体的には，まず建物の内外の美しさがあげられる．美しさは民族の文化や時代によって具体的な現れ方や評価は異なる．時代や様々な文化ごとの装飾や造形の美しさ，混乱せず整った形象，バランスや比例の美などが，建物や街並みの美しさの概念として考えられる．人々は自分が理解できる質の高い美を持つ芸術や建物・空間の前に立つと大きな感動を覚えるということも，よく語られている．

もう1つ大切な概念は「なじみやすさ」である．英語では identity（アイデンティティ）ということになるのであろうか．自分の感情や感覚にピッタリと一致していて，感覚的に無理がないことといえるのかもしれない．あるいは「なじみやすい」空間にいることにより心静かに落ち着くことができると言い換えることもできるであろう．先に述べたアメニティの現在的概念「The right thing in the right place（然るべきものが然るべきところに）」に最も近い概念かもしれない．例えば私たちは出張に出かけ，素敵なホテルに何泊かするとする．美しくゆったりとしたホテルであっても，自宅にいるような安心感や落ち着きを感じることは困難であろう．宿泊日数が重なると何となく疲れが溜まっていくような気がしてくる．それはそのホテルの空間が自分自身の感覚や感情に完全にフィットしていないからそのように感じるのである．そのような場合は，住み慣れた自宅が，「なじみやすく」，アイデンティティのある空間であり建物であるということになる．

　違う角度からこの問題を考えてみると，たとえば高齢者が住み慣れた家を離れて，子供夫婦と暮らすことになるような例は，世間一般でよくある．最近は日本の家は広く立派になり，高齢者用の部屋もそれなりの質で確保されることが多いと思われる．しかし，住み慣れた家を離れ，子供と同居した高齢者は体調を崩すことが多いともいわれている．これはそれまでの住みなれた生活環境が一変したことに起因すると考えられる．遠い土地に転居すればそれまで築いてきた人間関係・友人関係から切り離されることになり，人間関係的アメニティを大幅に損なう．それとともに生活環境が変わってもう1つ大きな問題になるのは，空間のなじみやすさ・アイデンティティの問題である．高齢者は生活のスタイルがある程度完成・固定化しており，若い人のように生活空間の大きな変化について行くのは精神的に大きな負担になる．それまでの生活環境・空間をその高齢者が気に入っているのであれば，精神や感情の安定という面では，それまでの環境・空間を継続する，すなわちなじみやすくアイデンティティのある文化的環境や空間の継続が一番望ましいことになる．このようになじみやすさやアイデンティティは，精神的・文化的アメニティの中でも大きい比重を占める．

　歴史的建築や街並みの魅力・美しさも精神生活に大きい影響を与える．日

本でも欧米でも，多くの人々は歴史的な建築や景観を好む．日本でお寺や歴史的な街並みを歩くと，ウィークデイに大勢の退職した年代のご夫婦がそのような観光地や歴史的街区をゆったりと散策されているところによく出会う．働いている年代ではそのような歴史的な景観を楽しむ余裕はなかったが，退職して時間的なゆとりができれば，お寺や歴史的な街並みを楽しみたいというようなことを多くの人が求めていることがわかる．あるいは，戦前の近代洋風建築などのデザインの美しい建物の取り壊しが報じられると，市民の間で保存運動が起こるということは全国各地で見られる．市民運動の熱心さや建物の所有者の理解のあり方などで，うまくいけば保存されることになる．本書にもやや詳しく記載されている東京駅の保存運動[4]がその典型であるが，多くの市民が長期にわたって熱心な運動を行い，政治家も巻き込んで保存が決定された．このようなところを見ても，多くの市民が歴史的建築を好み大切に思っていることがわかる．

　欧米では，歴史的建築の保存は徹底している．ロンドンやパリなど多くの都市の多くの住宅や建物は歴史的建築であり，内部の改造は可能であるが，外部デザインの変更は厳しく禁じられているところが多い．これもほとんどの市民が歴史的街区を大切な好もしいものと考え，そのような市民的な合意をもとに法的な改変禁止の制度ができあがっているからである．以前，イタリア人の友人にベニス近郊の自分の生まれた中世に由来する古い町を案内してもらったことがある．2階建ての石造住宅のアーチのアーケードが美しいその町を案内してもらう時に，その友人は非常に誇らしい顔と口調であった．このような事例に合わせ，様々な調査でも，欧米・日本を問わず，人々は歴史的な雰囲気や景観を好み大切に思い，できればそのような空間が身近にあることを望んでいるという結果が示されている．

　家族文化の伝承やこれまでの人生の楽しい思い出などなじみ深いものを身近においた精神的に安定した生活の実現も精神的・文化的アメニティとして重要である．人々が住宅をなじみやすいアイデンティティのあるものとして感じ，安定的に落ち着いて暮らしていくためには，家族文化や家族の思いでは大切なものである．懐かしい家族の写真，先祖から伝わったなじみのある

---

4)　東京駅の保存運動：65頁に詳述．

家具や展示物，旅行で手に入れた思い出の品々などが，無理なく配置でき空間を飾ることが可能であることが必要とされる．

　また，地域の文化的なあり方を考えるとき，街並み景観などを美的・文化的なものにすることは重要な課題になっている．この点については本書の中で縷々述べられている．しかしそれだけにとどまらず，身近な商店街などの生活文化の魅力の享受も，文化的アメニティの中では重要なものである．魅力的な商店や商店街が身近にあれば，購買活動だけではなく，ウインドウショッピングや，商店主から扱う商品についての生活文化や，その地域の様々な動向の情報を仕入れることができる．しかし，現在の日本の都市やその周辺地では，地域の独自性の強い商店や商店街は姿を消しつつある．それにかわって地域の購買活動に対応するのは，全国チェーンのコンビニやスーパーである．これらの店は，小売り商業活動を通じて，日本全国をミニ東京にしてしまい，商業を中心とした地域文化の独自性を損なう．またその店の売り上げや利潤のほとんどを本社のある東京などの大都市に吸い上げてしまい，地域にはほとんどお金を落とさないことも大きな問題である．全国小売りチェーンに適切な規制を加え，以前のように地域の特色ある文化センターとしての地域商業の再興が必要であるといえよう．

暖かい関係が求められる人間関係的側面

　第3の人間関係的側面では，大小のコミュニティ的な質の高さが問題となる．住宅では，暖かい家族関係を形成できる空間のつくり方が課題となる．

　最近，住宅の計画のあり方で「nLDK否定論」[5]が喧伝されている．「現代社会では家族の役割は弱まり，個人の独立性が強まっているので，これまでのような家族が集うLDKの役割の必要性は乏しい．現代住宅はこのような現実をふまえ，個室群の集合としての性格を強めLDKの桎梏から逃れるべきである」というような主旨の主張である．有名な建築家達があちらこちらでそのようなことを述べているので，建築学生や若い技術者たちに大きな影響を持つ論でもある．現代社会では，最小の生活単位である核家族でさえ不

---

[5] nLDK否定論：例えば，建築雑誌 Vol. 110, No. 1371, 1995年4月号, 24-33頁：nLDK以後（座談会）（〈特集〉ゆらぎの中の家族とnLDK：戦後日本の家族と住宅）．

安定な状況に置かれている現状をやむを得ないものとして追認し，個人がバラバラにされつつある現状を無批判にデザインソースとして強調して空間化しようというものである．安定したアメニティの高い精神生活を大切に考える立場で考えれば，バラバラになりつつある個人を，再度，暖かい家族関係の中に引き戻すことこそが課題であると考えられる．そのためには LDK の否定ではなく，LDK など共用室のあり方，望ましい家族関係のあり方の探求をさらに深める必要がある．

住宅の外では，隣近所との適切な付き合いや，地域のまちづくりを適切に推進できる人間関係や組織のあり方などが問題となる．地域の空間やシステムを生活しやすい魅力的なものとして整備・管理していく上で，このレベルの人間関係のあり方は今後ますます重要になっていくと考えられる．本書の主たるテーマである美しい街並み景観づくりを考える場合，向こう三軒両隣や道路をはさむある程度の大きさの街区に暮らす人間集団の民主的な関係や組織づくりと組織の運営が必要となる．皆の合意が可能な質の高い建物のデザインや街並みの空間イメージの素材があるとして，それを街並み全体の空間形成に生かしていくためには，そこに暮らし法律的権利やまちづくりに発言権を持つほとんどの市民の合意が必要である．そのような合意形成の母体として，わが国では阪神淡路大震災の復興でそれなりの役割を果たした「まちづくり協議会」（より民主的な運営が求められるが）のような組織や，アメリカの HOA（Home Owners Association＝住宅デザインや使い方・街並み形成などに法的権限を持つ住宅所有者による協会）のような組織づくりと，そこにおける民主的な運営・討論がなされる必要があると考えるのが至当であろう．

景観法が施行されている現在では，住民発意による景観地区制度を用いた我が街，我が通りのデザインコントロールが可能になった．これまでは住民主体の街並み景観づくりを支える社会的システムが不十分であったが，この制度により，住民の側で幅広い合意に基づく主体が形成されれば，大きな前進が期待できる．

その他，企業内・団体内の民主的な人間関係・コミュニティ活動，市民本位の基礎自治体行政，など，人々の関係のあり方・地域の行政などのあり方

の透明化・民主化が進化することがこれからの課題となろう．

アメニティの実現を支える経済的・財政的側面

　第4の経済的・財政的側面は，他の物理的・機能的側面，精神的・文化的側面，人間関係的側を支える基礎的な性格を持っている．この側面が適切な達成を実現して初めて，他の3側面の適切な実現が可能になる．産業・雇用政策的な次元と，住宅・まちづくりなどその他の次元とがあるが，本書では住宅・まちづくり的な次元に主として関わり検討を加える．住宅においては，居住者が無理なく支払える適正な住居費負担が課題となる．ローコストの建設費や借り入れ返済金・家賃，あるいは無理のない負担の維持管理費や冷暖房費などがその内容となる．またストック性の高い住宅・住宅地づくりにおける所有者の資産価値保持に関する課題もこの側面に含まれる．その他，地域における商業や事業の経済的成立・福祉や公共事業などの民主的で適切な地域行財政の民主的な執行などが課題となる．

古典的な建築論より民主的で総合的なアメニティに基づく建築論

　古典的な建築論が，「用・強・美」を建築の根本的要素とし，美の評価を芸術に造詣の深い知識人が行うというような抽象的・貴族主義的な観点であるのに対し，アメニティを論点の基本にする場合は，そのような要素は包括しながら，一般の市民・住民の住宅や建築内における総合的な生活の豊かさを目指すという点で，より総合的・科学的・民主的なものであると考えることができる．また古典的な建築論[6]の「用・強・美」などには，人間関係的側面や経済的・財政的側面が明確には規定されておらず，アメニティを基にした考えは，その意味でも総合性が高いといえる．

---

[6]　例えば森田慶一「建築論」東海大学出版会，1978．

3-2. マズローピラミッドと生活空間のあり方

次に，アブラハム・マズローの思想を援用しながら，住宅や建築のアメニティの精神的・文化的側面の本質的なあり方について，さらに分析を進めてみたい．

マズローは，20世紀中ごろのアメリカ社会がベトナム戦争などの侵略戦争の否定的影響が少なく，まだ精神的に健全な時代に活躍した社会心理学者である．彼が主張した心理学は，それまでの哲学の2大潮流であるフロイト主義と行動主義から区別される第3の理論と位置づけられている．病的な人格や動物の行動よりも，健康で成熟した人格を研究すべきであることを主張し，人間の欲求に階層があること，そしてより高い水準に欲求が発展することを明らかにした．このマズローの欲求階層論を用いて，生活空間なかんずく住居空間の本質的な意味を深めようと試みたのがこの節の意図である．

ベースとなる欠乏要求の充足

図3-2-1はマズローの欲求の階層のピラミッドである．最下層に生理的欲求が位置する．空気が存在し呼吸ができること，水や食物があり餓死や水不足で死なないこと，庇護された場所におり様々な危険性から守られていること，必要な睡眠が確保できる環境にあること，など最低限の生存の条件確保の欲求である．「極端かつ危険なほどに飢えている人にとっては，食物以外のものへの関心は何もない．……彼は食物だけを欲しがる．……このような人はパンだけで生きているといわれても公正でありうる」[7]と記されている．

その次の欲求は安全と安定の欲求である．生理的欲求が十分に満足されるとこの欲求が現れる．一般的に健康な大人ではこの欲求は満たされており，子どもや神経症的に不安定な大人に見られる欲求であるといえる．子どもはある程度決まり切った手順で生活をするためこれらの要素が無くなると不安

---

[7] 以後，欲求の階層の解説に関する記述は上記「マズローの心理学」の61〜84頁による．

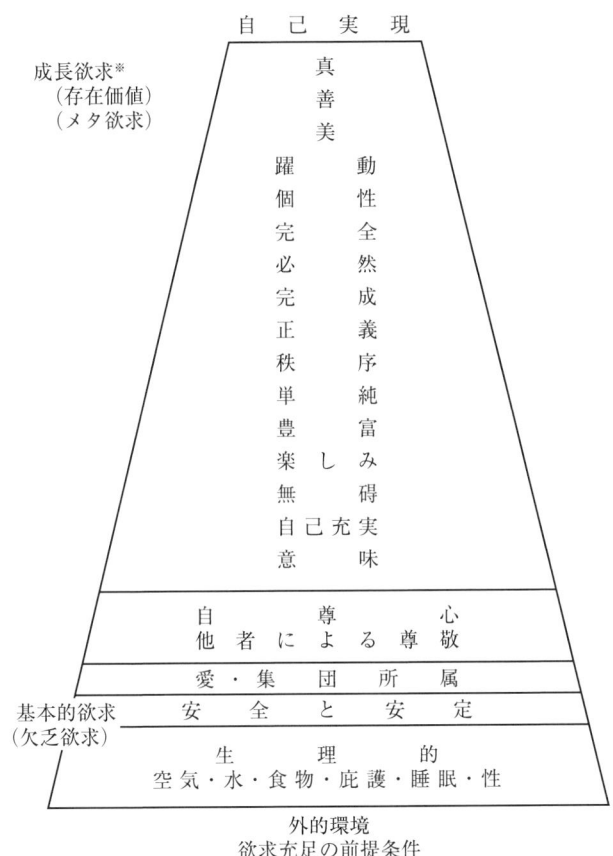

```
              自 己 実 現
               真
               善
               美
成長欲求※
 (存在価値)     躍      動
 (メタ欲求)    個      性
              完      全
              必      然
              完      成
              正      義
              秩      序
              単      純
              豊      富
              楽  し  み
              無      碍
              自 己 充 実
              意      味
         ─────────────────────
              自  尊      心
              他 者 に よ る 尊 敬
         ─────────────────────
              愛 ・ 集 団 所 属
基本的欲求    ─────────────────────
(欠乏欲求)    安  全  と  安  定
         ─────────────────────
              生      理      的
              空 気・水・食 物・庇 護・睡 眠・性

                  外的環境
                欲求充足の前提条件
                自 由・正 義・秩 序
                   挑発（刺激）
```

※ 成長欲求はすべて同等の重要さをもつ（楼層的ではない）

図 3-2-1　マズローの欲求の階層のピラミッド

を感じ，安定感を失ってしまう．同様に，「不安定な人間は秩序や不変性に対する強力な欲求を持っていて，目新しい予期しないことは徹底的にさけようとする」と記されている．

　生理的欲求と安全・安定の欲求が満たされると，所属と愛の欲求が現れる．マズローは「人間は普通，他の人々との愛情関係，言い換えれば自分のいる集団の中で1つの位置を占めることを渇望し……この目的を達成するために

3. 住宅・建築とそのデザインの本質的な役割

は非常な努力をする」と述べている．

所属と愛の欲求の上位に承認の欲求が現れる．承認の欲求には自尊心と他者からの承認との2種類がある．「自尊心には，自信・能力・熟練・有能・達成・自立そして自由などに対する欲求を含んで」いる．また「他者からの承認は名声・表彰・受容・注目・地位・評判そして理解などの概念を含んで」いる．人間が精神的に安定して存在するには，自尊心を持つとともに，他の人に相応な評価をしてもらうことが必要とされるということを示す．

自己実現につながる成長要求

「通常，愛情欲求と承認の欲求が適度に満足された後」自己実現の欲求につながることになる．そしてマズローは「完全なる人間」[8]の中で基本的欲求の理論を拡大し明瞭化した．基本的欲求の上位に，自己実現につながるはるかに高位の成長欲求と呼ばれる新しい欲求のリストが存在することを述べている．マズローは，「人間はまず最初に一連の基本的欲求によって動機づけられ，それらが充足されるにつれて高次の欲求レベルに向かい，高次の欲求（成長要求）[9]によって動機づけられるようになる」としている．以下に，マズローが発見した成長要求のリストを記す．これは図の欲求の階層のピラミッド上半分に簡単に記されているものをやや詳しく記したものである．

- 全体性（統一，統合性，単純性，秩序など）
- 完全性（必然性，適格性，不可避性，「正当性」など）
- 完成（終末，成就，天運，運命など）
- 正義（公正，秩序整然，合法性など）
- 躍動性（過程，不死，自発性，完全機能など）
- 豊富（分化，複雑性，錯綜など）
- 単純性（正直，神髄，抽象，本質など）
- 美（正確，形態，躍動，豊富，完全性，独自性など）
- 善（正確，望ましさ，正当性，正義，徳行，正直など）
- 独自性（特異性，個性，不可代理性，新奇など）

---

8) アブラハム・H. マズロー「完全なる人間」上田吉一訳，誠信書房，1998.
9) 筆者による注釈．

- 無碍（安楽，緊張や努力や困難の欠如，優雅，完全な美的機能など）
- 楽しみ（たわむれ，歓喜，娯楽，快活，ユーモア，華麗など）
- 真実・正直・現実（赤裸々・単純・豊富・正当性・美・純粋など）
- 自己充実（自立性・独立・自らであるために自ら以外を必要としないこと・自己決定・環境超越・自律による生活）

　発達した人間はこれらの欲求の実現を求める．そしてこれらの欲求の追及の中で，マズローは平均的な人間でさえ，時として自己実現[10]（「全部のピストンを動かしている」瞬間＝至高体験）に到達することができるとしている．すなわち多くの発達した人間にとっては成長欲求の実現が生活・人生の大切な目標になることをあきらかにした．

マズローピラミッドの生理的欲求にかかわる住要求

　さて，マズローの欲求の階層のピラミッドの解説がいささか長くなった．続いて，住宅や住環境とマズローの欲求の階層との関連性について考えてみたい．生理的欲求については，世界的には多くの人々がその欠如の状況におかれている．世界の栄養失調の人口は概ね総人口の1/8に達しており，生存の危機に瀕しているといえよう．そのような人々は多分，住居についても同様の危うい状況におかれていることであろう．わが国でも，数万人といわれるホームレスの人々がその水準に置かれており，その改善が政策的な課題となっている現状がある．

安全と安定の欲求と住要求

　安全と安定の欲求については，主として子どもや高齢者・心理的弱者の住環境の問題として捉えられる．高齢者・心理的弱者の居住については，望む限り住み続けることができる住宅・環境づくり，納得して住み続けられる質の高い施設づくりなどが課題になる．高齢者の施設については，特別養護老人ホームなどでは，長らく4人部屋の居住が一般的でいつも親しくもない他人と一緒に暮らさねばならないストレスが大きかった．近年，国の制度改善がなされ個室居住が新しい施設では一般的となったが，これにより精神的に

---

10) 筆者による注釈．

安定的に暮らす要求が実現することとなった．このような質の高い生活施設の整備は今後も重要な課題であるが，それにあわせ，住み慣れた地域で居住を継続できる条件づくりも大切である．施設にはいることにより，それまでの人間関係や文化的環境と断絶してしまう．特別養護老人ホームに入所した高齢者が，新しい環境を嫌って元の地域に暮らすことを望み，施設脱出を試みる事例は多い．このような状況が少なくないことを考えれば，要介護度が大きく，認知症がある程度進んでも，元の地域で問題なく暮らせる制度・システムづくりが必要であろう．障がい者については，高齢者よりもさらに施策的な対応が不十分で，施設での居住は多人数による居住が当たり前となっている．精神的な障がい者の場合，社会的な対応が得意ではなく，一般的に安定の要求は高齢者よりもさらに一層切実である．生活をかく乱する他の障がい者との同室居住で，精神的に不安定な状態が大きい問題となっているなどの調査報告も見られる．これらの点の改善は行政的にはなおざりにされているが当事者にとっては切実な問題である．

愛・承認の欲求と住要求

愛の欲求・承認の欲求については，家族関係やコミュニティの人間関係が望ましい形で存在すること，住宅や住環境については自分自身で一応納得ができ他人から見て評価される居住のあり方が達成できることなどが課題となる．ハードなあり方としては，広さや立地・構造的な安全性などの物理的な質の一応の達成の上に，自分らしさやステイタスなどが具備されていること，すなわち住宅・住環境の初歩的な文化的な質の獲得が課題となる．また，愛の豊かな家族関係を促進する空間のあり方なども検討される必要がある．前出のnLDK否定論は，このような家族関係をも否定していると考えられるが，果たしてそのような考え方で人々が求める質の高い生活空間を実現できるのか疑問である．

成長欲求と住要求

これらの基本欲求のおおかたの達成を基盤として，成長欲求が現れてくることになる．住宅・住環境で考えれば，それらの欲求は，美・秩序・完全

性・豊富・善・独自性・楽しみ・自己充実などの実現ということになるであろう．住宅・住宅地は，秩序があり美しいこと，形態は様式的にも完全性につながる完成度はあること，空間や形態が豊富なこと，秩序とともに独自性があること，住み手の自己充実につながるアイデンティティなどがあること，などの実現が課題となるであろう．

住まいはほとんどの人にとって睡眠時間も含めると人生の1/3以上を過ごす生活空間である．その空間が上記のような優れた質を有するかどうかで，生活・人生の質は大きく変わる．成長欲求に質高く対応できる住まいに暮らすことができれば，そこでの生活は豊かで有意義であろうし，そこで暮らす人は大きな幸せを感じるに違いない．そしてそのような生活空間は，個人の幸せのみではなく，家族全体の調和と相互理解や家族愛自体を豊かなものにしていくであろう．

大学などの建築教育には欠落している住む人の幸せを願う考え

以上のような考え方は，大学において筆者の受けた建築設計教育には全く含まれていなかった．教えられたモダニズムの建築理論や設計演習では，シンプルでミニマルな抽象的な形態や，効率的な間取りの作成が最大の目標であった．この章で述べているような住む人・使う人の幸せの達成などは，明確な目標として据えられてはこなかった．

このような建築設計教育の傾向は現在でも同じである．むしろ，人々にとって使いやすく美しいと感じられる設計教育の方向性はさらに弱められ，コンセプチュアルなびっくり箱建築的[11]な設計教育が強められているように思われる．筆者のゼミに進学してきた他大学出身の修士の院生が「前の大学で教育された設計のしかたはコンセプチュアルな人を出し抜くアイデア設計ばかりで，キッチリとしたプランニング（平面計画）やデザイン（空間計画）の教育は教えられなかった．このゼミでは是非基本的なプランニングとデザインを学びたい」と希望を述べた．

コンセプチュアルな設計を評価する傾向は，最近盛んな学生向けの設計競技の様子を見ても支配的なものである．この院生が希望するような，あたり

---

11) びっくり箱建築：55頁に詳述．

まえの設計教育が必要とされていると強く思う．

3-3. 住居と人権

　住は衣食とともに生活を支える基本的なものであり，その機能を果たす具体的なあらわれが住居である．その役割は前節・前前節で詳述したが，おさらいとして少し異なる観点から簡単に以下にまとめる．そして居住に関する人権との関わりについて検討を加える．

安全健康・家族生活・幸せの追求・資産価値保全など住居の役割
　前述の住居に関するアメニティの4側面を以下のようにまとめることができる．
　第1は，安全・健康な生活をおくる場としての役割である．暑さ寒さや雨など自然の気候からの保護や，犯罪や外的に脅かされない安心できる生活の実現，また地震や風水害などの災害被害を受けない立地や性能の実現，さらに日照や通風・採光の確保でき，公害などがない健康な生活を実現できる環境と性能の実現，通勤・購買・教育・医療など生活利便性の確保などが課題となる．無理なく暮らせるほどの適切な住居費負担であることも重要な条件である．
　第2は，暖かい家族を基本とした人間の生産・再生産の場としての役割である．人間は，原則的には家族関係を基本とした温かい人間関係を求める．そのような家族生活を営む場として，良好な家族関係を促進する適切なしつらえが必要である．そのような家族関係の中で，昼間の労働で疲れた体を休め元気を回復できる場としての役割を果たす必要がある．そして，愛情の豊かな夫婦関係の中で，子どもを生み育むことができる場としての役割も大切である．
　第3は，幸福な生活・人生をおくる場としての役割である．温熱的な快適性や生活しやすい間取りなどの物理的・機能的な快適性にあわせ，文化的・

自己充足的な幸せの獲得のできる場としての役割がある．住宅・住宅地は，秩序があり美しいこと，形態は様式的にも完全性につながる完成度はあること，空間や形態が豊富なこと，秩序とともに独自性があること，住み手の自己充実につながるアイデンティティなどがあること，などの実現が課題となるであろう．

第4は，財産の保護・保全の問題である．住居は持家住宅であっても賃貸住宅であっても，極めて高価格なものである．それが短期間に価値を失うようなものであれば，居住費は生活上の大きな負担となる．長期に安定的に生活の基盤として維持管理されるためには，高い資産価値を維持できるものでなければならない．この場合の資産価値とは，市場における交換価値をさす．欧米では古い住宅でも美しく堅牢な住宅であれば，新築住宅にそう劣ることのない価格で取引される．そのような社会環境づくりが必要となる．

社会的に居住を保障する社会権

居住に関する権利には社会権と自由権がある．まず社会権であるがこれは，日本国憲法にある基本的人権の1つである．基本的人権としては新しい概念で，20世紀的人権ともいわれるものである．産業革命以前には「貧乏は自己責任」という考え方が主流であったが，その後の人権論の発展の中で「貧困は必ずしも個人の責任ではない」という考え方が強まった．こうして社会に市民の生活を保障する責務があるとする社会権の概念が生まれた．

居住における社会権とは，自力では生活に適合した住宅に居住できない階層に，社会的な責任で住宅を用意し居住を保証するということである．この社会権は憲法25条の生存権を根拠としている．条文では「すべて国民は，健康で文化的な最低限度の生活を営む権利を有する．国は，すべての生活部面について，社会福祉，社会保障及び公衆衛生の向上及び増進に努めなければならない」と記されている．

また国際的には1948年の世界人権宣言に基づく国際人権A規約（日本は1979年に批准）が，世界的な居住の社会権を根拠づける．その第11条には「この規約の締約国は，自己及びその家族のための相当な食糧，衣類及び住居を内容とする相当な生活水準についての並びに生活条件の不断の改善につ

いてのすべての者の権利を認める．締約国は，この権利の実現を確保するために適当な措置をとり，このためには，自由な合意に基づく国際協力が極めて重要であることを認める」と記されている．

　わが国における社会権的な住宅施策は，公共賃貸住宅の建設と運用，とりわけ公営住宅制度とそれに基づく低家賃住宅の供給が，国や自治体によるこれまでの中心的な施策であった．しかしその累積の建設戸数はわずか200万戸を超える程度で，総住宅戸数5000万戸のわずか4％程度である．長らく収入階層分位で下から33％が本来の対象階層であった．この階層の全ての人に公営住宅を用意するのであれば，1000万戸程度の供給が必要であろうが，それには遠く及ばない戸数でしかない．

　1990年代からの新自由主義的政策で公営住宅政策は大幅に後退した．公営住宅法の「大改正」で収入階層分位は下から25％とせばめられ，公営住宅の福祉住宅化が進められた．建設戸数の削減や家賃の民間家賃平準化策・収入分位の高分位者の追い出しなどが進められている．現在は，最も困窮した階層のみを救うというセーフティネット論に退化してしまっている．

居住環境を守る自由権

　もう一方の自由権とは，これも基本的人権の1つで，国家から制約を受けまたは強制されずに，自由にものを考え，自由に行動できる権利のことである．欧米で古くから唱えられてきた人権の中でも特に重要な人権といわれる．居住における自由権は，その中で新しい考え方である．具体的には健康で文化的な質の高い住環境や住居を保全する権利（幸福追求権），自力であがなった住居の資産価値を保全する権利（財産権）などがある．

　幸福追求権とは「生命，自由及び幸福追求に対する国民の権利」のことで，新しい人権を導き出す論拠とされている．憲法13条には「すべて国民は，個人として尊重される．生命，自由及び幸福追求に対する国民の権利については，公共の福祉に反しない限り，立法その他の国政の上で，最大の尊重を必要とする」と記される．

　財産権は，財産に関する権利の総称で，経済的自由権の1つである．憲法29条には「財産権は，これを侵してはならない．財産権の内容は，公共の

福祉に適合するやうに，法律でこれを定める．私有財産は，正当な補償の下に，これを公共のために用ひることができる」と記される．

国際的には前出の国際人権 A 規約と同時に批准された国際人権 B 規約が居住の自由権を根拠づけ，第 17 条に「1. 何人も，その私生活，家族，住居若しくは通信に対して恣意的に若しくは不法に干渉され又は名誉及び信用を不法に攻撃されない，2. すべての者は，1 の干渉又は攻撃に対する法律の保護を受ける権利を有する」とある．

この権利の侵害は，現代のわが国では多くの国民が直面する問題である．1 つは，国による開発自由策にもとづく，乱開発問題である．1950〜60 年代の高度経済成長の時代から現代に至るまで，低層住宅地に中高層のマンションやビルが無計画に建設され，日照被害など住環境を悪化させる問題が全国に広がった．住民の運動もあり 1981 年に東京都では日影条例が制定され，後に建築基準法に日影規制が組み込まれるなどの成果が上がった．それ以前の 1970 年代から兵庫県川西市に端を発する開発指導要綱により，住環境の悪化に一定の歯止めがかかるようになった．しかし開発自由の立場に立つ国は，該当の自治体に開発指導要綱など独自の規制を取りやめるよう圧力をかけた．また開発事業者は，裁判で開発指導要綱の無効性を争い，法に根拠を持たない要綱は各地で敗訴した．そのような流れにより，自治体の独自規制は困難になった．また国はさらに建築基準法の規制を大幅にたびたび緩和し，乱開発は一層広がった．その後，小泉「都市再生」策により，超高層マンションまでが乱開発に加わった．

資産価値を守る自由権

もう 1 つは，戸建て住宅を中心とする資産価値の減失の問題である．住宅を建設する場合，わが国では，2〜3 千万円の建設費が必要となる．そして通常はかなりの額を住宅ローンであがなう．しかし建設後，住宅の価値は急速に減価する．木造住宅は一般に 20 年で無価値になるといわれるが，実際には築後 10 年でほとんど交換価値を失う．すなわち築後 10 年の木造住宅は建物の価値はほとんどなく土地の価値のみで取引される．10 年で無価値になるとすれば 3 千万円で建てた住宅であれば，毎年 300 万円の高額が減価し

ているのである．後の売却を考えれば，自分の住宅を所有しているようで，実際は毎月25万円の家賃を支払っているのと変わらない．

米国では既存住宅の資産価値が長期に保たれ，日本では短期で価値を失う

　一方，例えばアメリカでは，古い住宅であっても新築住宅の85%程度価格で取引されている．新築後，適切な改修などの手を入れると，銀行の審査で資産としての価値が向上することも珍しくない．アメリカでは家計貯蓄率が2~3%と低い．これは持家住宅が貯金のようなものであり，それを担保に銀行が簡単に必要資金を融資してくれるからである．アメリカでは既存住宅（古い住宅のこと，日本のように中古住宅とは呼ばない）の資産価値が低下しないという意味では，資本主義的なシステムの中でありながら，住宅の財産権は守られているということができる[12]．しかしこのようなあり方は，漫然と実現したわけではない．1920年代にアメリカ政府は現在のわが国とは全く異なる考えの住宅融資制度を採用した．第1次大戦後の不況脱出のためのニューディール政策の一環として，国民に持家を持たせる政策がとられ，連邦住宅局（FHA）は，民間金融機関の住宅融資に政府による信用を供与した．その条件は，融資を受ける住宅の質が高く，古くなって売買されても住宅の価格が低下しないことを求めたのである．そのためにFHAが付けた条件は，機能面や構造面の縛りとともに，歴史的に評価が定まった皆が好む建築様式でデザインすることを求めた．こうして住宅融資は住宅そのものの資産価値（売買価格）を担保とする抵当融資となり，既存住宅の価値の保全が実現した．

　これに較べ，わが国では住宅金融が，融資を受ける人の支払い能力を担保とする信用融資で，建設される住宅の質を問わない制度となっている．また，わが国の国民の，「住宅は仮の宿り」という伝統的な考え方や，戦後の「古いものを大切に使うというよりも新しいものを使い捨てにする」という流れなどもあるのか，古い住宅を大切にし，高価格で取引するというような資産価値の保全は実現されなかった．このようにわが国では，資産価値の面で考えれば，国民の居住に関わる財産権はないがしろにされているといえる．

12) サブプライム・ローン問題の影響については21頁を参照いただきたい．

4. スクラップ＆ビルドを乗り越える　生活空間づくりを探る

4-1. 住み続けられる戸建て住宅の建築デザイン
4-2. 関西において好まれる住宅デザイン
4-3. 新開発団地に建設される建築様式の傾向
4-4. 市民が望む住宅・住宅地のあり方を探る
4-5.「都市の評価イメージ」とアメリカの住宅ストックの実態

大阪浜寺のヴォーリスによるスパニッシュ・ミッション様式の住宅

4-1. 住み続けられる戸建て住宅の建築デザイン

　この章では、戸建て住宅とそれによる住宅地を主たる検討対象にしてスクラップ&ビルドを乗り越える生活空間のデザインのあり方を探ってみたい。
　戸建て住宅を主たる検討対象にする理由は以下のようなものである。
1. 戸建て住宅は都市を構成する基本的な建築である。多くの場合都市の中心部では支配的な建築ではないが、都市全域を考える場合、大きな集積があるのが普通であり、都市の景観に支配的な影響を与えている場合が多い。
2. 戸建て住宅は住む人々の好みを最もよく反映し、様々なスタイルや文化的質を持つ。和風や洋風の様々な様式、モダニズムデザインのものなど多様である。人々は住宅のデザインについてそれなりの見識や評価を持っている。
3. ビルなどの施設やマンションなどの集合住宅については建築家の好みによるデザインの選択が普通である。そしてほとんどが四角く無装飾なモダニズムの様式である。市民はそのようなビル建築のデザインについて評価を加えることは、一般的に困難である。

　以上から、市民の意見を重視しながらスクラップ&ビルドを止揚するストック性の高い街並み景観や建築デザインを考える上で、戸建て住宅を検討材料としてこれからの検討を進める。人々に好まれ長く使い続けられる住宅デザインとはどのようなものであるか、いくつかの調査や事例をもとに検討を加えたい。まず長期耐用住宅[1]調査にみる使い続けられる住宅の条件を記す。これはわが国において長期に使い続けられている住宅の実例を調べ、ストック性の高い住宅の具体的なあり方を探った調査の簡単なまとめである。

---

1) 長期耐用住宅：旧建設省により2001～2005年を期間とする第8期住宅5カ年計画に盛り込まれた戸建て住宅を対象とした政策。わが国の戸建て住宅の耐用年数が四半世紀とあまりにも短いので、その寿命の長期化をめざしている。

仮説：文化的質が長期耐用住宅の最も重要な質である

　旧建設省時代から国土交通省では，1世代で使い捨てられることなく何世代にもわたり長期に使い続けられる長期耐用住宅については様々な取り組みが行われてきた．しかし，長期耐用住宅のあり方に関する主たる論調[2]は，建物の質については「機能的性能」と「構造的材料的耐久性」に絞られており，社会環境的には「中古住宅の流通のための評価の確立」や「中古住宅の流通市場の確立」が主たるテーマであった．しかし筆者はこの考えに疑問を感じ，長期耐用住宅の最も重要な属性は「愛着・文化的質」ではないかと仮説をたてた．

長期に使い続けられている住宅の質の分析

　そして実際に長期に使い続けられている住宅の質の分析を行うことで，長期耐用住宅が獲得すべき属性を明らかにする調査分析[3]を進めた．

　長期に使い続けられている住宅とは何かという点であるが，国土交通省の発表したアメリカの住宅の耐用年数程度で，2世代が居住できる50年程度を一応の目安に調査対象住宅の選定を試みた．この50年は1996年に設けられた登録文化財制度の要件である築後50年以上という数字とも整合性があり妥当なものであると考えられる．しかし，調査を始めた2001年時点で50年前といえば1950年頃をさす．しかし当時は戦後間もない時代で資材も資金的ゆとりも少なく，しっかりとした住宅が建設されたとは考えにくい．さらにさかのぼって第2次大戦中については，住宅は壊されこそすれ質の高いものの新築は困難であったに違いない．ということになれば，時代は大幅にさかのぼって昭和10年以前から大正期が対象にならざるをえない．

調査地区1：京都市下鴨地区

　そのような住宅がまとまって存在する関西の住宅地として，京都市左京区の下鴨地区と箕面桜ヶ丘住宅改造博跡地・芦屋隣接の深江文化村とを選定し

---

2)　2000年6月の住宅宅地審議会答申．
3)　西山文庫，京都府立大学竹山研究室長期居住者訪問調査・住み替え調査報告書，2002．

4．スクラップ&ビルドを乗り越える生活空間づくりを探る

写真 4-1-1　下鴨住宅地の和風の景観

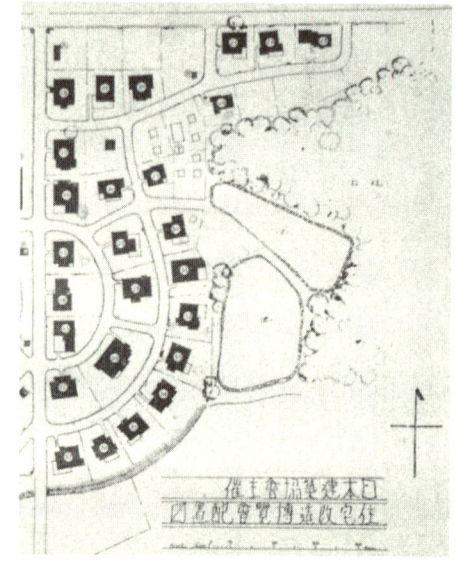

図 4-1-1　箕面住宅改造博覧会配置図

た[4]．

下鴨住宅地は，昭和初期に区画整理で開発された約700戸からなる住宅地である．都心の商業者や，大学の教員など，大正期から昭和初期に新しく形成されつつあった中産階級へむけての住宅地であった．北大路通り・北山通り・下鴨中通り・下鴨本通りに囲まれた地域に，第2次大戦前に建設されたと思われる住宅は105戸が存続している．現在の総戸数の15%となる．そのうち洋館は20戸で，あとは昭和数寄屋と呼べるような和風の様式の建物である．ところによって宅地の幅は狭くそれなりに高密度であるが，緑が多く，郊外の高級住宅地の雰囲気のある魅力的な街並み景観を保っている（写真 4-1-1）．

調査地区2：箕面市桜ヶ丘住宅改造博跡地

箕面住宅改造博覧会は大正11年（1923年）に，日本建築協会の主催で，地主の協力を得て，開催された．周辺を含む住宅地の開発は，箕面有馬鉄道

---

[4]　下鴨地区では戦後のものも含め150軒以上に調査を依頼したが，回答はすべて和風住宅居住者からのもので，ヒヤリング回答者は3住宅，アンケート調査回答者は48住宅85人であった．箕面・深江地区では洋風住宅20軒以上に依頼し，回答はヒヤリング回答者は5住宅，アンケート回答者は10住宅19人であった．

（現，阪急電鉄）が出現しつつあった中産階級を対象に行ったものである．博覧会には関西の設計事務所や建設業者などが参加し，25戸の洋風住宅が建設された．これらの住宅は博覧会の展示の後，希望者に分譲されたが，売れたのは5戸のみで，残りは地主に引き渡された．こ

写真 4-1-2　箕面住宅改造博跡地の洋風の景観

の時代は世界的に空想的社会主義的な田園都市建設が試みられた時代でもあり，主催者や地主にはそのような住宅地づくりの意図があった．なお2001年の調査の時点では，博覧会当時の家が9軒残されていた．そして，箕面市の努力によりそれらの家はほとんどが登録文化財に指定されていた．敷地は150～250坪程度と大きく，周辺の他の新しい住宅も，これらの住宅にデザインを真似てゆったりとつくられているため，緑豊かな魅力的な住宅地となっている[5]（写真4-1-2）．

調査地区3：神戸市深江文化村を調査

　深江文化村は大正時代後期の1925年に，理想とする住環境を創造するため建築家ヴォーリズの弟子である吉村清太郎が資産家らとともに芦屋川西岸の浜に建設した洋風住宅のまちである．敷地面積は約2,500坪，中央に広大な芝生のコモンガーデンを設け，それを囲んで13軒の西洋館が建設された．多くの家の主たるアプローチはその中庭側に設けられた．当時，このあたりには欧米の音楽家が多数居住しており，深江文化村にロシア革命を逃れてきたルーチンやメッテルらが住んだため，音楽による国際交流の場にもなった．洋風住宅の多くは戦災や老朽化で取り壊されていたが，阪神淡路大震災後新たな開発が進み，相当部分が保存されていたコモンガーデンも切り売りされた．跡地は高密な建売住宅や中層マンションが建設され，おおかたは見る影もないが，僅かに4軒が現存し当時の街の面影を伝えている（写真4-1-3）．

5）　箕面住宅改造博覧会配置図．図4-1-1，住宅改造博覧会図面集より．

写真 4-1-3　深江文化村 G 邸を旧コモンコートから見る　　写真 4-1-4　A さんの家外観

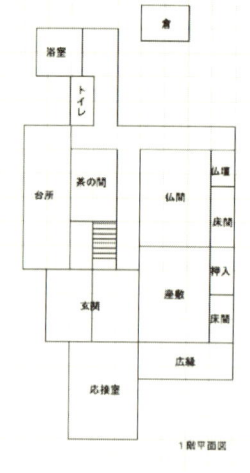

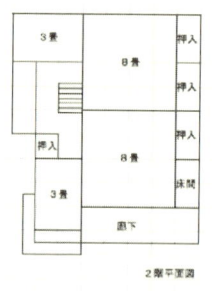

図 4-1-2　A さんの家平面図

下鴨地区の京都型中廊下住宅

　下鴨地区のヒヤリング事例のうちから，どのような住宅なのか，1事例の概要をご紹介しよう．A さんの家は下鴨住宅地の中では平均的な大きさである．敷地南側に道路があるいわゆる南入りの住宅である．敷地は南北に 20m 強と長く，道に接する東西方向の間口が 10m と狭い．このような宅地割りは，区画整理で道路の比率を少なくし，販売できる宅地面積を高い比率で確保することを目的としたものである．A さんの家の道路側からの外観は写真 4-1-4[6]のとおりである．

　間取りは，この時代，中産階級の住宅で標準的なものであった中廊下型となっている（図 4-1-2）．但し，一般的な中廊下型住宅では中廊下が東西に走り南側に応接間や座敷，北側に台所や茶の間が配置される．しかしこの住宅は敷地幅が狭いため，それとは異なり中廊下が南北に走っている．廊下の東側に座

---

[6]　個人情報秘匿のためこの外観写真は画像ソフトにより加工している．これは写真 4-1-8 も同様である．

敷と仏間などフォーマルな空間，西側に台所と茶の間など日常の生活空間が配されている．通常，座敷と並んで南側に配される応接間は，庭側に突き出され南面の座敷の南西に設けられている．応接間と座敷により南面が占拠されるため，玄関は西側に回り，応接間の北側に移されている．2階は8畳2間にそれぞれ3畳の前室が付属している．

建物全体は昭和数寄屋の和風住宅であるが，つきだした応接間は，洋風住宅のしつらえ（写真4-1-5）で，中廊下型住宅の特徴を示している．見学できた床の間は，座敷と玄関の2カ所にあり，どちらも美しく飾られていた（写真4-1-6，4-1-7）．

写真 4-1-5　Aさんの家の洋風の応接間

写真 4-1-6　座敷の床の間と違い棚

下鴨の3事例のヒヤリングや目視調査などから外形的に明らかになったことを簡単にまとめる．建設年次はいずれも昭和初期で，1930年代の建設であった．調査時点で，60～70年経過しており，長期に住み続けられた住宅である．敷地規模は58～87坪と現代の一般的な郊外住宅に較べ大きいものではない．後述の箕面・深江に較べてかなり小規模なものである．

間取りは，下鴨の3事例とも中廊下式であった．Aさん宅を含む2例は南北型の中廊下形式であったが，1例は敷地の間口が広いため，廊下が東西に走り，南側に座敷や応接間が並ぶ，通常のスタイルの中廊下型の間取りであった．また外観はいずれも桂離宮の御殿を模したような昭和数寄屋型の様式であるが，アプローチ側には洋風の応接間を設けていることも共通していた．

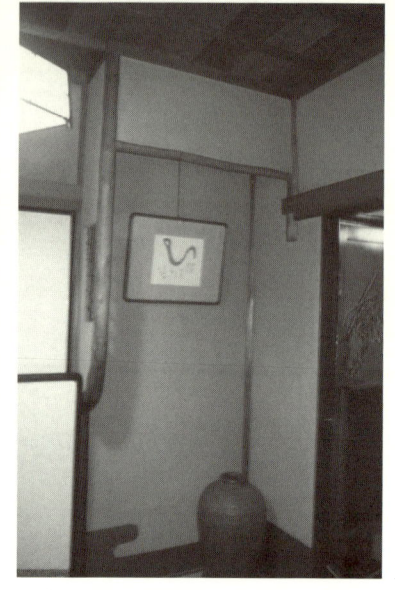

写真 4-1-7　すっきりと飾られた玄関の床の間

　玄関はかなり広く，簡単な床の間がついており，現地調査に訪れた住宅ではいずれも美しく花が飾られていた．中廊下をはさんで南あるいは東側に座敷や仏間が，北か西側に台所や茶の間が設けられている．南側の広縁に続き，座敷，仏間と続くプランである．座敷には，本式の床の間と違い棚，書院がしつらえられている．床の間はきれいに飾られている．広縁と応接間の間には京都らしく坪庭などが設けられている．台所は，かつては土間におくどさん（かまど）などのしつらえであったが，全て床をあげて現代風の台所に改善された．戦前には座敷や仏間はフォーマルな場で，行事や接客などに用いられ日常生活の場ではなかった．ただし仏間は，世帯主の寝室として使われてきた事例が多いようだ．

現代生活にはやや使いにくい間取り

　日常生活の場は，台所やそれにつながる茶の間であった．しかし現在では，以前のような格式張った生活は行われず，日常生活は狭い茶の間から広い座敷で行われるように変わってきているようだ．しかし調理の場や食事の場は依然として廊下の反対側にある．座敷を居間化する場合，食堂と居間は分離されることになり，生活の利便性からは有効に使われにくい間取りであると言える．座敷の大きさは8畳程度であり，最近一般化している家具を常設する椅子座型の生活には充分な広さでない点も，新しい生活スタイルの選択に制限を加える要素である．戦前から暮らしている人にとって，子どもの時代には座敷は自由に入ることのできない禁忌の部屋であった．その意味で，封建的な差別の思い出があり複雑な記憶を有している人もいた．

　また，2階の寝室は，奥の部屋が廊下から直接アプローチできない続き間が多く，プライバシー度が極めて低い．部屋の仕切りも遮音性や独立性の低いフスマで，音響的にも日常生活の上でも，個人の生活上の独立は全く配慮されていない．現代の個人のプライバシーを求める生活とは矛盾のある間取

りである．

　構造的には，どの住宅も堅牢という印象であった．古い材料を丁寧に維持管理して使っている事例は，ヒヤリングの3事例以外にも数多く見受けられた．ヒヤリング事例ではいずれも，修繕は丁寧に行われており，1000万円以上をかけて屋根などの修理を行っている．

下鴨地区の昭和数寄屋住宅は好まれてはいるがバリアフリー化が困難

　さらに下鴨地区で多数残されている昭和数寄屋住宅の特徴を，外観から簡単にまとめてみる．屋根のスタイルは主屋総2階建て入母屋[7]が多いが，屋根のかけ方は軽やかである．一目見て，ある古さを持った質の高い定まったスタイルを持っていることがわかる．下屋や軒樋・竪樋が緑青色の銅製であり，風情を見せている．外壁は左官仕上げが多いが，手仕事の風合いがある．また杉皮張りの部分も多く自然な仕上げの魅力がある．窓は，格子のついた木製ガラス窓で美しいデザインである．応接室は洋風のしつらえになるものが多く，阪神間などの中廊下式住宅と共通性がある．

　以上のような機能・性能的質と文化的質を持つ住宅であるが，何故これまで長期にわたって使い続けられたのか，また今後の継承の意向はどのようなものであるかについて，ヒヤリングの結果を簡単にまとめる．Aさんの住み続ける理由は，本物の材料が使われているということであった．ただし，この家はバリアフリー化が難しく終の住処とは考えておらず，介護が必要になれば施設に移る必要があると考えていることがわかった．Bさんは，子どもの頃から育った家で愛着があるが，将来的には売却して施設へはいることも考えているとのことであった．Cさんは，長年住み続け，思い出がいっぱい詰まった家で，数寄屋のデザインにも愛着があり，このまま存続させたい意向だ．子どもさんも残したい意向が強いとのことであった．どの居住者も，

---

7) 屋根の妻の外側に屋根のある形状．

入母屋

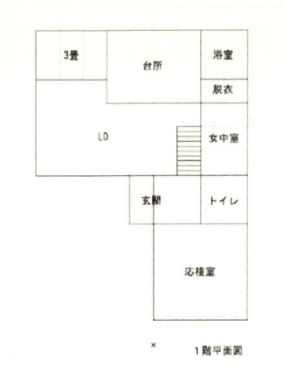

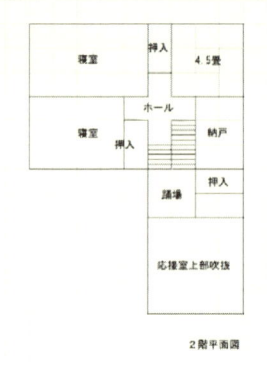

図 4-1-3　Dさんの家平面図

写真 4-1-8　様々な窓が美しいDさんの家の外観

住宅の美的・文化的質に，相当に愛着を持っていることがわかった．そして愛着はあるが，老後の居住との矛盾が予想されるため，売却が必要になる可能性を示唆していた．

現代住宅に酷似の公私室型の箕面・深江地区の洋風住宅

次に，箕面・深江の洋風住宅地区の調査やヒヤリングで明らかになったことをまとめる．下鴨と同じように，箕面・芦屋の洋風住宅地区から，1事例の間取りやデザインを紹介したい．

Dさんの家は，箕面の住宅改造博覧会で建設された住宅の1つである．敷地面積は135坪でありこの住宅地では平均的な大きさである．東西と南面は道路で，いわゆる角地の条件の良い立地である．間取りは，L字型の総2階で，1階に応接間，居間，食堂，台所，浴室など水まわり，2階に4畳半から7畳半程度の寝室が3室と納戸が設けられた，いわゆる公私室型となっている（図4-1-3）．公私室型とは，公室としての大きな居間や食堂が家の中心にあり，そこを起点に寝室などの私室に接続するという間取りである．下鴨の中廊下型住宅は儀式・接客空間の重視など，封建的な意味合いの強い古い生活様式に根ざした空間構成であった．それに対し公私室型は，条件の良い部位に日常生活の場を大きくとり，家族全体の質の高い日常生活の実現をめざす性格が強い，より現代的・民主的な間取りである．現在，ハウスメーカーや建売り住宅などで供給されている住宅の間取りはほとんどが4LDKなどの公私室型となっており，大正期に建てられたこの住宅の間取りが，当

時としては画期的に新しいものであったことがわかる．

　外観は，勾配の緩い切り妻の屋根の洋館で，アーチ窓など様々な開口部が美しい（写真4-1-8）．外壁は，耐久性の高いベージュ色の川砂のモルタル洗い出し仕上げで，目地[8)]で小区画に分けられている．外壁が傷めば通常は外壁全部を塗りなおすが，この家の場合は目地で区画された狭い部分のみを塗り直せばよいという，メインテナンスの容易な仕上げが考慮されている．

　床は非常にがっしりつくられており，この家の堅牢性を象徴しているように感じられた．内部空間では，応接間の天井が1階半の高いもので，太い梁が化粧でかけられた意匠的な工夫もあり，魅力的な内部空間を形づくっている（写真4-1-9）．

写真4-1-9　やや高い天井が魅力のDさんの家の応接間

　箕面・深江では建設年次の古い4事例でヒヤリング調査を行うことができた．目視調査の内容も含め，明らかになったことを簡単にまとめる．4事例の建設年次は，1922〜1924年の大正末期である．敷地規模は135〜250坪とかなり大きい．

　箕面・深江では，Dさんの家のように公私室型の住戸プランで，現時点の生活でも対応しやすい間取りがほとんどである．1階に日当たりの良い広い居間とそれに連続する大きめの食堂，そして同じく連続性の高い堂々とした応接間が配置されている事例が多い．2階には大きめのプライバシー度の高い寝室が並んでいる．そのうち1室は和室となっている事例もある．戦後の住宅逼迫期に親類縁者が緊急に住み込み，10人以上の同居の時期もあった家が複数事例存在したが，全体として間取りにゆとりがあったため，大きな改変なしに乗り切ることができたとの回答も寄せられた．このような間取りは現在一般的に求められている，1階には大きいLDKと1予備室，2階には3〜4室の個室という間取りに酷似している．

　床面は，フローリング仕上げが基本であり，各階ごとのフルフラット化は

---

8)　目地：壁など平滑な仕上げに所々設けられる小さい溝．

既に達成されている．玄関部分の段差が解消されれば一応のバリアフリー住宅とすることは容易である．構造は下鴨と同様，箕面・深江とも堅牢という印象であった．なかでも1階床面の堅牢さが印象的であった．築後70年を越える住宅で，1階床のフローリングが創建時のままであり，ゆるみもきしみも全くない実例を数例体験した．下鴨と同様，箕面・深江とも屋根やサッシなどの修繕は丁寧に行われている．どの家も下鴨と同様1000万円以上をかけて，屋根などの修理を行ってきている．

登録文化財指定などの魅力

　箕面住宅改造博跡地の建物の外観は，南欧風様式や北欧風様式，和洋折衷様式などが混在しており，イギリスの街並みなどのような統一感はない．しかし，デザインに本物感があり，敷地規模が大きく，繁茂した植栽が各建物を隔離して額縁の役割をはたしていることもあり，街並みは美しい．各々の建物も重要文化財並みに格段に美しいということではないが，それぞれの佇まいを眺めるのは楽しい．

　古い住宅はほとんどが登録文化財に指定されており，住人はそのことにかなりの誇りを持っていると感じた．箕面市が文化財登録を促進したが，建物の修繕に数百万円の補助を提供する制度も整備されていて，住む人が残したいと思う古い住宅が継続できる条件が整備されている．

　最近，美しいたたずまいを見せていた南欧風住宅が，遺産相続の関係で残念ながら取り壊されて，1軒減ってしまった．敷地を分割して新しい住宅が建てられることになる．

　一方，長らく空き家で放置されていて存続が心配された1軒（写真4-1-10）に新たに居住者が入り，美しく再整備されて住み続けられることになった．築後80年の住宅であり，普通の住宅・地域であれば当然に取り壊し新築になるのであろうが，再整備されて住み続けられるということは，住宅と地域にそれをさせる魅力があることを示している．

　箕面・深江で，何故これまで長期にわたって使い続けられたのか，また今後の継承の意向はどのようなものであるかについて，ヒヤリングの結果を簡単にまとめる．

箕面・深江の洋風住宅に住み続ける理由は愛着や文化性

住み続ける理由として述べられたのは以下のようなことである．

Dさんの意見では，応接間は家族皆が気に入りの空間で，天井が高く暖炉も暖かで，この空間で炎を見ながらゆったり暮らすのを皆が好んでいるとのことである．子ども達は皆東京住まいだがこの家に愛着を持っており，維持したいと思っているはずだとの意見であった．奥さんは，洋風のスタイルが気に入っておりこれからも大切にしたいとの意向であった．

写真4-1-10　保全再入居された魅力的なファサードの住宅

Eさんは，今はなきご主人がハイカラに憧れこの住宅を手に入れたが，奥さんは船場の生まれで和風が好きだった．しかし今は住みなれてこの洋風住宅にも愛着がでてきているし，デザインが美しく広い応接間や居間は気に入っているとのことであった．

Fさんは，住まいへの不満は全くなく，子ども夫婦も気に入っており，終の住処と考えているとの話であった．温熱環境や間取りにも不満はなく，全体ががっしりしているところも気に入っているとのことである．

Gさん宅は深江に立地している．奥さんの意見は次のとおりである．建物に愛着を感じるし，デザインや雰囲気が好きである．住みなれている点も大きい．気に入っている点は，親から引きついだ思い出がいっぱい詰まっていることである．内外部のデザインが気に入っているし，仕上げの質が高く本物の材料を用いていることも気に入っている．個性的で自分の家らしいのも良い．内部外部とも洋風らしい歴史的な雰囲気が好きだ．また落ち着いて高級感のある点も気に入っている．

以上のように，ほとんどの居住者で，美的・文化的質に，愛着が強く評価が高い．また継承者である子供さん達も保存の意向が強いのが特徴である．

4．スクラップ＆ビルドを乗り越える生活空間づくりを探る　　125

箕面・深江は，いずれも築後 80 年を超える住宅であるにもかかわらず，下鴨に較べても，存続の意向が極めて強い．調査からその原因として洋風のデザインへの評価がかなり高いことが大きく関与していると考えられる．

「住み慣れ」や「デザインや文化的質が好き」のアンケート回答

次に，この 2 地区に対して行ったアンケート調査の結果をまとめる[9]．現住宅に住み続ける理由については以下のとおりである（図 4-1-4）．下鴨では，「住み慣れ」，「建物に愛着」，「環境が気に入る」，住み心地が良い」，「広

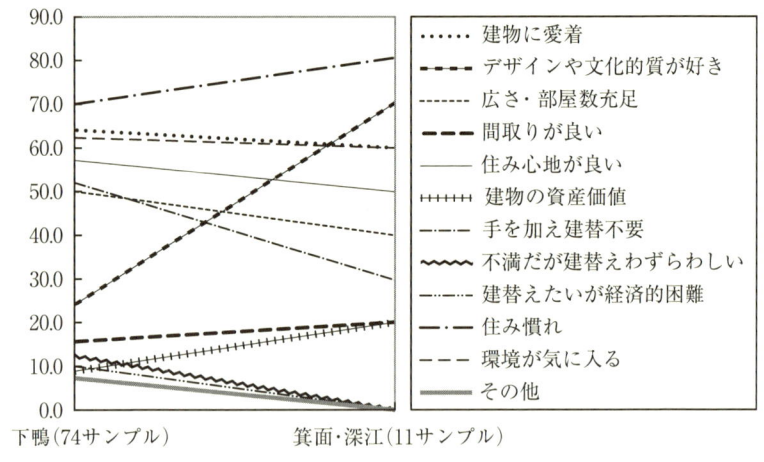

図 4-1-4 現住宅に住み続ける理由

9) 先にも述べたとおり，住宅数で 58 戸，うち下鴨が 48 戸，箕面・深江が 10 戸，回答者数が 104 人，うち下鴨が 85 人，箕面・深江が 19 人と，統計的に信頼ができる回答者数は集めることはできなかった．これは調査対象にできる古い住宅の母数が少ないためやむを得ないことではある．ヒヤリング調査を基本としたが，その内容を補完・補強するようなデータの収集を期待して行ったものであり，その限りのものとして以下のまとめをご覧になっていただきたい．

なお，アンケートで回答者の居住する住宅は，下鴨はすべて 1930 年以降に建設された昭和数寄屋を基調とした和風住宅，箕面・深江はすべて 1920 年代前半に建設された和洋折衷様式を含む洋風住宅となった．

建築様式の違いからかアンケートの回答は，下鴨と箕面・深江とでは明確な違いが見えることとなった．なおこのアンケートは，図 4-1-4〜6 以外は該当すればすべて回答できるマルチアンサー方式をとっているので，左側の％の数字は回答者総数のうちの割合を示す．

さ・部屋数が充足」，「手を加え建て替え不要」などが回答者数の 50% を超えた．デザインや文化的質に対する評価は 25% 程度と低かった．環境や住み心地が良く，住み慣れていて愛着があり，広さや部屋数が充足しており，修繕しており当面は更新する必要がない，というのが大方の意見のようだ．このような状況であれば，機能・性能的な点に問題が起これば，建て替えが行われる可能性は少なくないだろう．ヒヤリングでも，どのようにしても存続させたいとの意向は 1 事例のみで，他の 2 事例は，高齢化などで住みづらくなれば売却転居を考えているとの意見であった．ある割合（ヒヤリングやアンケートから見れば 3～6 割程度）で建物を存続させたいと考えている居住者がいる可能性はあるが，多くの人は建物の存続についての志向は強くないということになる．中廊下型の昭和数寄屋住宅は，現代の新しい生活には適応しにくい間取り・構造であるため，このまま放置しておけば，遠からず，かなりの住居の取り壊し新築が進む可能性が強い．

　箕面・深江では，「住み慣れ」に続き，「デザインや文化的質が好き」が約 7 割と高い支持である．それに「建物に愛着」，「環境が気に入る」，「住み心地が良い」が続く．「広さ・部屋数充足」，「手を加え建て替え不要」も 3～4 割あり，機能的・性能的な不満も少ないように見受けられる．最も特徴的なことは，「デザインや文化的質が好き」への支持が高いことで，「建物に愛着」への高い支持も含め，文化的質が愛着にも関わって，住まいを存続させる強い要因になっていることがわかる．ヒヤリングでも，洋風のデザインへの支持がかなり強く表れており，アンケートの結果とも相関している．

耐震性など不安でも存続意向の強い箕面・深江とやや存続意向の弱い下鴨

　図 4-1-5 は，住まいの存続意向である．下鴨では，「子どもに継承し残したい」が 5 割強，「残したいとは思わない」は約 1/3，「気にいってくれる人に継承」は 1 割を切る．それに対し，箕面・深江では「子どもに継承し残したい」は 8 割弱，「気にいってくれる人に継承」は 2 割弱，「残したいとは思わない」は他所に暮らしている子弟が 1 人のみで比率としては約 1 割となった．下鴨では何らかの形で残したいと考えている人は 6 割程度であるのに対し，箕面・深江ではほとんどが残したいと考えている．

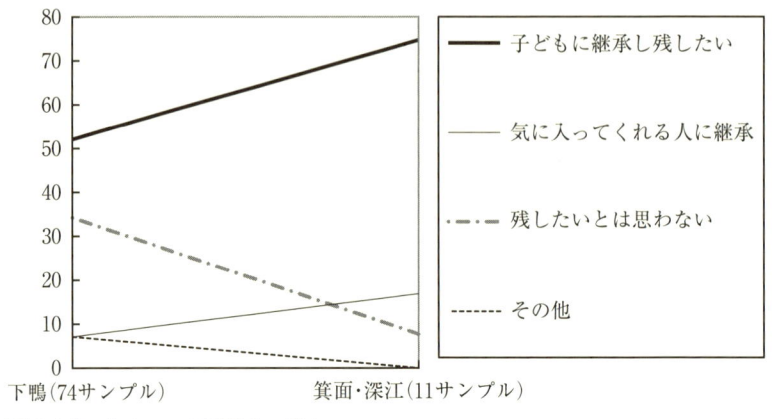

図 4-1-5　住まいの存続意向の理由

　次に，住まいの建て替え意向を促進するであろう住まいへの不満と，それがどのように建て替え意向に関連しているかを考えたみたい．図4-1-6が，住まいへの不満である．両地区に共通して不満が高かったのは「災害不安」である．居住者の3割前後となった．古い木造住宅であり，特に地震に対する不安が大きいものと考えられる．次いで，「防犯不安」，「間取りの使い勝手が悪い」が1割前後である．
　箕面・深江の「駐車台数不足」や「寒い」がやや特徴的であるが，その他

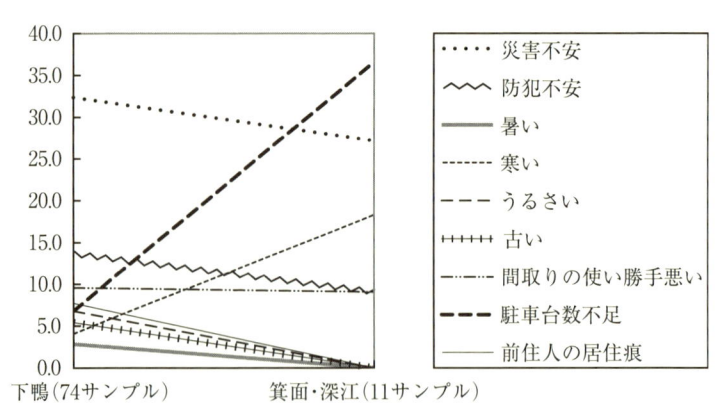

図 4-1-6　住まいへの不満一般

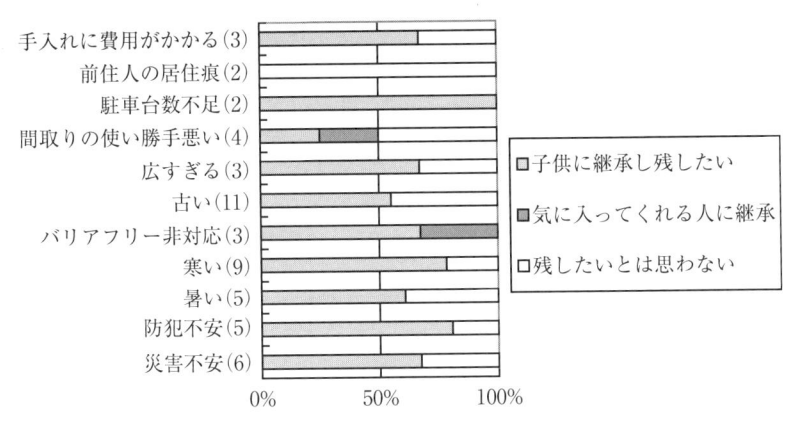

図 4-1-7　下鴨　住まい存続意向と住まいへの不満

は両地区ともそう変わらない回答である．「駐車台数不足」については具体的に両地区を比較すると，下鴨の方が厳しい状況にある．敷地が狭く駐車場を設けることができない住宅が多数存在する．それに較べると箕面・深江は敷地が広く調査住宅のほとんどがガレージを有している．むしろ2台目の車がおけない問題を不満としていると考えられる．下鴨の場合は，地下鉄の駅が至近の便利な立地と，車を持つことへのあきらめが不満を顕在化させていないのであろう．箕面・深江の「寒い」も，公室が広くその暖房を節約することから，そのような不満が生じていると考えられる．

図4-1-7は，下鴨地区における住まいの存続意向と不満を相関させたグラフである．箕面・深江地区はサンプル数が少ないため，このグラフの作成は行わなかった．災害不安があっても，7割の人は子どもに継承して残したいと考えていることがわかる．「前住人の居住痕」が気になる人をのぞき，様々な不満があっても，過半数の人は，子どもや気に入ってくれる人に継承したいと考えている．

次いで，具体的に建て替えの検討がなされたかどうかを尋ねた．図4-1-8は下鴨の回答であるが，残したいと思わない人は4割近くが建て替えの検討を行っている．予想外であったのは，子どもや気に入ってくれる人に継承したいと回答している人でも2割程度は建て替えの検討を行っていることである．継承を考えている人でも，条件によっては建て替え派に転換する可能性

4．スクラップ＆ビルドを乗り越える生活空間づくりを探る

図 4-1-8　下鴨　建て替え検討の有無

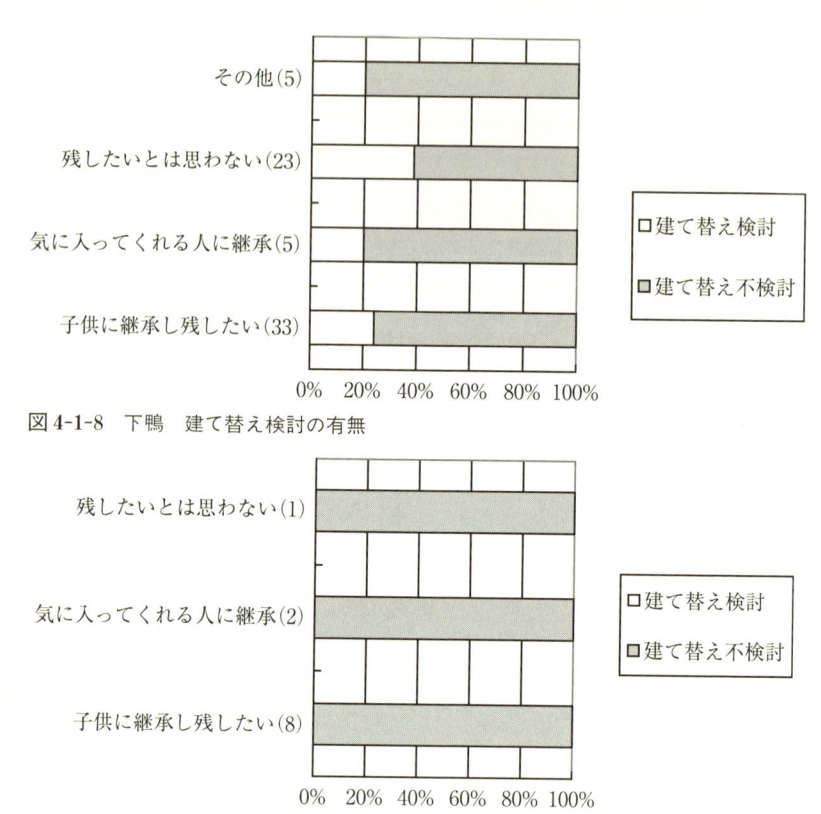

図 4-1-9　箕面・深江　建て替え検討の有無

が少なからずあることをこのグラフは示している．

　図 4-1-9 は箕面・深江の回答である．ここで特徴的なことは，具体的な建て替え検討が一切行われていないことである．家族が継承できる場合は，建て替えが行われる可能性が相当程度低いであろうことを示している．取り壊される可能性があるのは，前述の事例のように，遺産相続などで資金的に維持しえず，ディベロッパーなどに売却される場合であろう．

文化的価値についての住民認識の箕面・深江と下鴨との違い
　ヒヤリングやアンケートの結果から考えられる，住まい存続の原因を再度整理して考えてみたい．

下鴨と箕面・深江のアンケート結果の大きな違いは幾つかある．第1は，図4-1-4における「デザインや文化的質が好き」に関する大きな違いである．箕面・深江が70％を超えるのに対し，下鴨では25％程度しかない．第2は，住まいの存続意向が，箕面・深江では90％を超えているのに，下鴨では総合的に判断して半分程度しかないと考えられることである．

　両地区は和風中心の地区と，ほとんど洋風のみの地区の違いはあるが，歴史的なしっかりとした美しい住宅が建ち並び，緑豊かで落ち着いた魅力的な街並み景観を持つ，わが国では相当に質の高い住宅・住宅地である．住宅や住宅地の文化的質として，大きな差異はなく，ほぼ同等の魅力を保持していると感じられる．そのような同じように水準の高い住宅・住宅地で，片方はほとんどの住宅を今後も存続させ使っていきたいと考え，もう一方は半数近くの居住者が建て替えを考えているという事実の中に，住宅のストック性を考える上で重要な答えが秘められていると考えられる．

　それは先の図4-1-4のグラフの「デザインや文化的質が好き」に関する大きな違いに起因するように思える．その他のアンケートデータで両地区に細かな違いはあるが，それらが存続意向に関して大きな違いを生み出したとは考えにくい．住宅の「デザインや文化的質」に関する好みの多寡が，住宅の存続意向に強く結びついていると考えることが，合理的であろう．ヒヤリングを行った住宅の内外のデザインや，目視で調査した両地域の街並み景観は，先の述べたとおり双方とも質の高いものであった．にもかかわらず，下鴨では「デザインや文化的質」が評価対象として低いものとされ，箕面・深江ではなぜ非常に高く評価されたのであろうか．

京都では登録文化財クラスの好評価が必要

　ここから先は推論を含む考察であるが，下鴨では昭和数寄屋の様式はごくあたり前の形でそれがずらりとならんでおり，デザイン的に魅力あるものとして明確に認識されていないのではないかと思われる．京都は美しい寺院などの歴史的・文化的価値が高い木造建築の宝庫であり，そのようなものと較べて，自分たちの家が文化的な価値を持つとはとても考えられないという認識状況なのかもしれない．よく似た事例としては，18～19世紀に多数建設

写真 4-1-11　ロンドンの煉瓦造のテラスハウス

されたロンドンのテラスハウス（写真4-1-11）があげられる．産業革命の進展で都市化が進み出現した中産階級など向けに建設された中層長屋建ての住宅である．当時ロンドンでは，イタリアのデザインの移入が盛んで，教会や宮殿などにルネッサンス様式を模した，優れた美しい建築が多数建設された．テラスハウスも同様にイタリアのデザインを模して，今ではジョージアン様式やビクトリアン様式などと呼ばれるデザインのものが多数建設された．しかし，経営上の問題などからイタリアを模したそのデザインは，教会・宮殿などのそれに較べ，薄っぺらいチープなものであったので，建設当時は，そのデザイン的な質の低さが社会的な非難の的となったという[10]．今となっては，ロンドン中を覆うそれらのテラスハウスは歴史的・文化的価値を評価され，大切に使い続けられているのであるが，下鴨の住宅地は，部外者の目から見れば美しく文化的価値のあるものに見えるが，居住している当事者の目から見れば自分たちの住宅は，往時のロンドンのテラスハウスのように，古い寺院などに較べ，劣った何の変哲もない無価値のデザインの建物であると考えられ感じられているのではないかと考える．

　それにひきかえ，箕面・深江では，洋風住宅のデザインは近隣の他の住宅とは異なるデザインで，造形的にも日本人にも理解しやすい形で質高くまとめられており，身近には比較対象となる，より質の高い洋風建築の存在はない．そのため，居住者や近隣住民の，そのデザインに関する肯定的理解が進んだと考えられる．箕面・深江では，ほとんどの住宅が登録文化財に指定されていることも，居住者の文化的価値に対する評価を高めることに大きく貢献していると思われる．

10）　ライザ・ピカード「18世紀ロンドンの私生活」87頁，東京書籍，2002．

以上から，下鴨地区の昭和数寄屋住宅群のスクラップ＆ビルドを避け，長期に存続するストック性の高い住宅にするためには，居住者の住宅デザインに対する価値認識を高めることが，決定的に重要であると考えられる．そのために，様々な研究・啓蒙活動を行うとともに，登録文化財指定も取り組まれる必要があるだろう．また，機能面からスクラップ＆ビルドが進まないよう，ヒヤリングで課題になっていた高齢者対応のバリアフリー化の研究や，最近の公私室型生活に矛盾の少ない間取りの改変の研究などが課題になろう．

住まい存続の要因は「愛着」，「内外部のデザインが好き」などの文化的条件につきる

　両地区のヒヤリングをまとめる．下鴨では，「愛着」，「思い出がいっぱい」，「数寄屋のデザインが好き」，「本物の材料」などが，住まいの長期存続の理由として述べられた．箕面・芦屋のヒヤリングからは，「デザインや雰囲気が好きで建物に愛着」，「思い出がいっぱい詰まっている」，「内外部の歴史的な洋風らしい雰囲気が好き」，「応接間など豊かな内部空間が好き」，「落ち着いた高級感も気に入る」，「仕上げの質が高く本物の材料を用いていることも気に入っている」などが住まいを存続させている理由として述べられた．

　国土交通省が長期耐用住宅の最重要の課題と考えている「機能的性能」や「構造的耐久性」を，長期に住み続け住まいを存続させてきた理由であるとの考えを，両方の地区の居住者は，かけらも示さなかった．

　ヒヤリング時の目視調査からは，どの家も堅牢そうで，床面積や部屋数も充足しているように見受けられ，「構造的耐久性」や「機能的性能」はそれなりの高い水準にあることが推測された．かなりの額をかけての改修工事が行われてきたことも，そのような性能面を高い水準で保ってきた要因であろう．そのような丁寧なメインテナンスが行われなければ，耐久性は大幅に低下し，取り壊し建て替えの憂き目を経験していたかもしれない．今日，多くの日本の家では，高額の修繕工事の見積に，取り壊し新築となってしまう事例が多いと考えられる．四半世紀でスクラップ＆ビルドされるという国土交通省のデータがそれを示している．であるにもかかわらず，今回の事例の場合は何故そのようにならなかったのであろうか．建物が堅牢で，間取りも広

いという性能面の高さが1つの原因であることは間違いないであろうが、それが積極的な理由であるとは考えにくい．

ヒヤリングから導き出される，居住者がスクラップ＆ビルドを選択しない理由は，「愛着」，「内外部のデザインが好き」，「本物の材料感が好き」など，文化的条件につきる．すなわち文化的条件は，ストック性の高い住宅づくりの十分条件[11]と言えるものであろうと判断できる．文化的条件が高くなければ，ストック性の高い住宅にはなりえないと考えてよいだろう．十分条件の定義から，もっと平たくいえば，現在残されている建物で古いものは，すべて美しさなど文化性の高いものであるということになる．これは，文化財を考えれば理解がしやすい．重要文化財は概ね明治期以前の建物である．そのような古い建物で現在残されているものは，ほぼ例外なく国宝や重要文化財あるいはそれに類するものであろう．その質を持たない同時代の建物は，あらかた早い時期に滅失したに違いない．つまり文化的に質の高い建物（重要文化財など）は長期に存続している．そして長期に存続している建物は文化的に質の高い建物（重要文化財など）である．すなわち，ストック性の高さ（取り壊されることなく長期に使い続けられること）は文化的に質の高い住宅の必要条件となる．このロジックの成立が，高い文化的質と，ストック性の高い住宅づくりとが必要・十分条件であるということを示す．

「機能的性能」や「構造的耐久性」などの物理的条件は，住宅のストック性を高める上での，前提条件・従属条件にすぎないと考えられる．物理的条件の質が低い場合，文化的条件の質があまり高くないものは，機能的性能が減退するなどすれば，ただちにスクラップ＆ビルドが行われるであろう．物理的条件が優れていても，その建物が住み手の好みに合わなければ，大きく改変されるか，資金的な条件が整えば好みのスタイルに建て替えられてしまう可能性は高い．

それにひきかえ物理的条件の質が低くても文化的条件の質が高い場合は，

---

11) 十分条件：Aということが成り立てばそれだけで必ずBということも成り立つ時，そのBに対するAのこと．逆にAに対するBを必要条件という（岩波国語辞典第6版）．この場合，住宅の文化的条件が高ければ必ずストック性の高い住宅となるという意味．

多額の工事費を負担しても修復再利用が行われる．典型的には重要文化財を考えればよい．重要文化財に指定されれば，構造的に不備であっても公的にも多額の補助金が出され，修繕が行われる．古い木造の寺院などは修繕に多額の費用がかかるであろうが，丁寧に修繕され維持管理がなされるのである．

　個人の所有する住宅で文化財でない場合は，重要文化財のような費用負担は不可能である．個人の負担可能な範囲でスクラップ＆ビルドか修復再利用かが判断される．いかにその住宅を存続させたいと考えても，個人で維持管理できないほど多額の費用が必要であると予想されれば，スクラップ＆ビルドが選択されることになる．その意味で，個人が負担・許容できる範囲で利用・維持管理ができる程度の物理的条件・性能が必要であるということになる．

ストック性の高い住宅のデザインは「落ち着き」や「古いがモダン」など

　次にこの調査で望ましいとされたストック性の高い住宅のデザインのあり方についてヒヤリングやアンケート調査をもとに検討を加えたい．図 4-1-10 は外部デザインの好みの雰囲気に関するグラフである．30％程度以上の支持があったのは，下鴨では，「落ち着き」・「自分の家らしさ」，で箕面・深江では「古いがモダン」・「落ち着き」・「手作り感」，「自分の家らしさ」・「アンティーク」であった．20％程度まで広げると，下鴨では「生活感があ

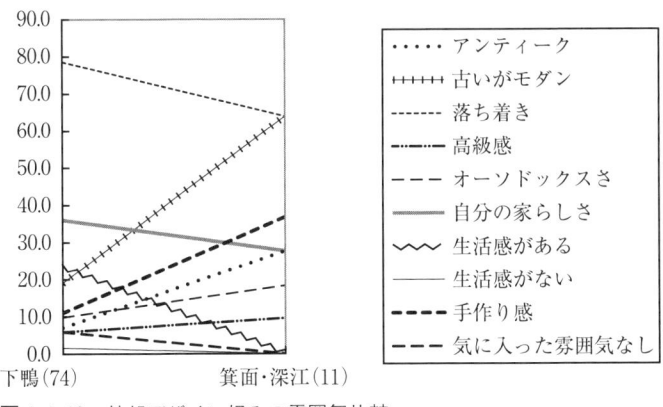

図 4-1-10　外部デザイン好みの雰囲気比較

る」・「古いがモダン」が評価に入る．箕面・深江では「オーソドックスさ」が加わる．

箕面・深江では，デザイン・形の好みに関する意見がはっきり表れているが，下鴨ではその点極めて希薄なのが特徴である．これは図4-1-4の「デザインや文化的質が好き」への下鴨の支持が非常に低い結果と相関すると思われる．「落ち着き」は共通して60～80%と高く，「自分の家らしさ」も30%程度とそれなりに高い．この2つは2地区に共通した好みであり，住宅・住宅地が備えるべき普遍的な質であると考えられる．箕面・深江でのデザイン的な好みは，「古いがモダン」・「手作り感」・「自分の家らしさ」・「アンティーク」であり，古いが落ち着いた，そして幾分の新しさの刺激もある，バランス良く並んだ洋館の街並みがそのままイメージされる．

このようなデザイン的な質は，落ち着いた住宅・住宅地をめざす上で共通のものと考えられる．下鴨のような和風の街並みであっても，居住者の住宅・街並みデザインに対する認識や要求の水準が現在よりも高まれば，同様の質が本来求められるのではないかと思われる．

外部デザインでは緑・全体の形・門・玄関などを重視

図4-1-11はそのような外部デザインの中で，どのような部分に好みがあるかということに関するものである．「植栽の豊さ」は50～60%と両地区に

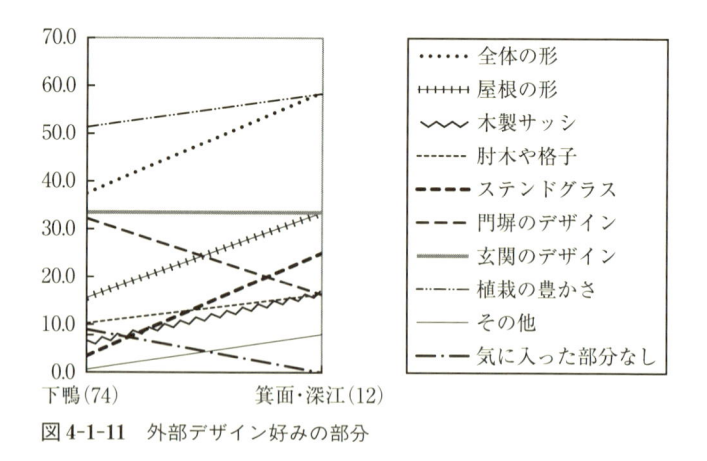

図4-1-11 外部デザイン好みの部分

共通して支持が高い．下鴨では，「全体の形」・「玄関のデザイン」・「門塀のデザイン」への支持が，30〜40％と次いで高い．そして「屋根のデザイン」が20％弱となっている．箕面・深江では全体の形が60％弱とかなり高い．そして「玄関のデザイン」・「屋根の形」が30％台，20％前後に「ステンドグラス」・「門塀のデザイン」・「肘木や格子」・「木製サッシ」と続く．双方とも建物に関することでは「全体の形」への支持が高いが，箕面・深江が約60％と下鴨の1.5倍になっており，造形を把握する意識が高いことを示している．また「屋根の形」・「玄関のデザイン」・「ステンドグラス」・「肘木や格子」・「木製サッシ」・「門塀のデザイン」など，外部デザインのポイントになるディテール部分にくまなく注意が向けられていることがわかる．

それに対し下鴨では，「門塀のデザイン」・「玄関のデザイン」への注目はあるがその他のディテールへの好みは弱い．門や玄関などの格式を尊重するような部分へは好みが示されるが，その他の部分への注視・好みは希薄である．

内部デザインでは様式感と落ち着きが求められる

図4-1-12は内部デザインの好みの雰囲気を示したものである．下鴨では，「落ち着いた感じ」が60％を超え最も求められている．次いで「和風の雰囲

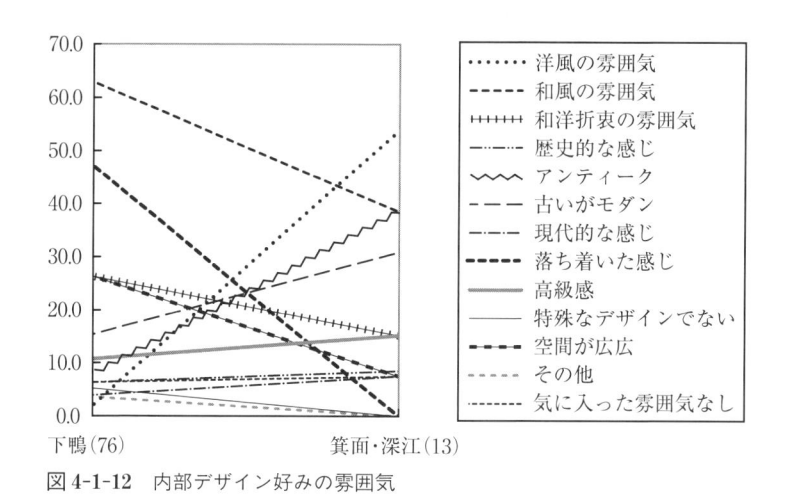

図 4-1-12　内部デザイン好みの雰囲気

気」が50%弱で好まれ，逆に「洋風の雰囲気」はほとんどゼロに近い．和風に住んでいるので和風が好まれるのはわかるが，多くの住宅に設けられている洋風の応接間のデザインについての嗜好性は極めて低い．ただし「和洋折衷の雰囲気」にはそれなりの支持があり，和風化した洋風は受け入れるという認識を示しているようだ．

箕面・深江では，「洋風の雰囲気」が50%台で一番である「和風の雰囲気」への支持は下加茂と対照的にゼロである．次いで40%程度に「落ち着いた感じ」と「アンティーク」が，30%に「古いがモダン」が並ぶ．下鴨と較べ，評価するイメージが多様である点が異なる．落ち着きを強く求めるのは双方同じであるが，箕面・深江の方が明らかに造形的な様々なイメージに対する関心や支持が高い．「和洋折衷の雰囲気」にもそれなりの支持がある．

内装の全体的デザインの質を求める

図4-1-13は内部デザインの好みの部分を示すものである．「内装の全体的デザイン」への支持は両地区とも高い．その他は箕面・深江の数値が高い．「窓のデザイン」は5割近く，「天井のデザイン」・「お気に入りの照明」なども30%を超える高い支持がある．ただし「床のデザイン」の支持は0%で

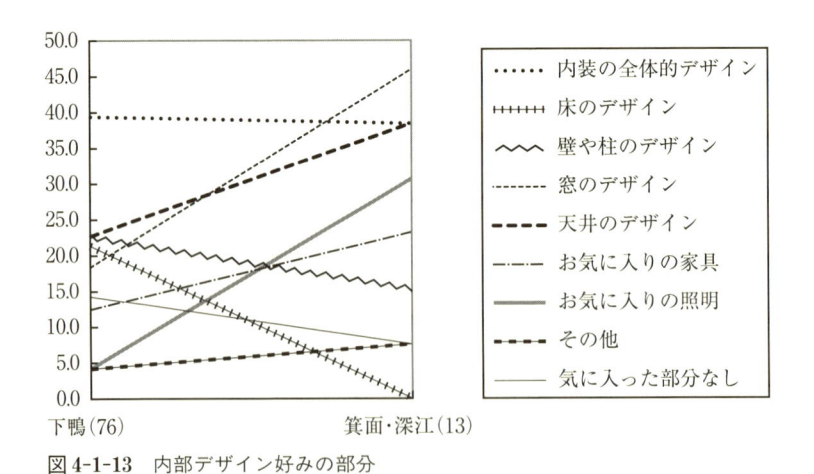

図 4-1-13　内部デザイン好みの部分

あった．下鴨は「内装の全体的デザイン」以外は支持が低く「天井のデザイン」・「壁や柱のデザイン」・「床のデザイン」が20％台中位である．ヒヤリング時には古い美しい照明器具も少なからず見かけたが「お気に入りの照明器具」への支持は5％程度しかなかった．

下鴨は和風のため，木目の美しい竿淵天井や，芯壁の柱と土壁の仕上げの変化，タタミ・縁甲板などの変化ある床への興味がある程度あるものと判断される．それに対し洋風の箕面・深江は，床はほとんどが変化の乏しいフローリングのため，その存在があまり認識されないのかもしれない．むしろ目線から上のデザインに注目が集まっているようだ．最も支持の高い「窓のデザイン」は，最も眼に刺激の強い光を取り入れる窓の格子のデザインやステンドグラスの美しいデザインなどが注視される存在であることを示している．「天井のデザイン」も下鴨よりも15％も支持が高く，格天井などの魅力を感じているようだ．それに次いで「お気に入りの照明器具」・「お気に入りの家具」が高い比率で続く．内部デザインに関しても，下鴨に較べ箕面・深江の居住者の，デザインに関する強い関心が明確である．

永く維持されている住宅の外部デザインのあり方のまとめ

調査においてわかった永く維持されている住宅の外部デザインのあり方を以下に列挙する．

(1) 外部の植栽の豊かさは，下鴨および箕面・深江で，共通に求められる住宅地としての質である．両地区とも70～80年を経過しており，分厚い緑が住宅の間をつなぎ，魅力的な街並み景観を演出している．

(2) 全体の形は両地区で大切なものと評価された．美しい形になるよう造形的な配慮が見られる．仕上げの質も含め一目見て「本物の建築」[12]と感じさせる質を持っているものが多く見受けられた．

(3) 全体の雰囲気は「落ち着き」が求められる．また「自分の家らしさ」

---

[12] 本物の建築：戦後のわが国の戸建て住宅の多くに見られるのが洋風民家建築の様式を質低くコピーした住宅や工業製品建材を質の高いデザインイメージなしにアッセンブルした住宅である．このようなものではないキッチリとした様式感と美しいプロポーションそして本物感の強い材料や仕上げを持つ愛着を寄せやすい住宅建築を指す．

言い換えれば「アイデンティティのある」雰囲気も強く求められている．箕面・深江では「古さやオーソドックスさの中に新しさがある雰囲気」や「手作り感」が求められ，実際にその地区に建つ洋風住宅には，そのような質が感じられた．

(4) 外部デザインのこだわりの部分は「玄関・門・塀・屋根」など外部からすぐに目につき，住宅の格式を決定する部分にこだわりが強い．この部分のデザインの質を高く保つことが求められている．

(5) 外壁の仕上げは左官仕事が主であるが，手作りの味を感じさせる．

(6) 窓のデザインは魅力化の最も大きなポイントの1つである．木製建具の美しい様々な形態の格子組がその主たる要素である．引き違いもあるが，上げ下げや開きなど，縦長の形状のものが多い．アルミサッシに取り替えられると一挙に風情が台無しになるように感じられるが，コスト面や性能面では木製サッシの一般的利用は困難であり，アルミサッシのデザイン的質の向上が必要である．

(7) 面格子[13]などのデザインも，魅力化の大きい要素である．いかにも質の低い既製品・工業生産品臭い面格子はデザインの魅力を大きくそぐ．また，軒や霧庇[14]を支える肘木のデザイン，破風板[15]などの工夫したデザインも魅力化の大きな要素である．

(8) ステンドグラスの魅力的な家も多い．美術的な装飾は，デザインの魅力化の大きな要素であり，ステンドグラスに限らず取り入れる必要がある．

外部デザインよりも居住者の好み・要求が強い内部デザイン

内部のデザインについては，外部デザインよりも居住者の好み・要求が強く，特に留意する必要があると思われる．外部デザインよりも長時間接する部分であることが，そのような状況を生み出しているようだ．以下に，ヒヤリング調査時に必要な質と感じられた事項を記す．

---

13) 面格子：窓からの侵入を防ぐため設けられた格子．
14) 霧庇：窓開口上部に雨の降り込み防止用に設ける庇．
15) 破風板：切り妻屋根の端部に軒先から頂部にかけて取り付けられる斜めの板．

(1) 内部デザインも外部デザインと同じく，総合的なイメージとして，「本物感」が大切である．
(2) 天井では，応接室などにレリーフなどがある事例が多く，これが魅力化や好みの大きな要素となっている．
(3) 内壁についても，本物の材料を使った手作りの感じが強い．
(4) 内部の建具も，特徴を持ってデザインされた，本物感のあるデザインである．金具もどっしりとして魅力的である．
(5) 階段の手すりには，必ず簡単な彫刻が施されており[16]，魅力化の大きな要素になっている．
(6) 応接室には暖炉があり，部屋と家の風格を醸している．
(7) 内部から見る格子窓は，美しい外部の緑の景観を，リズミカルに区切り魅力的である．
(8) 古い魅力的ながっしりとした椅子がある．またアンティークな本物感と文化性の高い収納家具がある．
(9) 共用室では各所に台や棚などのディスプレイスペース[17]がある．
(10) 床仕上げはがっしりと黒光りしており歴史的な味がある．

4-2. 関西において好まれる住宅デザイン

住宅地景観には，そこで住宅を建設するまたは購入する主体者である市民の住宅デザインに関する好みが強く反映する．美しい整った住宅地景観を形成するためには，市民に好まれる建築様式の住宅群が，美しさと統一感を持

---

[16] 例えば写真7-8-4-4．
[17] ディスプレイスペース：絵画や彫刻，旅行の思い出の品，家族の写真など，家族で共有する文化情報などを展示するスペース．日本家屋では，座敷の床の間がこれにあたる．しかし座敷は歴史的にはあくまでも来客用のスペースで，家族用のディスプレイスペースではなかった．
　西欧の住宅では，家族団らんの中心であった暖炉まわりをこのスペースに当てている．これからのわが国においても，このような家族中心のディスプレイスペースの設置が考えられなければならない．

って建設される必要がある．そのような住宅・住宅地づくりのあり方を探る出発点として，戸建て住宅の建築様式について市民的な好みを問う調査を行った．調査の対象とする建築を住宅としたのは，先にも述べたとおり，戸建て住宅であれば，一般の市民であっても身近な存在として，そのデザインや建築様式について，好みや好き嫌いを意思表示できる[18]と考えたからである．

市民の住宅デザインに関する好みのアンケート調査

市民の住宅デザインに関する好みのアンケート調査[19]は2002年に行った[20]．アンケートの内容は，建築様式の違いが明確な建築物の写真を示し，それへの好悪とその理由を問うものである（表4-2-1）．洋風民家の様式を4葉，モダニズム様式のものを4葉，和風様式のものを2葉とした．和風様式が数寄屋や農家など様式が限られているのに対し，洋風民家の様式は各国などで様々な様式があること，モダニズムもコンクリート打ち放しやガラスカーテンウォール，四角や丸など様々な形があることから，サンプル数に差をつけた．

これらの写真に対して，(1)住みたい住宅，(2)住みたいと思う理由，(3)好ましくない住宅，(4)好ましくない理由，について質問し回答を得た[20]．

建築様式の好悪についての全体一括の回答の傾向は伝統様式が好まれる

まず回答の全体的なイメージをつかむため，「住みたい」建築様式と「嫌い」な建築様式の全体一括の回答を見てみたい．図4-2-1は「住みたい」という回答の1位のものの，図4-2-2は「嫌い」という回答の1位のものの比率である．「住みたい」様式は，アーツ，プレーリーが20%以上で，数寄屋，

---

18) 好みや好き嫌いを意思表示できる：114頁に詳述．
19) 筆者の調査「街並み景観の改善を目的とした関西における戸建て住宅の建築様式についての人々の好みに関する研究」（平成16年建築学会大会学術講演梗概集E，2分冊，491-492頁）．
20) 調査地区としては，日本の伝統的な都市空間を持つ京都，歴史的な伝統を持ちかつ活発な建築物の更新が行われてきた商業都市の大阪，港都であり西欧文化の影響の強い神戸（阪神間を含む）の3都市域を選定した．
　3都市の代表的な高校の卒業生から無作為抽出で2,468人を選定し，郵送でアンケートの回答を依頼した．回答は779通であり，回答率は31.5%となった．

表 4-2-1 市民の住宅デザインの好みアンケート調査に用いた写真

芦屋文化村（以下，ジョージアン）	バーナードショウの家（同，アーツ）
 深江文化村に大正期に建設された．ジョージアン様式風で西欧の伝統的な様式建築の雰囲気が濃厚である．	 イギリス・ハートフォードシャー州に建つ19世紀末建設と思われるプレモダンのアーツアンドクラフツ風の様式の住宅である．
ロビー邸（同，プレーリー）	箕面の和洋折衷住宅（同，和洋折衷）
 フランク・ロイド・ライト設計のプレーリーハウス．この様式は最近のわが国のプレハブ住宅によく用いられている．	 箕面住宅改造博跡地の和洋折衷住宅．4寸程度の勾配の和風の屋根が洋風の肘木に支えられている．
マイレア邸（同，地域主義）	ソーク研究所（同，ソーク）
 アルバー・アールト設計の北欧地域主義による住宅．モダニズム建築であるが自然や人に優しい雰囲気がある．	 カーン設計の研究所であるが，スケールが小さいため比較の対象としてみた．建築専門家には，名建築として知られる．
丸いモダン住宅（同，丸モダン）	四角いモダン住宅（同，角モダン）
 芦屋文化村の西北端に最近建てられたコンクリート造石張りの住宅．円形などの抽象的形態を意図的に用いている．	 コンクリート打ち放しの四角い住宅．バウハウス的なカーテンウォールのデザインでもある．
現代和風住宅（同，現代和風）	数奇屋住宅（同，数奇屋）
 モダニズム的な単純性を見せる和風の様式の木造住宅．農家風のイメージを持っている．	 平田雅哉の設計した，昭和初期の料亭．伝統的な数奇屋の様式の要素がバランスよく配置されている．

ジョージアン，和洋折衷が10％を超えている．「嫌い」な様式では，ソーク，丸モダン，角モダンが20％を超え，現代和風が10％以上である．全体として洋風の様式が好まれ，モダニズムが嫌われるという傾向が見える．

地域別「住みたい1位」で洋風系への支持

次に，以上のような様式個別の分析では総合的な評価がわかりにくいため，洋風系，和風系とモダン系に大きく分類してアンケートの分析を試みる．ジョージアン，アーツ，プレーリー，和洋折衷を，洋風系とする．現代和風と数寄屋を和風系とする．ソーク，丸モダン，角モダンをモダン系とする．地域主義は図4-2-3・4-2-4にあるように，他のモダニズム建築とくらべ回答者の評価がかなり異なるため，別のものとして分析を行った．

「住みたい」と思う建築様式の1位の回答を集約すれば，神戸阪神間と大阪では洋風系が70％強と圧倒的に支持が高く，和風系は10％台の半ばである（図4-2-3）．これらの点については，神戸阪神間と大阪の差はほとんどない．それにくらべ京都では，洋風系が60％程度，和風系が35％程度と和風を好む比率が増加している．京都では和風の好みが強いであろうとの事前の仮説の傾向は示しているが，京都における和風系支持は予想よりははるかに少ないものであった．

モダン系については，予想どおり支持が低いが，中では神戸阪神間が約6％と高い．大阪は3％弱で京都に至っては1％以下の支持であった．派手な商業系の新しいモダニズム建築が多数建設されているという印象の強い京都で，人々のモダン系に対する支持が極めて低いことはこれも意外であった．それに対し，地域主義は，モダニズム様式の中では支持が相対的に高い．神戸阪神間ではモダン系をやや超える程度の支持であるが，大阪では10％程度とモダン系よりはるかに高く，京都でも5％を超えている．

地域別では「嫌い1位」はモダニズム系が高い比率

「嫌い」な建築様式1位の集約によれば，圧倒的にモダン系の比率が高い（図4-2-4）．神戸阪神間では70％弱，京都では70％強であるが，大阪では約77％に達する．和風系を好まない比率は，神戸阪神間と大阪では約20％

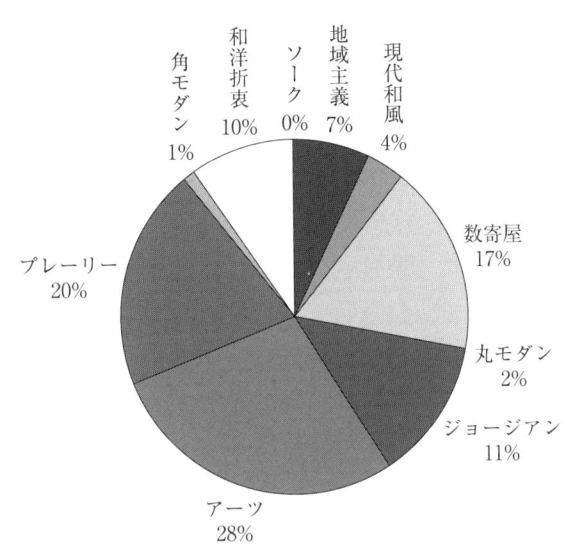

図4-2-1 「住みたい1位」建築様式

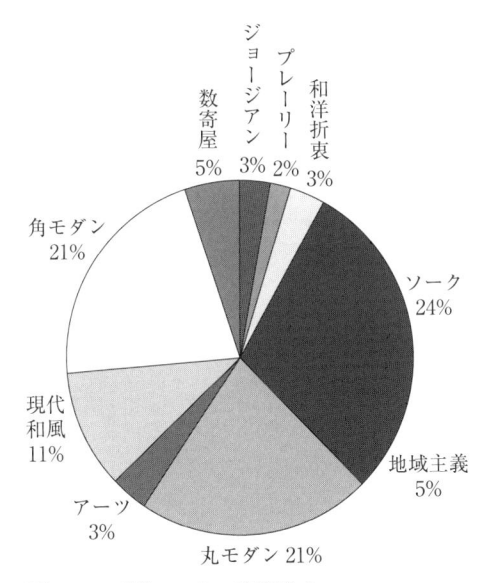

現代和風 4%
地域主義 7%
ソーク 0%
和洋折衷 10%
角モダン 1%
プレーリー 20%
アーツ 28%
ジョージアン 11%
丸モダン 2%
数寄屋 17%

図4-2-2 「嫌い1位」建築様式

和洋折衷 3%
プレーリー 2%
ジョージアン 3%
数寄屋 5%
角モダン 21%
現代和風 11%
アーツ 3%
丸モダン 21%
地域主義 5%
ソーク 24%

4. スクラップ＆ビルドを乗り越える生活空間づくりを探る

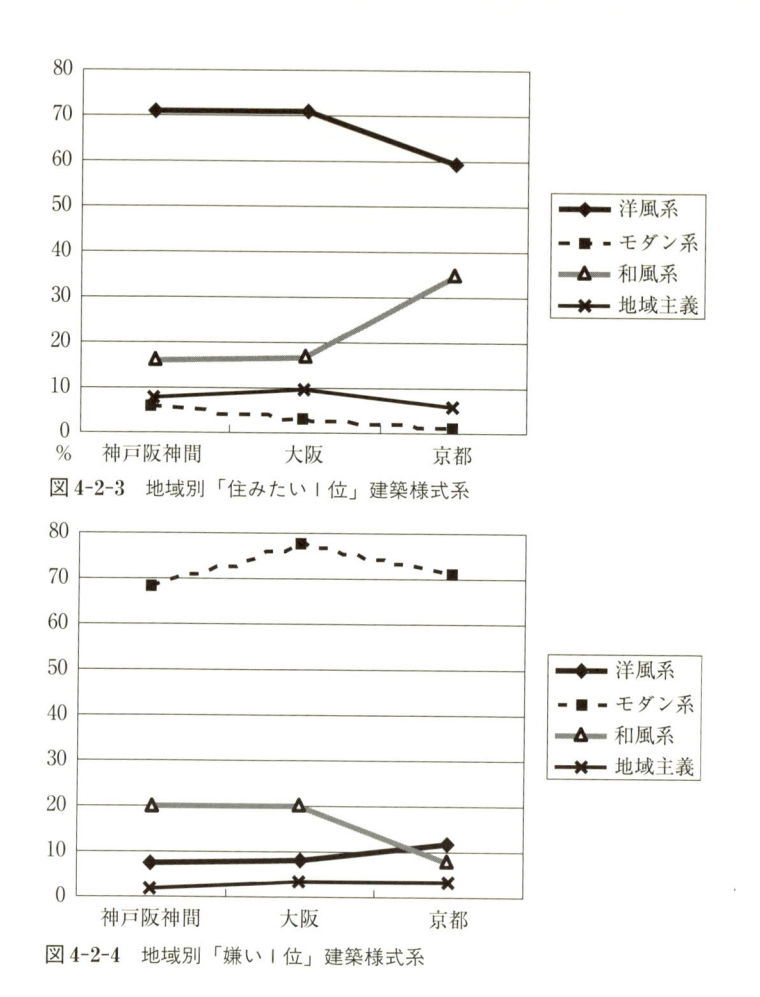

図 4-2-3　地域別「住みたい1位」建築様式系

図 4-2-4　地域別「嫌い1位」建築様式系

と高い．京都でも約 8% である．ただしその多くは図 4-2-8 から現代和風に対する不支持であることがわかっている．洋風系の不支持は，神戸阪神間や大阪では，8% 前後と低い．京都では 12% 弱と増加し，和風系の不支持と逆転している．これから見ても京都ではわずかながら和風への支持が強いことがわかる．

　特徴的なことは，3 地域とも 5% を下回るという地域主義に対する否定的な評価が低いことである．ただし支持率もそう高くなく，支持不支持とも印

象が薄いという評価もできる．

若いほどモダニズムを好み和風を支持せず

次に年代別の好悪を分析する．年代別では図4-2-5の「嫌い1位」のグラフが特徴的である．モダン系を好まない人が70歳以上では90%を超え，若くなるに従っておおむねリニアー[21]に減少する．10〜20代では約55%と大きく減少する．逆に，和風系では，70歳代では嫌いな割合が5%を下回っているが，若くなるに従ってリニアーに増加する．10〜20代では約30%と大きく増加する．洋風系も同様に若くなればリニアーに「嫌い」な率が増加するが，10〜20代では約13%と，和風系の半分以下である．このまま時代が進めば，遠からずモダン系と和風系がクロスし，若い人の間ではモダンよりも和風が嫌われるという事態も予測不可能ではない．

年代別ではどの世代でも洋風系が好まれる

年代別の「住みたい1位」様式（図4-2-6）では，「嫌い」な様式の回答とは少し異なり，洋風系がどの年代もおおむね70%前後と，高い支持率を

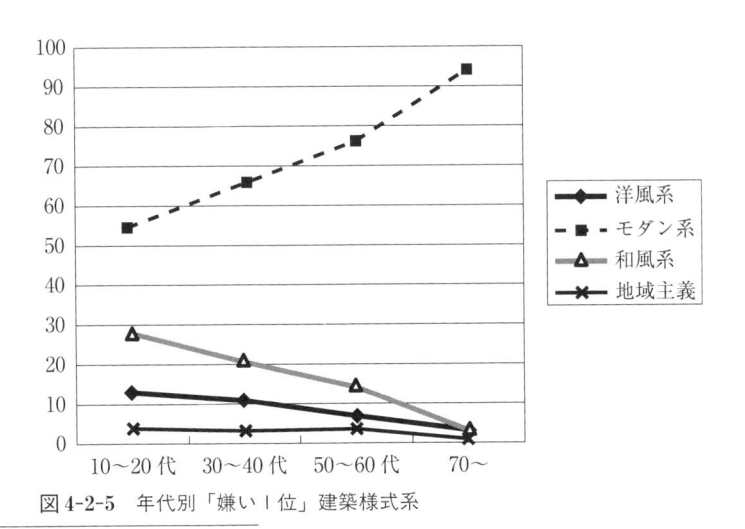

図4-2-5　年代別「嫌い1位」建築様式系

21）　直線状のこと．

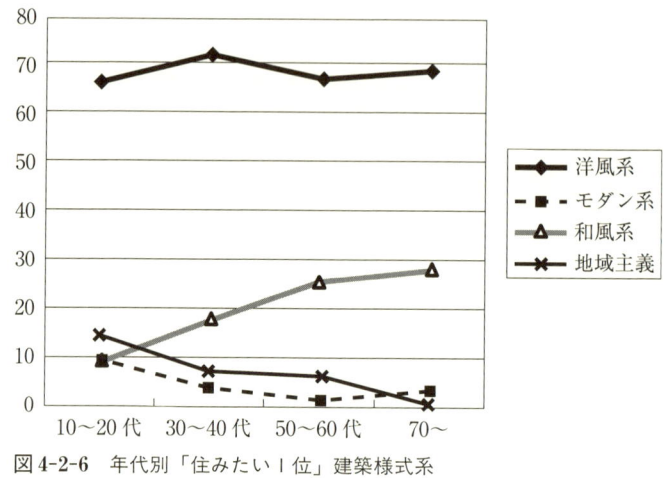

図4-2-6　年代別「住みたい1位」建築様式系

得ている．和風系は70歳代以上で30%近い支持であるが，これも若くなれば支持は低下し，10～20代では約10%と大きく低下している．モダン系は，中高年層では数%と支持が低いが，10～20代では約10%と増加している．しかし，図4-2-5からみれば「嫌いではない」が10～20代の55%であり，「住みたい」とは思わないが「嫌いではない」との意識を示している．

地域別の「住みたい」1位はアーツ，続いてプレーリー

次に，「住みたい」1位の建築の様式について地域別に分析を行う．図4-2-7によれば，神戸阪神間と大阪では，アーツが約30%と第1位でプレーリーが2位である．数寄屋は神戸阪神間では10%以下の5位で，大阪では15%で3位となっている．しかし京都では，数寄屋が30%を超えて1位であり，アーツが20%で2位である．

アーツを先頭とする洋風系の各様式が上中位の支持を分け合い，その中で数寄屋が頑張っているという構図である．プレーリーは各都市域で15～25%の支持があり，少なくないハウスメーカーが主要な商品としてライトまがいのモデルを喧伝しているが，住み手の嗜好からそう外れていないことがわかる．典型的な西洋様式建築であるジョージアンは日本的あるいは近現代的な要素が少なく，支持が少ないかと思われたが，予想に反して各都市

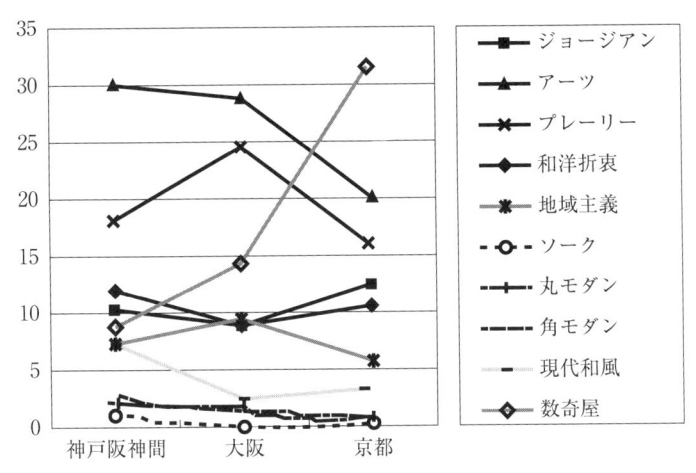

図4-2-7 地域別「住みたい1位」建築様式

域で10%前後の支持を得た．関西都市域の人々の感性が，西欧直輸入の物にも違和感が少なくなっていることがわかる．和洋折衷は神戸阪神間では第3位と支持が比較的高い．他都市域でも10%前後の支持を得ており，デザインの達成度が十分ではなくてもそれなりの支持があることがわかった．

モダンの3様式はいずれも1～2％と支持がいかにも低い．これだけ支持が低いと住宅地を中心的に構成する様式としては，不適切であると判断されよう．地域主義は，モダニズムの中では例外的に支持が高く大阪では和洋折衷やジョージアンをやや上回っている．

数寄屋は，他地区の支持は高くないが，京都では支持が高い．ただし現代和風は，神戸阪神間をのぞき支持は3％程度と低く，モダンに準じている．

地域別の「嫌い」1位はソークの不支持が圧倒的に高い

図4-2-8によれば「嫌い」な様式では，ソークの不支持が圧倒的に高い．神戸阪神間と大阪では35%前後であるが，京都では50％以上に跳ね上がる．ソークは，モダニズムの始祖的存在のコルビュジェによる代表的な建築群のデザインや，現在大流行の安藤忠雄のデザインに類似しており，多くの建築設計関係者から現代建築のバイブルのように高く評価されている建築の1つ

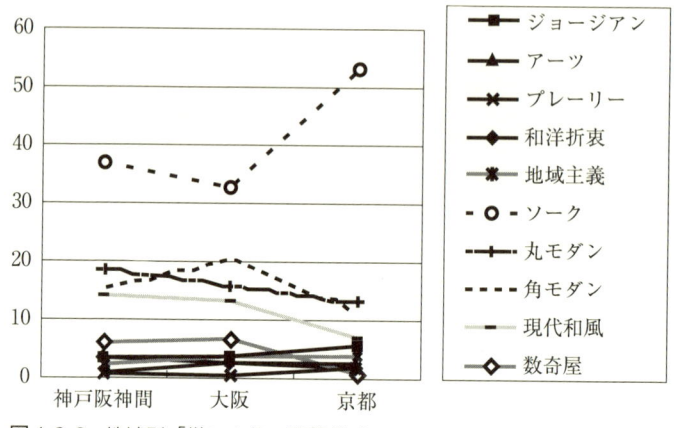

図 4-2-8　地域別「嫌い 1 位」建築様式

である．丸モダンや角モダンも，ソークほどではないがおおむね 15% を超える不支持がある．建築家・建築関係者はモダニズムの建築デザイン教育を受けてきており，筆者の知る限りその多くがこのようなモダンのデザインが好きで正しいと考えている．この点では，アンケート調査の一般市民の回答とは，正反対の好みとなっていることがわかる．

地域主義は，不支持がいずれも 2～3% 程度で，モダニズムの中では，相当に低い．3 都市域の平均では，不支持が少ないほうからは 4 番目であり，ジョージアンや数寄屋よりも不支持が少ない．

和風では，現代和風の不支持が多く，神戸阪神間と大阪では 13～14%，京都でも 7% となっている．これは，丸モダンや角モダンとそう変わらない不支持の多さである．数寄屋も，京都では不支持がほとんどないが，神戸阪神間や大阪では 6% 前後とそれなりに高い．若年層の不支持の増加が反映されているのであろう．

洋風は全体として不支持率が低い．中では，ジョージアンが不支持が多く，京都では 5% を超えている．不支持が少ないほうから 1% 以下がプレーリー，2% 台が和洋折衷，アーツ，その後に地域主義，ジョージアンと続いている．

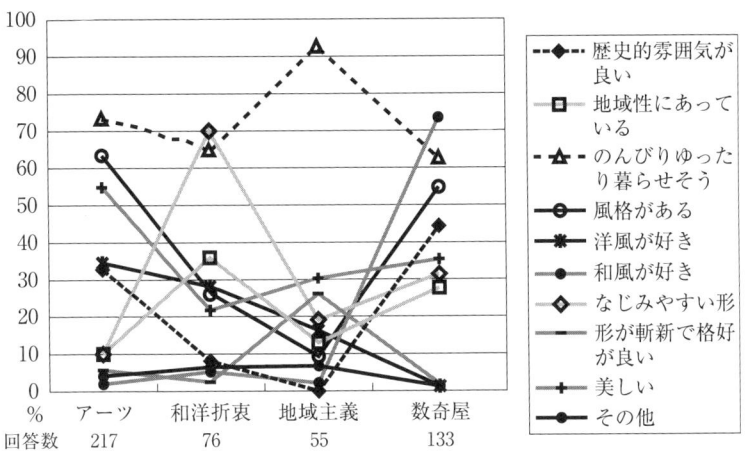

図 4-2-9　様式別「住みたい1位」の理由

「住みたい」と思う理由は「のんびりゆったり暮らせそう」が卓越

　住みたい理由を検討するため，特徴的な建築様式を対象として分析を試みた（図4-2-9）．洋風系を代表して最も支持の高いアーツ，洋風系の中で日本的特徴を持つ和洋折衷，モダニズムの中で支持の高かった地域主義，和風系を代表する数寄屋を選定した．

　まず特徴的なのは，「住みたい」理由で「のんびりゆったり暮らせそう」が最も卓越していることである．アーツおよび地方主義で1位，和洋折衷でもわずかな差で2位である．グラフには無いが，アーツに続き支持の多いプレーリーでも支持が約8割と高い．住まいに落ち着いたゆとりと豊かさを求められていることがわかる．

　次に，支持が高いアーツと数寄屋に類似した傾向があることがわかった．数寄屋の「和風が好き」とアーツの「洋風が好き」を別にすると，「のんびりゆったり暮らせそう」に続いて，「風格がある」，「形が美しい」，「歴史的雰囲気が良い」などが上位に並ぶ．アーツや数寄屋などを支持する人々は，新しく斬新で刺激的なデザインよりも，風格や歴史性がある落ち着いた美しいデザインを求めているのである．このような傾向は，和洋折衷を除く洋風系および数寄屋の支持者（全回答者の3/4）におおむね共通する．

4．スクラップ＆ビルドを乗り越える生活空間づくりを探る

和洋折衷の特徴は，「なじみやすい形」が，「のんびりゆったり暮らせそう」を押さえて，70%を超える高率で第1位であることである．また，「地域性にあっている」が35%と高い．「洋風が好き」，「風格がある」，「美しい」も20~30%と高いが，「なじみやすさ」や「地域性」などアイデンティティにかかわる理由の率が特に高い．昭和初期の洋風デザインの日本化に取り組んだデザイン的試みがそれなりに成功していることを示す．

　地域主義は，「のんびりゆったり暮らせそう」が約93%と圧倒的に高率である．ずっと離れて30%以下に「美しい」，「形が斬新で格好が良い」が続く．「なじみやすい形」も約20%である．「形が斬新で格好が良い」が高いのはモダニズム的であるが，「のんびりゆったり暮らせそう」の特別な高さと「なじみやすい形」もそれなりに高く，他のモダニズムとは異なる質を持つことがわかる．ちなみにソークや丸モダン・角モダンの支持理由のうち「のんびりゆったり暮らせそう」は10%以下の低率である．地域主義の厳しすぎない造形や自然とのかかわりの良さそうな雰囲気が「のんびりゆったり暮らせそう」のイメージにつながるのであろう．

モダニズムの文化的情報の少なさがなじみにくさを感じさせる

　「嫌い」の率が高い様式はモダン系と現代和風に限られる（図4-2-8）．そのため，この4つの様式についてグラフ化し分析を行った（図4-2-10）．
　モダン系はいずれも似たような傾向を見せる．3様式とも「なじみにくい」が80%を超える高率である．続いて「形が斬新すぎる」，「風格がない」，「地域性にあっていない」，「醜い」が60~20%で続く．すなわち，一般の市民にとってモダン系の造形は，親しみやすい自分たちのアイデンティティのあるデザインとは受け取られてはおらず，風格がなく醜いと，判断されている．建築におけるモダニズムの造形が生まれて80年以上が経過し，わが国でモダニズム建築が一般化して50年以上が過ぎている．にもかかわらず，一般の人々にはモダニズムの造形はなじみのあるアイデンティティのあるもの，美しいものとは受け取られていないことがわかった．これは，モダニズム建築に文化的情報が乏しく，一般の市民にとってはとりつく島がないと感じられるからであろう．モダニズムのバイブル的文書であるラ・サラ宣言で

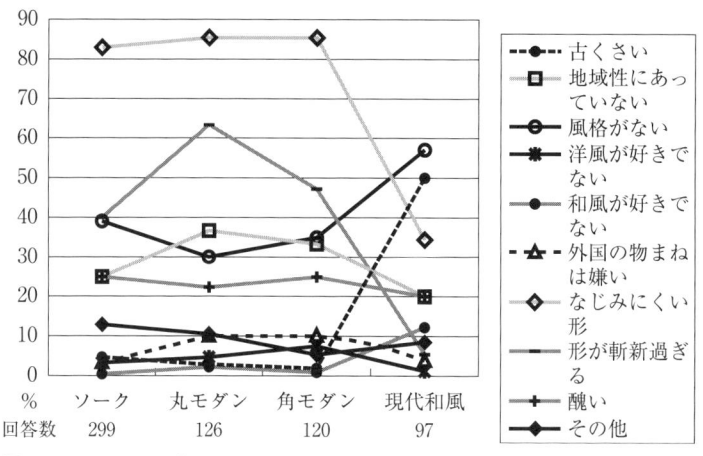

図 4-2-10　様式別「嫌い1位」の理由

は「モダニズム建築は一般大衆に作用すべき」[22]と記されているが，少なくともこの調査に見る限りその目的は達成されてはいない．

現代和風は，「風格がない」，「古くさい」が50%以上と高く，「なじみにくい」が35%と続く．「醜い」，「地域性にあっていない」は約20%である．「風格がない」・「醜い」は一般の人が評価しやすい和風の様式でありながら，期待する落ち着いた高い質がないことに，厳しい評価がなされていると考えることができる．「古くさい」は数寄屋にも共通する率の高さで，和風の様式を古くさいと考える回答者がそれなりに存在することを示している．

4-3. 新開発団地に建設される建築様式の傾向

京阪神の新開発住宅地6カ所を選定し，宅地分譲地において購入者がどのような建築様式の住宅を新築したかを目視で調査（以下，団地調査）[23]した．

---

22)　モダニズム建築は一般大衆に作用すべき：51頁に記述．
23)　調査戸数は，京都市洛西ニュータウン大枝北福西町2丁目：322戸，京都市桂坂大枝山町6丁目：114戸，和泉市光明台2丁目：252戸，富田林市藤原台5丁目：94戸，

これは前節の，市民の住宅デザインに関する好みのアンケート調査（以下，アンケート調査）が，小さい写真をもとにした単純な主観調査で，その信頼性が低い可能性もあり，その裏付けとして行うものである．判断に深刻な考慮のいらないアンケート調査と，いろいろな検討の末に実際に建てられた住宅の建築様式との関わりを分析することにより，人々の建築様式への好みを，より信頼できる形で明らかにしようとするものである．

調査した住宅地はいずれも1970年代初めに開発されたもので，5住宅地は住宅公団や地方自治体，1団地は民間大手ディベロッパーにより開発された．いずれも敷地・規模もそれなりに広く（150～200m²），公共施設整備も整った，質の高い住宅地である．そしていずれも居住者が自己の好みや判断で住まいの間取りやデザインを選択することができる宅地分譲地である．

目視による調査

100～200戸程度のまとまった戸建て住宅の集合の建築様式の調査を2003年1～3月に目視で行った．

外観を目視しての建築様式の分類は，洋風，洋風的，和風，和風的，モダン，モダン的の6分類とした．洋風は，明らかに欧米の民家の形状をイメージさせる様式を指す．欧米の民家のイメージとはいっても実物のような明確な様式感はなく，洋風らしい雰囲気というものがほとんどである．デザインの巧拙やメーカーハウスや工務店施工などの工法の違いは評価対象としていない．単純に全体として住み手が西欧風のイメージを求めていると明らかに感じられるものを，洋風とした．

和風は，同様に明確に伝統的な日本風の建築様式をイメージしたものを指す．和風の場合は洋風にくらべ，さすがに様式感ははっきりしており，数寄屋風様式，農家風様式などに分類できる．

モダンは，いわゆるモダニズム建築（近代建築）を指し，洋風でも和風でもない四角いあるいは丸い抽象芸術のような形をした建築である．一般的にこの建築様式は建築家の設計によるものであると考えられる．

洋風的は，一瞥で洋風か和風かなどが判断しにくいが，玄関の周りや門塀

神戸市西区美賀多台4丁目：282戸，芦屋市潮見町222戸で，総計1,286戸となった．

など住み手の意思が表出しやすい部分に洋風の要素が横溢しているものを指す．和風的は同様に一瞥で和風か洋風か判断しにくいが，住み手の意思が反映される部位に和風の要素が多く見られる住宅を指す．モダン的は，初期のメーカーハウスによるものがほとんどである．モダニズムを明確に意識したとは考えにくいが，陸屋根で和風的でも洋風的でもない，四角な形態をしたものを指す．

写真 4-3-1　和洋風住宅が混在する桂坂団地

洋風が多数で和風が続く

　洋風と洋風的を洋風G（洋風グループ），和風と和風的を和風G（和風グループ），モダンとモダン的をモダンG（モダングループ）とした．モダン的は造形的に質が低く形に無頓着なものが多いことから，モダンな造形を好む率を峻別するためモダンだけを別に図中に示すこととした．

　図4-3-1の通り，ほとんどの団地で，洋風系が多数であることがわかった．芦屋浜が70％を超え，洛西を除く4団地も50％を超えて60％前後である．洛西では33％と低い．逆に和風系は，洛西では60％と洋風と逆転して一番高い．桂坂では40％と次いで高いが，洋風Gの約60％には及ばない．西神，泉北，富田林ではおおむね30％前後と似た傾向を示している．芦屋浜では15％程度とかなり低い数値となっている．

　モダンGは，泉北で18％，芦屋浜で13％などの高い比率を示している．しかし，モダニズムの造形を明確に選定していると考えられるモダンは上記2団地で6％程度，その他の団地では3％以下の低さであった．モダンとはいっても，メーカーハウスのものも多く，建築家が設計したと思われるものはさらに少ない．

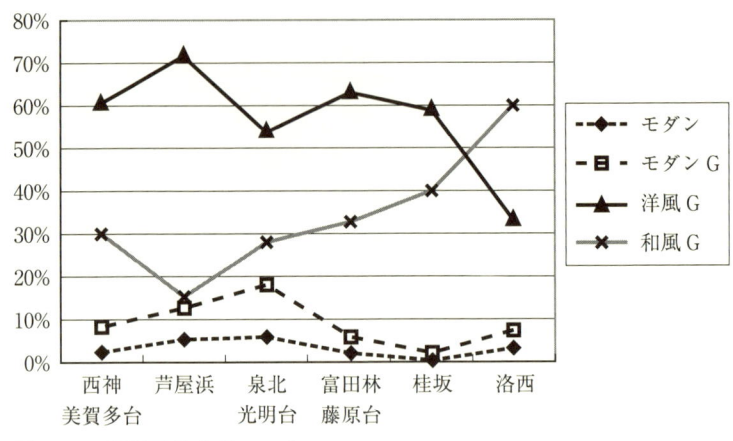

図 4-3-1　団地別様式グループ

アンケート調査とおおむね相関する団地調査

アンケート調査にくらべ，洋風がやや少なく和風が多めという違いがあるが，おおむね類似の結果が出ているといえよう．異なっているのは，京都の洛西ニュータウンの結果である．ここでは，和風が洋風を大きく上回っている．

芦屋浜の団地調査結果は洋風Gが72%，和風Gが15%，モダンGが13%で，アンケート調査結果の神戸阪神間の洋風系71%，和風系16%，モダン系13%（地域主義を含む）とほとんど一致する．

他の団地でアンケート調査と団地調査に幾分の乖離がある点について検討を加える．芦屋浜は，都市計画事業の代替宅地にも用いられ，また分譲価格も高価であったため，入居者は地元からの転入率が高かった．そのため阪神間に生まれ育った人々の好みを反映している可能性が高い．

それに対し，泉北，富田林，西神は，大阪・神戸のベッドタウンとして，1970年代以降，新たに家を求める中産階級向けに新規に開発された団地である．そのようなことから居住者の内の少なくない数が，高度成長期以降に九州や四国・中国から関西に移住した人々であると推測される．そのため選定された建築様式は，かならずしも各母都市の市民の伝統的な好みの傾向を反映しているのではなく，移住者の出身地域の建築様式像が反映されている

と考えられる．それにより農村地域では卓越した建築様式である和風の比率が増加したと考えられる．

京都の桂坂については，団地調査で桂坂では洋風 G 59％，和風 G 40％，モダン G 1％ であったが，前節のアンケート調査では洋風系が 59％，和風系が 35％，モダン系が 6％ となっている．洋風の数字はほぼ等しいが，モダン G が少なく，アンケート調査と 5％ の差となった．そしてその分，和風 G が増加している．幾分の違いはあるが，アンケート調査と団地調査はおおむね一致すると判断できよう．

両調査の結果が大きく異なるのは洛西である．団地調査の結果は和風 60％，洋風 33％ と，アンケート調査と正反対の結果となった．また桂坂の団地調査結果とも大きく異なっている．桂坂とは近接しており，建設時期も類似であると考えられるが，大きな違いが生じている点は，予想外の結果であった．アンケート調査が左京区の出身者に対して行われたのに対し，洛西の入居者は京都市内であっても異なった区域の出身者であるため好みが大きく異なった可能性がある．あるいは，周辺の農村部からの転入者が多かったとも考えられる．また，京都では数少ない行政（京都市）による郊外ニュータウン開発であるため，情報を集めやすい京都市行政に関連した人々が集中的に入居し，そのため傾向が異なった可能性もある．しかしそれらの点については今回の調査では詳細な分析は困難である．

芦屋浜と神戸阪神間とのほとんどぴったりの一致，桂坂の京都との高い相関性，洛西を除く他の 3 団地の団地調査と前節のアンケート調査との関連性の高さは，明白である．洛西の不明点はあるが，団地調査との関連で，アンケート調査の内容はかなり信頼性が高いと考えることができる．

4-4. 市民が望む住宅・住宅地のあり方を探る

混沌とした街並みはわが国の都市住民の好みか

最近わが国でも日本の街並み景観の醜悪さを嘆き，欧米のように整った美

しい街並みに憧れる人が少なくないことは前述した．しかし一方，大阪など大都市部の人の中には，欧米のような整った街並みではなく，「混沌として，統一感がなく変化のある街並み」が都市に住む日本人の好みであると主張する意見もある．そこでこの節では，大阪市近辺の戸建て分譲住宅地の住民の意識調査[24]から，大都市部の人々が，住宅地の街並みに対してどのような好みをもっているかを明らかにしてみたい．調査地は，通常の「建売住宅」といわれるものとは一線を画する質の高い分譲住宅地のある，大阪市鶴見区と大阪郊外の枚方市の新開発住宅地の2カ所を選定した．また，主たる調査対象である質の高い住宅地（メインプロジェクト）の分析を深めるため，近接する一般的な分譲住宅地（サブプロジェクト）をも評価対象に加え，アンケート調査を行った．

大阪市鶴見区の街並み景観とシンボルをキーとした新開発住宅団地

鶴見区は，大阪市の東の外周部に位置し，都心まで鉄道で約30分で到達できる．敷地は，JR学研都市線の徳庵駅から徒歩10分程度のところにある．また，奈良と大阪を直接結ぶ阪奈道路が敷地のすぐ北を走っており，交通の便はよい．

鶴見のメインプロジェクト

鶴見のメインプロジェクト[25]（写真4-4-1〜3および図4-4-1）は，開発地沿線に立地するN工務店により2002〜2003年に開発された敷地規模約1haのまとまった規模の団地である．

団地計画の特徴は，美しい街並み景観形成と，団地としてのシンボルを持った，開発コンセプトである．住宅は外観を重視し，西洋民家のスタイルを模したものとなっている．西洋民家の建築スタイルといっても，正確に欧米

---

[24]　竹山清明「都市型戸建て住宅に関する研究」35-52頁，西山文庫編，2003．
[25]　寝屋川ぞいの工場跡地に開発された．従前用途地域は工業地域と第2種中高層専用住宅地域で法定容積率・建ぺい率は，それぞれ200％と60％である．区画数は100区画で，各区画の面積は81〜143m²，平均100m²程度となっている．住宅は，2×4工法の，2〜3階建てで，各戸の延べ床面積は91.60〜123.99m²，平均で100m²を少し超える．

の建築様式を取り入れたものではなく、様々な様式のパーツを思い思いに混在させたデザインとなっている．またその意味で、やや整理が不十分で、造形過多の趣もある．しかし、1つの地域の空間としてまとまった形で、ある傾向のデザインの家並みが並んでおり、普通の混乱した街並みと較べれば、その整い方は大きな差がある．これから住む家と街を探しにきた人にとっては、大きな魅力が感じられるであろう．住戸の間のスペースは約50cmとやや建て詰まりの感があるが、デザインに工夫が凝らされているからであろうか、いわゆる「ミニ開発」と呼ばれる低質住宅地のような密集感や低質感は感じられない．ただし、ベランダが道路側に面している住戸では、洗濯物や布団が満艦飾というところもあり、街並みのイメージを引き下げていた．住宅のつくり方は、ポイントとなる立地にモデル住宅を建て売りでつくり、その他は購買客がついてから設計施工を行う売り建てとなっている．

写真 4-4-1　様々なデザインが並ぶ街並み

写真 4-4-2　シンボルツリー

　団地のシンボルとしては、もともと存在していた楠の大木を中心に据えて空間計画を行い、団地の中央にシンボルツリーが屹立することとなった．このシンボルツリーを外部空間計画の中心として、各住戸の前には、開放的にデザインされた低い自然石などの門柱や塀、そして低木ではあるが変化が多く様々に工夫された道路際の植栽が、魅力的な街並み空間づくりに大きな役割を発揮している．

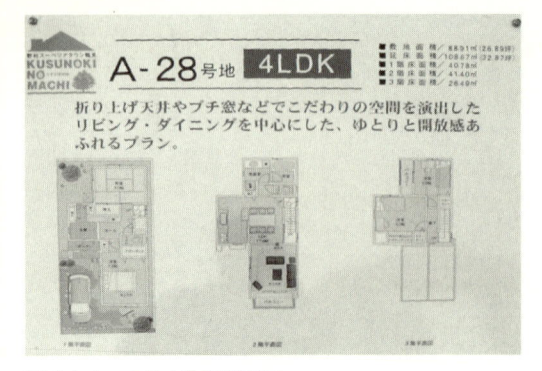

図 4-4-1　モデル住宅平面図

写真 4-4-3　装飾的外観のモデル住宅

　分譲価格は 3500〜5200 万円とやや高めの設定となっている．京橋に近い JR 徳庵駅から徒歩 10 分程度の，利便性の点では好立地であり，やや高い販売価格帯でも売れ行きは良い．

鶴見のサブプロジェクト
　メインプロジェクトに近接して開発された，いわゆるミニ開発と呼ばれる木造 3 階建ての戸建て住宅群（写真 4-4-4）である．かなり高密で幅員 4m 程度の道路に面していっぱいに建設されている．道路に面する狭いベランダには洗濯物があふれている．外壁色はグレー調の濃いめで，デザイン的な配慮はほとんどなく，街並みは殺風景である．採光・日照条件もあまり良くない．大阪近郊の都市住宅の典型の 1 つであるといえよう．

枚方市長尾東町の無電柱化を実現した落ち着いた街並みの住宅地
　枚方市は，大阪府の東の端に位置し，長尾はその中でも東にあたる．敷地は，JR 学研都市線長尾駅から，徒歩 10 分程のところに位置する．京都市と大阪市の中間地点ともいえるところであり，国道 1 号線が北部を走っているが，大阪に行くにしても京都に行くにしても，都心にいたるには 1 時間ほどかかる．
　駅の南にある山の斜面一体に住宅地が広がり，今もなお拡大され続けている．このプロジェクトはその中でも新しく，最近になって宅地造成された周辺では最も駅より遠い立地である．このあたり一体は，第 1 種低層住居専用地域となっており，戸建住宅が建ち並んでいる．何年も前から山林が徐々に

切り開かれ，その度に開発が繰り返されているので，様々な業者による様々な様相の住宅群があちらこちらに見られ，新旧の住宅地が混在している．周辺には購買施設はほとんどなく，商業地域は長尾駅前の道路沿いにかたまって存在している．

写真 4-4-4　薄暗い鶴見のサブプロジェクト街並み

無電柱化で美しい街並みの長尾東のメインプロジェクト

長尾東のメインプロジェクトは，鶴見プロジェクトと同じN工務店により1998年以前に開発された，敷地規模約1.3haのまとまった規模の団地[26]である．

団地計画の特徴は，景観の優れた団地づくりを意図しているところである．そのため関西の民間開発団地でははじめて，地

写真 4-4-5　街並みが整い無電柱化が開放的な長尾東のメインプロジェクト

中埋設による無電柱化を実現している．無電柱化により，電柱や電線による景観汚染のない，すっきりとした景観となっている（写真4-4-5）．各々の住宅の外部デザインも嫌みのない洋風のすっきりしたデザインで，美しい街並み景観の実現に大きな役割を果たしている．N工務店の住宅のデザインはその後，西洋建築様式風の装飾をかなり付加したものとなっているが，こ

---

26) 従前用途地域は第1種低層専用住宅地域で法定容積率・建ぺい率は，それぞれ80%と40%である．区画数は約67区画で，各区画の面積は，132〜166m²，平均150m²程度となっている．住宅は，木造在来工法2〜3階建てで，各戸の延べ床面積は101〜111m²，平均で105m²を超える．

写真 4-4-6　美しく飾られた玄関前の緑・花

写真 4-4-7　座りたくなる道端のベンチ

の団地ではまだ装飾の付加がなされておらず，シンプルな印象が強い．しかし，そのシンプルさは，それはそれで悪くないという印象を与える．ただし，無電柱化は高コストのためその後の開発に用いられてはいない．

もう1つの特徴は住民による町の美化である．自治会長を中心に各住宅の前面を緑や花で美しく飾るなどの取り組みが行われ（写真 4-4-6，4-4-7），無電柱化や住宅のデザインに合わせ，魅力的な街路景観がつくり出されている．

分譲価格は4400〜5400万円と現時点で考えればかなりの高めの設定となっている．まだバブルのなごりの時期で，高い販売価格帯でも売れ行きは良かったようだ．最近の既存住宅の取引事例では，築後5年経過したいわゆる「中古住宅」であるにもかかわらず，近隣の最近供給された同規模同程度の建て売り分譲住宅よりも高い値段で取引がなされたという情報がある．優れた街並み景観や住宅の質によりそのような高い交換価値が実現したものと推測される．

デザイン混在の長尾東のサブプロジェクト

長尾東のサブプロジェクトはメインプロジェクトの近隣に最近開発された住宅・住宅地（写真 4-4-8）である．団地や住宅の規模は，メインプロジェクトより小さい．住宅デザインはさまざまなものの混在であるが，メインプロジェクトを真似したと思われるものもある．電線や電柱が道路上を通り，メインプロジェクトに比べその意味で雰囲気は良くない．また各々の住宅の

並びはあまりきれいではなく，いわゆる「建て売り住宅」よりも質は高いが，それに近いイメージもある．

メインプロジェクトは，鶴見・長尾東とも，購入層は30代後半から40代の活力階層が中心となっている．サブプロジェクトはいずれも30代がなく，20代の若年層か40代以上の比較的高齢層となっている．メインプロジェクトよりサブプロジェクトがやや低価格であるため，このような傾向が現れたと考えられる．

写真 4-4-8　ややごみごみした長尾東サブプロジェクトの街並み

鶴見のメインプロジェクトでは「景観と通勤」，長尾東では「景観と緑」を重視して選択し，入居後も満足

鶴見のメインプロジェクトで「住宅地選択で重視したもの（図 4-4-2）」の内容は，「まちなみや建物の景観」と「通勤の利便性」が特に高く，「買い物の利便性」が続く．「景観」という文化的要求と，「利便性」という機能的要求が望まれていた．住んでからの「住宅地の満足度（図 4-4-3）」では，「まちなみや建物の景観」に対する満足度が特に高く，「買い物の利便性」が続く．その他の点の満足度もおしなべて「普通」よりも高い．特に重視された「通勤の利便性」は可不可がなく，概ね期待通りであったということか．そうであるとすれば，「まちなみや建物の景観」や「買い物の利便性」は購入時の期待以上の満足感を居住者に与えていることになる．

長尾東メインプロジェクトで「住宅地選択で重視したもの（図 4-4-2）」の内容は，「まちなみや建物の景観」と「緑の豊かさ」が特に高く，「空気のきれいさ」や「まちの静けさ」が続く．鶴見では高位であった「通勤の利便性」や「買い物の利便性」の重視度はかなり低い．「利便性」などの機能面よりも「景観」や「環境」という文化・環境的要求が強かったことがわかる．入居後の「住宅地の満足度（図 4-4-3）」では，「まちなみや建物の景

鶴見：住宅地選択で重視したもの

（グラフ）

項目：
住民の環境維持・改善の取り組み
教育環境の良さ
子供の遊び場
公共施設の利便性
防災面の安全性
防犯や風紀面
まちなみや建物の景観
まちの静けさ
空気の綺麗さ
緑の豊かさ
病院の近さ
歩行者の安全性
通勤の利便性
買い物の利便性
近所づきあい

□ サブプロジェクト
■ メインプロジェクト

小←　重視の度合い　→大

長尾東：住宅地選択で重視したもの

（グラフ）

□ サブプロジェクト
■ メインプロジェクト

小←　重視の度合い　→大

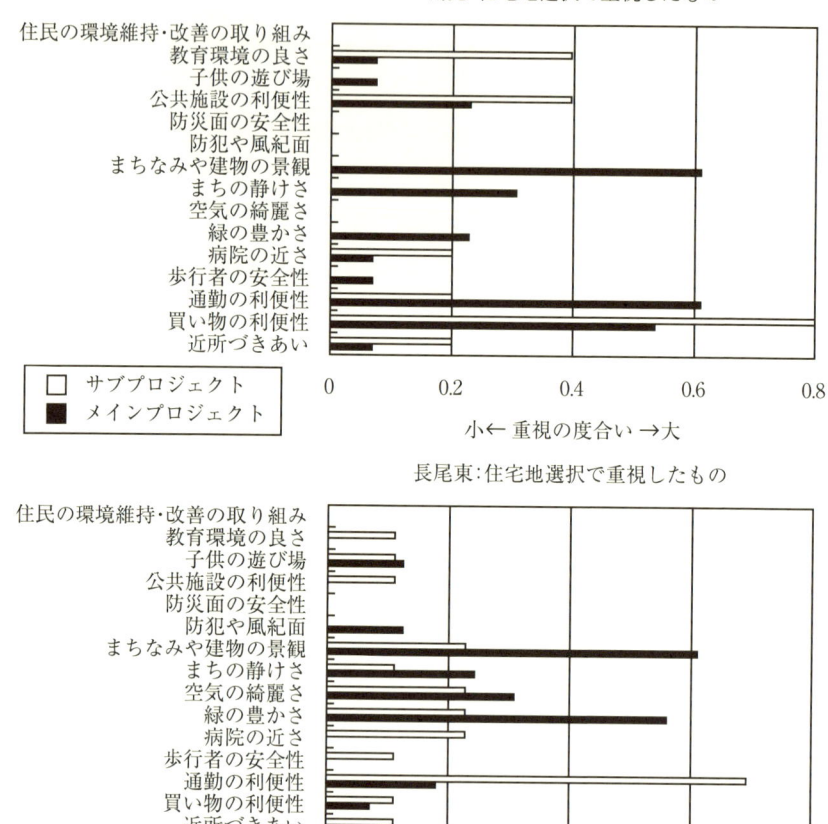

図 4-4-2　住宅地選択で重視したもの

観」の満足度は高い．「緑の豊かさ」や「空気のきれいさ」・「まちの静けさ」については「普通」を超えており一応の満足があることがわかる．しかし買い物・通勤・病院・公共施設などの「利便性」は軒並み普通以下で，購入時に想定していた程度よりもアクセスなどが不便であることを示している．

　この2つのメインプロジェクト入居者の「まちなみや建物の景観」に関する期待度が高く，入居後もその点に関しては満足度が高いことが1つの特徴

観見：住宅地の満足度

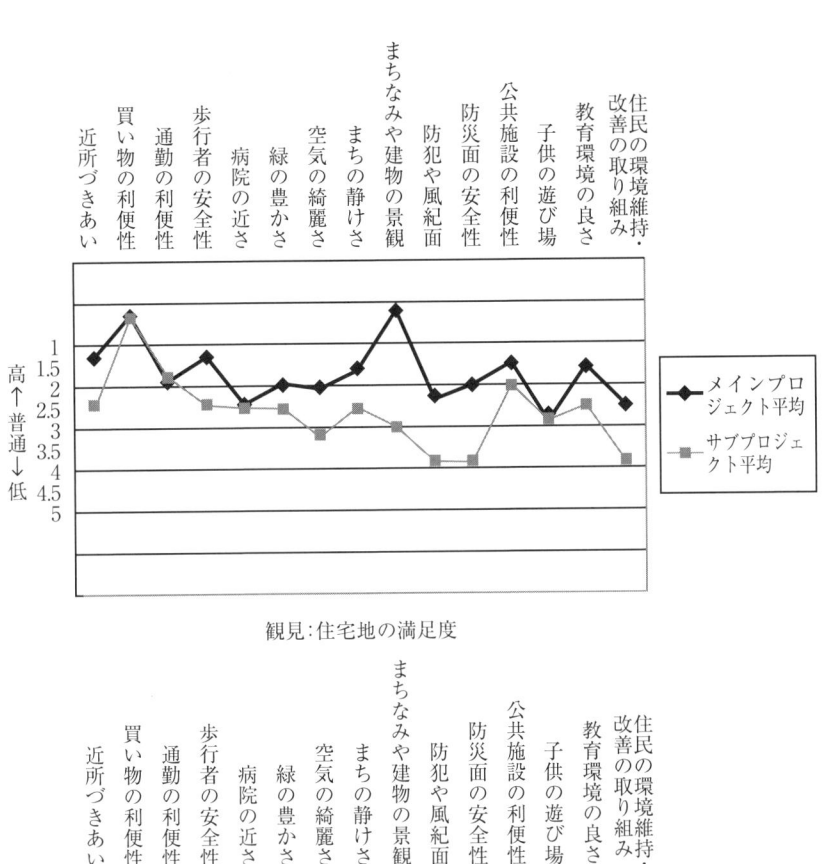

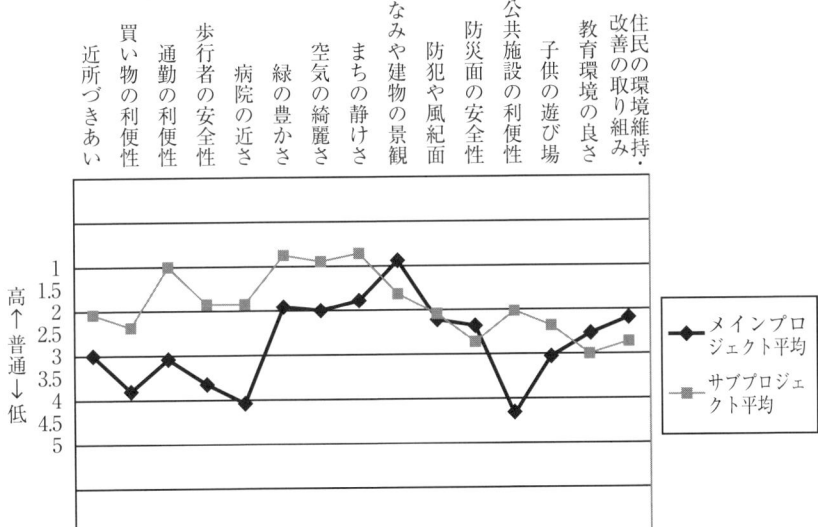

長尾東：住宅地の満足度

図 4-4-3　住宅地の満足度

4. スクラップ＆ビルドを乗り越える生活空間づくりを探る

である．たしかに両プロジェクトとも，わが国の普通の住宅地に較べ街並み景観は整って美しく，居住者が高い満足度を示しているのは理解できる．わが国の大都市部においても，美しい景観の住宅地に住むことを希求する人が少なからず存在し，その願いに応えることのできる住宅地が整備され始めたことを示している．

長尾東のサブプロジェクトは前住宅との比較で満足度が高いと思われる

　長尾東のサブプロジェクトでは，「住宅地選択で重視したもの」（図4-4-2）は，「通勤の利便性」が飛びぬけて高く，「まちなみや建物の景観」や「緑の豊かさ」・「空気のきれいさ」・「病院の近さ」がかなり離れて続く．通勤への要求が極めて強く，長尾東より遠隔地からの転居であることがわかる．
　「まちなみや建物の景観」や「緑の豊かさ」など文化的要求はメインプロジェクトに較べあきらかに低く，機能的要求中心の住宅地選択であった．住んでからの「住宅地の満足度」では，強い要求であった「通勤の利便性」に合わせ，「緑の豊かさ」や「空気のきれいさ」・「まちの静けさ」への評価が高く，期待以上であったことを推測させる．「まちなみや建物の景観」に対する満足度も低くはない．
　筆者の見るところ，サブプロジェクトの質は概ね全ての評価項目でメインプロジェクトよりも劣っている．サブプロジェクトはメインプロジェクトに較べ，緑は少なく，電線は空を飛び交い，道路と家の周りは狭くてごちゃごちゃしている．しかし「まちなみや建物の景観」をのぞくとほとんどの項目で，サブプロジェクトの居住者の方がメインプロジェクトの居住者よりも満足度が高い．これはサブプロジェクト居住者の前住宅の質がメインプロジェクトのそれと比べかなり低いものであったことを推測させる．それにしても，サブプロジェクトの居住者は転居して期待以上の「環境」と「まちなみ景観」を手に入れることができ，大いに満足していることがわかる．住民は「利便性」と同等に「環境・文化」を大切に思っていることが理解できた．
　一方，サブプロジェクトと比較して，メインプロジェクトの入居者は「住宅地の満足度（図4-4-3）」に対し全体として厳しめの評価であるが，「まちなみや建物の景観」については極めて満足度が高くただ1項目サブプロジェ

クトより満足度が高い．「景観」が住民にとって選択時の最重要の要素であったが，入居してからもその質に満足していることがわかる．

鶴見のサブプロジェクトは利便性のみ重視で文化的要求は希薄

　鶴見のサブプロジェクトではどうであろうか．「住宅地選択で重視したもの」では，「買い物の利便性」が飛びぬけて高い．次のものとしてかなり低位に「教育環境の良さ」や「公共施設の利便性」が並ぶ．しかしこの2項目は低位であるとはいえ，他地区・プロジェクトに比較してあきらかに高い．「買い物の利便性」のみが極めて高いことも他の事例と比較して特異であり，「住宅地選択」において，共働きの主婦の意向が強くはたらいていることが推測される．さらに特徴的なことは，「重視したもの」が「利便性」などの機能的な側面のみに限られ，「景観・緑・空気」などの文化的・環境的な要求が全く示されていないことである．入居後の「住宅地の満足度」では，購入時の希望通り「買い物の利便性」高く，「教育環境の良さ」や「公共施設の利便性」がそれに続く．「景観・緑・空気」などの文化的・環境的満足度は可もなく不可もない普通という評価である．

　鶴見のサブプロジェクトは，大阪都心のような喧噪やエネルギーの横溢はない．しかし，大阪の市内や周辺部分に見られる一般的な住宅地で，「混沌として，統一感のない変化のある街並み」であると言うことはできよう．そしてこのような街並みに暮らす人々が，その文化的質にほとんど要求がないと言うことは，住民にとってその場所の「混沌として，統一感のない変化のある街並み」は認識・評価の対象にはなっていないことを示す．つまり大阪など大都市の住宅地の「混沌として，統一感のない変化のある街並み」は住民の文化的好みで選択されたものではなく，「利便性」などの機能的要求や価格などの経済的な実態に基づいてオートマティックに形成されたものであることがわかる．

街並み景観やデザインに満足など自由記述

　アンケート回答の自由記述欄からの意見もご紹介しよう．鶴見のメインプロジェクト居住者自由記述のうち，住宅地や建物の評価に関することを以下

に記す．「もともとある周りの住宅に同調するのが（景観等）むずかしくデザイン的に周りから浮いたりするところもある」というやや批判的な評価もある．しかし「主人は一軒家を望んでいましたが私はマンションでもいいかなと思っていました．でも住んでみて自分たちの家という満足感がこの家にはあります．土地の狭さや自分の思うどおりの間取りとは違うというのがマイナス点かなと思いますが，家のデザインの可愛らしさが気に入りました．まだ住んで2ヶ月なのでこれからだと思います」，「今の街並みに満足しているので特にはない．ただデザイン・個性を重視した間取りになっているので，少し利便性に欠ける点がある」とのデザインなどに肯定的な意見が多かった．なお鶴見のサブプロジェクト居住者による自由記述回答はなかった．

　長尾東メインプロジェクトの自由記述回答では，「裏に第二京阪国道が通りました．緑の山がなくなり，景観はガラリと変わってしまいました．何のために引っ越ししたのか……．当初，山崩れ防止についていたのり面を取るか否かで，自治会で長い間もめることになりました」などの入居後の環境悪化が問題にされている．しかしこれも全体的には肯定的な意見が多く「電柱のない街として売り出していた区画であったこと．前面道路を広く取っていること．採光を考えて隣接した家を建てていること．町中の道は緩いカーブで，石畳などで，安全面に気をつかっていること．家の中では，吹き抜けがあるLDK．街としても家としても大変気に入って購入した」，「一戸建ての良さはすぐに外に出られるという開放感です．小さな子どもがいるので引っ越してきて本当によかったと思います．それと近所づきあいもとても大切です．相手に対する思いやりがやはり基本ですね」などの意見が述べられた．

　長尾東についてはサブプロジェクト居住者からも「長尾東町に越してきて3年になりますが，以前住んでいた寝屋川市に比べて緑が多く，夏もクーラーの使用回数も少な目で，初めての夏は驚きました．住宅が密集していないことや，家の周りに庭があり木を植えること，夏に庭に水をまくと，ひんやりとした空気になること，緑の大切さがよくわかりました．身勝手ですが，周辺がこれ以上開発されないように願っています」や「購入時には土地の広さや駅からの距離などとても気にしたが，実際に住んでいると周囲とのつき合いや，子どもの友達になる同年代の子がいるかどうかなどの方が住み心地

を左右することがわかった．同時に多数戸分譲された町の場合，比較的スムーズにつき合いがはじまるので気が楽だと思う」などの自由記述回答があった．このサブプロジェクトはアンケート調査で入居後の評価が高かったが，それを裏付ける具体的な意見が示されている．

大阪でも美しく豊かな生活空間への志向が強く存在

これまで大阪など大都市の民間開発による一般的な住宅市街地は，鶴見のサブプロジェクトと同様の混乱・不統一などの質で開発・形成されてきたものが少なくない．しかし今回の調査や分析により，大都市の，邸宅地ではない一般的な住宅地でも，景観や環境の高い質を求める住宅需要者が少なからず存在し始めていることが明らかになった．自己の購買能力により，環境や文化の質を選択できる収入水準に達すれば，人々は快適で美しく豊かな生活空間を選択する志向が強いことが，大阪周辺の住宅地でも当たり前に存在する可能性があることを示した．またそのような需要者をターゲットとして，それなりの美しさを持ち環境の良好な戸建て住宅団地建設が民間開発者の手により供給され始めていることも明らかになった．

4-5.「都市の評価イメージ」と　アメリカの住宅ストックの実態

ナサールの調査で明らかになった好まれる住宅地デザインのあり方

アメリカの調査研究であるが，人々が好む都市空間や住宅地のあり方を探るものとして，アメリカの都市問題研究者のJ.L.ナサールによる調査と，筆者のアメリカでの調査結果を簡単にご紹介したい．ナサールはその著「都市の評価イメージ（Evaluative image of the city）」[27]に，テネシー州のチャッタヌーガとノックスビルの2都市を中心に市民の都市・街並み景観などに関する好悪を調査した結果を記している．調査の手法は，住民と訪問者に対するアンケートと，ヒヤリングである．その結果，人々が好む空間やデザ

---

27) Jack L. Nasar,「Evaluative image of the city」, SAGE Publications, 1998.

インと，嫌がるそれらを明らかにした．好まれるもの・嫌われるものとして以下の項目を挙げている．

1. 自然があること（naturalness）が好まれる

    植栽・水・山がみえること，自然景観や田園風景・川・湖などが好まれる．自然の好みに対応して嫌われるものは，街並みがバラバラの既成市街地の商業地や工業地の電線や電柱・看板の多い自然に欠ける地域である．

2. 維持管理の良さ（upkeep/civilities）が好まれる

    維持管理がよく，よく手入れされていて，新しい住宅が建っているような場所が好まれる．嫌われるものは，荒れ果てた，汚れた，じめじめして手入れが不十分な場所である．また物理的な乱雑さが社会的な無秩序に結びつく．

3. 開放性があること（openness）が好まれる

    人々は開放性があり良い景色が見える場所を好む．拘束感があり人混みや密集感があり道が狭いような場所を嫌う．

4. 歴史性があること（historical significance）が好まれる

    人々は歴史性を感じさせる場所を好む．パリやカナダの調査でも人々は歴史性のある地区を好むことが解っている．本当に歴史性を持つものであっても見た目の上で歴史性を持つものであってもどちらでも，人々は好きである．歴史的な景観だけではなく歴史的な連想を引き起こすような場所も好まれる．建築家は歴史的建築を模した新しい建築を嫌うが，一般の人々は新しくても歴史性が感じられれば，または民俗性があれば好ましいと感じる．

    人々が歴史性のある建築を好む理由は，視覚的な多様性と秩序感である．そのような建築には下から上まで飽きずに眺める魅力がある，古いスタイルの建築のディテールが好きである，などの意見が示されている．

5. 秩序感があること（order）が好まれる

    人々は，秩序・まとまりがあり連関性が高いような，視覚的に秩序感のある場所を好む．混乱して一貫したスタイルのない無秩序な場所を嫌う．

秩序感は人間の環境に対する反応の最も鋭敏なものである．秩序感は，組織性・一貫性・適合性・明瞭性と関連がある．秩序感や一貫性の増加により都市の評価イメージが高まるが，秩序感の増加のためには，繰り返しのデザイン，前面デザイン部分の相互類似，材質感の均質性，視覚的要素や建物形状及びその環境に刺激的な違和感がないこと，個々の建物にはそれなりの独自性があることなどが明瞭に示されていることが必要である．

写真 4-5-1　建築家が好み非建築家が嫌う建築デザイン：都市の評価イメージより

写真 4-5-2　非建築家が好み建築家が嫌う建築デザイン：都市の評価イメージより

6. 人々と建築家のデザインの好みは正反対である

　人々は建築家が設計する最新流行（high style）のデザインを嫌い，建築家は人々が好む擬歴史的様式の建築を嫌う．建築様式の好みについては人々と建築家は正反対である（写真 4-5-1，4-5-2）．

人々は歴史的・民俗的様式を好むというナサールの調査結果に類似するわが国の傾向

　ナサールの調査は，アメリカ市民を対象に行われたものであり，わが国の市民の考え方とは異なるのではないかとの意見があるかもしれない．しかし先に示した筆者によるわが国おける調査[28]でも，一般市民は歴史的・民俗的な様式を好むという，ナサールの調査と類似の結果が出ており，ナサールの

---
28) 4-2. 関西において好まれる住宅デザイン．

調査結果はわが国の状況を考える上でも有効なものであると判断できる．ナサールの調査結果をもとに，わが国の住宅などの建築やまちづくりの文化的しつらえやデザインのあり方について少し考えてみることにしたい．

　ナサールの調査結果からは歴史性を感じられる古いものを活用し，新しいものも古いスタイルを取り込んで形作ることが，市民にとって望ましいということになる．建築の歴史性については，わが国では古くて評価の定まった重要文化財などの指定を受けたもの以外は取り壊しが続いてきた．しかし最近は比較的新しいものを顕彰する登録文化財制度ができ，そのクラスの建築に対する市民的保存運動は広がっている．その意味で歴史性に対する市民の支持は拡大し顕在化しつつあるといえるであろう．また最近のハウスメーカーの販売する住宅スタイルは，そのほとんどが西欧民家の歴史的スタイルを模したものとなっており，モダニズム様式のものは多くない．また最新の関東や関西における都市周辺部の民間開発者による戸建て建て売り住宅団地開発[29]では，19世紀以前の西欧民家様式を建築と街並みに導入した計画が少なからず見られるのは前節で示したとおりである．そこではデザインや特徴を理解しやすい明瞭性があり，歴史的様式に範を引いた文化性・秩序感や一貫性を持っている住宅群が建ち並んでいる．材質感やデザイン・ディテールはリズム感や類似性があり，秩序感を壊すような主張の強すぎる建物ではない．これらの団地は市民の支持が高く，一般にその他のスタイルの住宅団地に比べ売れ行きが好調であるようだ．このように現在のわが国の住宅購買層の建築様式に対する好みは，ナサールの調査結果に類似して西欧の歴史的民家または民俗的なスタイルを支持する傾向が強まっていると考えられる．

日本らしい歴史的・民俗的様式による住宅・住宅地づくりは人気がない

　日本に立地するのであれば，和風様式のものがあってもよいように思われるが，現実にはそのようなスタイルの戸建て住宅地の新規開発は，現在のところは目立ったものとしては存在していない．ほぼ唯一の例外として神戸市西神ニュータウンに神戸市住宅供給公社によって分譲和風タウンハウスが供給された．売れ行きが悪かったのか和風団地はこの団地のみで終わった．以

---

[29] 4-4の2団地，7-4，7-5，7-6の3団地など．

後の団地はすべて西洋風民家のコピー様式か，大手ハウスメーカーによるプレハブ住宅により供給された．

　建築や街並みのスタイルで，日本らしい歴史的様式である和風が好まれない点については検討を加える必要がある．図4-2-10では「現代和風」を嫌う理由として「古くさい」の率が非常に高かった．安易な和風デザインは，洋風民家やモダニズムデザインに較べ，古くさい陳腐なものに映るのかもしれない．しかし建築デザイン上の伝統的な文化要素を全面的に洋風に依存するのも問題がありそうである．現代人の好みやセンスに適合する日本らしい伝統的デザインの再構築が必要とされているように思える．

歴史的様式は価格が高くモダニズムなどシンプルな様式は低いアメリカの既存住宅

　実際にアメリカでは，住宅のデザインはどのように取り扱われているかを現地で調べてみた．既存住宅の資産価値を保つために，1920年代にアメリカ政府は現在のわが国の政府とは全く異なる考えの住宅融資制度を採用した．第1次大戦後の不況脱出のために，ルーズベルト大統領はニューディール政策を導入した．その一環として国民に持家を持たせる政策がとられ，連邦住宅局（FHA）は，民間金融機関の住宅融資に政府による信用を供与した．その条件は，融資を受ける住宅の質が高く，古くなって売買されても住宅の価格が低下しないことを求めたのである．すなわち土地を含む既存住宅の価値[30]そのものが融資金額を下回らないことを求めたのであった．そのためにFHAが付けた条件は，機能面や構造面の縛りとともに，歴史的に評価が定まった建築様式でデザインすることを求めた．これらの制度に基づいて供給された既存住宅が，実際にどのように評価されて売買されているかについて現地で調査した．

　サンフランシスコ郊外の戸建て住宅地バークレーの不動産仲介業者であるKarnay氏にヒヤリングを行った．不動産仲介業には規模・質による区別があり，氏の会社はboutique office（ブティック事務所）という良質な住宅に特化した仲介業である．アメリカでは，モダニズム様式や無様式の住宅は

---

[30] 既存住宅の価値：具体的には，既存住宅の売買価格を指す．

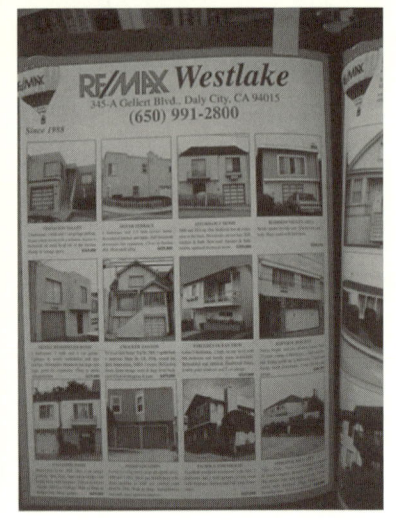

写真 4-5-3 アメリカの庶民クラスの既存住宅の売却不動産情報

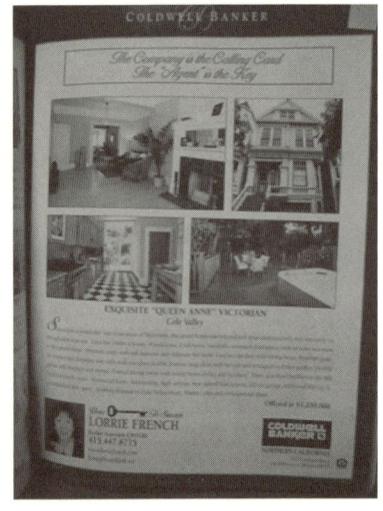

写真 4-5-4 アメリカの高級住宅の売却情報

価値が低く，歴史的様式の住宅が高い価値をもって取引されているとのことであった．すなわち一般的に建築家が好む抽象芸術のような四角や丸のシンプルなデザインのものは安く取引され，歴史的な建築様式であるビクトリアン様式やジョージアン様式などのもの，およびスパニッシュ様式などの歴史的・民俗的なスタイルのものが，一般的な市民に好まれ高値で取引される実態を聞いた．

また，住宅の価値については，住宅単体のデザインの質だけではなく，住宅地の質，街並みの質がその評価に大きく関わっていることも分かった．

地域のまちづくりに積極的に関与するアメリカの不動産業

さらに，日米では，不動産業の性格にも大きな違いがあることも明らかになった．日本では長らく不動産仲介業は千三つ屋とも呼ばれ，いかがわしい情報で金もうけをするうさんくさい職業であると見られてきた．最近でも，不動産業界は乱開発の元凶とも見られあまり快く思わない場合も多い．ところがアメリカのそれは，優れた住宅・住宅地を形作ったり守ったりするよう誘導しつつ，それを売りたい人と買いたい人を結びつける，住宅文化と住環境を育て発展させる役割を果たしていることも分かった．地域でも名士で，学校や地域コミュニティに少なからぬ寄付をするなど，文化的な側面やまちづくりにも積極的に関与していることが印象的であった．

文化情報が基本のアメリカの不動産売買の情報

既存住宅（わが国では中古住宅）の不動産の取引情報についても，彼我に

大きな違いがあることがわかった．わが国の不動産の売買情報は，駅からの距離・間取り・築年数・価格という，物理的な性能と価格条件に限られた情報が流布されるのみである．それに対してアメリカでは庶民住宅のそれほど質が良くない住宅の取引情報も必ず外部デザインの写真が目につくように載せられ，その下に部屋数などの物理的条件が記されている（写真4-5-3）．高級な住宅になると建物内外の美しい写真がちりばめられており（写真4-5-4），購入者はその写真と値段を眺めながら検討をすることになる．高級な住宅の場合には，間取りは一定以上の水準が当然にあり，デザインなどの文化的水準が購入の決定的要因になるようだ．程度の差こそあれ，庶民住宅でも高級住宅でも，文化的情報がまずあり，その部分を購入の判断の重要な基準にしていることがわかる．

　わが国の中古住宅売買では，住宅や住宅地の質が不十分なこともあり，築後10年を経過した戸建て住宅の売買価値はない．売買価格のほとんどは土地の価格で占められる．中古の住宅つき敷地を購入しても，住宅は建て替えまでの仮の宿りで，資金が貯まればスクラップ＆ビルドに走ることになる．このような状況のために，購入の際に，住宅の文化的価値が問題になることはまれであるというのがわが国の残念な現実である．

5. 市民による街並みデザインが可能になった

5-1. 景観法による市民主体の街並み景観づくり
5-2. 地権者の2/3で行政に地区計画が提案できる
5-3. 行政や専門家の役割

甍の波が美しい中国雲南省の麗江古城

5-1. 景観法による市民主体の街並み景観づくり

　デザインの具体的なあり方の問題は後で触れるとして，まずそのような美しい街並みづくりに人々や様々な組織はどのような役割を果たす必要があるか考えてみたい．

　まず，市民の役割から考える．市民は各国への旅行により，欧米の美しい住宅や街並みを体験して，そのような生活空間にあこがれを抱いている．外国旅行から帰った少なくない人々が日本の街並み景観の醜さを嘆いている．テレビでは人々のそのような好みを反映して，外国の美しい景観を紹介する番組が多く放映されている．このようなことから，市民の美しく魅力のある住宅・建築・まちづくりへの要求は高まっている．そのような市民には，どのような働きが可能なのであろうか．

市民が自分たちの住まいや街並みのあり方に積極的に関わる必要がある

　これまでは興味や意見があっても実現する手だてはないため，景観の優れた街並みづくりは多くの市民の強い関心事にはなり得なかった．しかし景観法が定められ，市民は主体的に自分たちの生活空間をデザインする条件が整った．市民のうち持家階層は空間づくりを主体的に行うことのできる財政力を有しており，自己判断で美しい住宅まちづくりの要求実現の取り組みが可能である．主体である市民が，景観地区などを活用して自分たちのまちを美しく魅力的に作り直す取り組みが展開されてよい．借家についても景観やデザインの美しさで競合物件より優位に立とうとする経営上の必要性から，家主が魅力的な借家供給に踏み出すことも充分に考えられる．

　景観法は，国土・都市の景観をコントロールする目的と手法に関する現代における可能なあり方を具体的に示している．そのめざましい特徴の1つは，地方自治体独自の，はみ出し・上乗せ条例が可能なことである．建築基準法ではこのような自治体独自の法（条例）制定を禁じているが，景観法は自治体独自の取り組みを奨励している．この法により，地方自治体と住民は，独

自の景観・空間コントロールが可能になった．

　上乗せ・はみ出し条例の制定可能化とあわせ，もう1つの重要な特徴は，住民の意向が反映しやすい性格を持たせたことである．具体的な方策として「景観地区」が導入された．景観地区とは，市町村が「都市計画区域又は準都市計画区域内の土地の区域については，市街地の良好な景観の形成を図るため，都市計画に，景観地区を定めることができる（法61条）」とする制度である．具体的には次のものを定めることができる．

1. 建築物の形態意匠の制限
2. 建築物の高さの最高限度又は最低限度
3. 壁面の位置の制限
4. 建築物の敷地面積の最低限度

建築物の形態意匠の制限」は必ず定めなくてはならず，2～4は選択的に定めることができる．

　景観法の制定に積極的に関わった大学教授A氏から，この法づくりの過程における環境保全の意図を聞いた．現在の都市計画法・建築基準法の建設促進の性格を前提に，それらからは独立したコントロール権限を持つ，パラレルな法としてつくられたのであった．それにより適切に規制を強めて乱開発を排し，さらに美しい景観や質の高い住環境の形成までをも意図したものであることがわかった．では住民はどのようにこの法を用いればよいのであろうか．

5-2. 地権者の2/3で行政に地区計画が提案できる

景観法に基づき住民提案で景観地区を定めることができる

　景観地区導入の進め方を簡単に記す．ビジュアルには図5-2-1をご覧いただきたい．都市計画法8条1項6号に景観法に基づく景観地区の定めがある．この景観地区を地区計画として定める上での住民からの提案の規定が都市計画法21条の2（都市計画の決定等の提案）に記されている．ここに記され

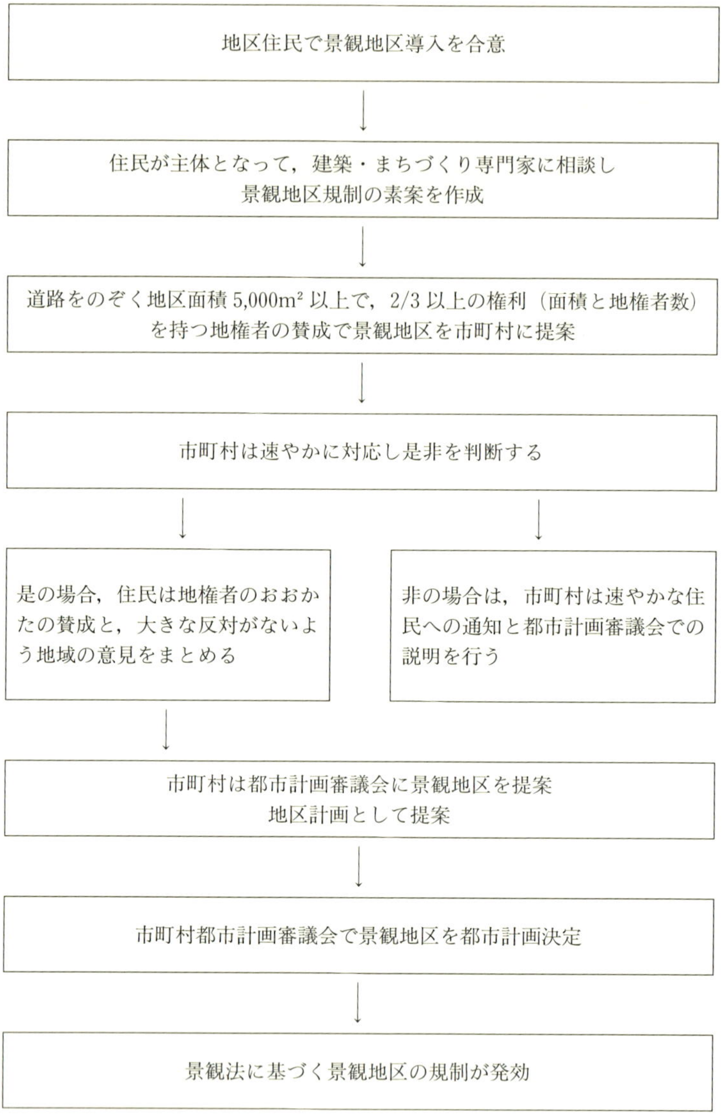

```
┌─────────────────────────────────┐
│   地区住民で景観地区導入を合意      │
└─────────────────────────────────┘
              ↓
┌─────────────────────────────────────────┐
│ 住民が主体となって，建築・まちづくり専門家に相談し │
│         景観地区規制の素案を作成              │
└─────────────────────────────────────────┘
              ↓
┌─────────────────────────────────────────────┐
│ 道路をのぞく地区面積5,000m²以上で，2/3以上の権利（面積と地権者数） │
│     を持つ地権者の賛成で景観地区を市町村に提案          │
└─────────────────────────────────────────────┘
              ↓
┌─────────────────────────────────┐
│   市町村は速やかに対応し是非を判断する    │
└─────────────────────────────────┘
         ↓                    ↓
┌──────────────────┐  ┌──────────────────┐
│ 是の場合，住民は地権者のおおか │  │ 非の場合は，市町村は速やかな住 │
│ たの賛成と，大きな反対がないよ │  │ 民への通知と都市計画審議会での │
│ う地域の意見をまとめる       │  │ 説明を行う              │
└──────────────────┘  └──────────────────┘
         ↓
┌─────────────────────────────────┐
│  市町村は都市計画審議会に景観地区を提案   │
│        地区計画として提案             │
└─────────────────────────────────┘
              ↓
┌─────────────────────────────────────┐
│ 市町村都市計画審議会で景観地区を都市計画決定    │
└─────────────────────────────────────┘
              ↓
┌─────────────────────────────────┐
│   景観法に基づく景観地区の規制が発効     │
└─────────────────────────────────┘
```

図 5-2-1　景観地区導入の進め方

ていることは、「当該計画提案に係る都市計画の素案の対象となる土地の区域内の土地所有者等の3分の2以上の同意（同意した者が所有するその区域内の土地の地積と同意した者が有する借地権の目的となっているその区域内の土地の地積の合計が、その区域内の土地の総地積と借地権の目的となっている土地の総地積との合計の3分の2以上となる場合に限る．）を得ていること」を条件に「都市計画区域又は準都市計画区域のうち、一体として整備し、開発し、又は保全すべき土地の区域としてふさわしい政令で定める規模以上の一団の土地の区域について、当該土地の所有権又は建物の所有を目的とする対抗要件を備えた地上権若しくは借地権を有する者は、1人で、又は数人共同して、都道府県又は市町村に対し、都市計画の決定又は変更をすることを提案することができる．この場合においては、当該提案に係る都市計画の素案を添えなければならない」とされる．

簡単に解説すれば、政令で定められた規模以上の土地の地権者の地権者数の2/3、および敷地面積の2/3を超える同意で、行政に都市計画（地区計画）の素案を添えて提案することができるということである．

地権者全体から強い反対が出ないよう合意を取り付ける

ただ地区計画は地権者の2/3で提案できるが、そのまま実現できるわけではない．それを実現するためには、通常は該当地区の地権者から強い反対がないことが必要とされる．一般的に地区計画の都市計画決定のためには、地権者総数の大多数の賛成があり、声高の反対がないことが条件となっているようだ．

自治体の条例の規定により向こう三軒両隣で街並み景観コントロールが可能

これまでの地区計画は通常、自治会単位か、小さくても幅広い街路に囲まれたスーパーブロックが最小単位で、数ヘクタールの敷地規模が必要とされた．しかし今回の法改正で、合意が取りやすい小さい規模でも地区計画の都市計画決定が可能になった．景観地区（地区計画）が定められる区域の規模は、法定は0.5ha以上（道路面積は除く）であるが、自治体の条例制定で0.1haまで引き下げることができる（都市計画法施行令15条の2）とされて

いる．

　法定の0.5haでも，これまでに較べ地域が格段に狭くなり，地権者の合意は取りやすいであろう．しかしさらに小規模になれば，さらに合意は取りやすくなり，景観地区が広く定められる可能性がある．実際0.1haとなれば向こう三軒両隣程度の1つの通りの規模となる．視覚的に把握できる街並み景観形成の最低規模であり，多分これからの魅力的な街並み景観形成を進めていく上での基礎単位となるのではないかと思う．これまでは想像もできなかった向こう三軒両隣程度の通りの単位で，建物の形態・高さ・敷地面積などで住民の意思で規制が可能になるのである．

5-3. 行政や専門家の役割

行政の役割

　行政は市民の要求に応え，美しい街並みや質の高い住環境づくりを促進する役割を果たさねばならない．かつて地方自治体は，放埓な開発から自治体財政を守るため，そして質の高い住環境を守り形成するため，開発指導要綱によるコントロールを試みた．しかし旧建設省の要綱撤廃圧力と，法定の制度でないため開発業者の違法申し立ての裁判で敗訴が相次ぎ，要綱行政を継続することはできなくなった．建築基準法は，はみ出し上乗せ条例を禁止しているため，この法に基づく自治体独自のコントロールはできないシステムになっていた．

　その後，金融資本や不動産資本などの要請に基づき，国土交通省は建築基準法の規制緩和を続けざまに行った．また既存の都市計画に関係なく超高層マンションなどが建設可能となる超乱開発法ともいうべき「都市再生法」も定められた．その結果，低層住宅街に中高層や超高層のマンションやビルが侵入するという，市街地景観の大きな混乱や住宅地の環境の悪化が進んだ．

　このような街並みや環境の改善を目的に，2004年に景観法は制定された．この法は，日本中の普通の街並み景観の改善を目的にしている．建築基準法

がはみ出し上乗せ条例を禁じているのに対し，景観法は前述のようにはみ出し上乗せ条例が自由に行えるよう規定されている．地方自治体は，景観法を根拠法に建築や開発に独自の厳しい規制をかけることが可能になった．この景観法の方向性を活用し，地方自治体は独自の都市空間や住宅地の環境・景観，建築や住宅のデザインコントロールを行う必要がある．

　サステイナブルな住宅・まちづくりを実現するために行政が進めなければならない具体的施策は，基礎自治体として，都市全体をどのように形づくるのか，問題点を改善しつつ市民が安全に幸せに暮らせるまちの空間的なあり方を提示する責任がある．そしてその計画に基づき，景観法に基づく景観計画や自治体独自の規制を含んだ条例をもとに，優れた街並み景観づくりなどの計画の実体化を図る必要がある．

　最も効果が大きい施策として，前に述べた市民・住民による景観地区の地区計画決定を促進する手助けを自治体が積極的に行う必要がある．地区計画をつくるためのコンサルタントや，街並みデザインを担当する建築家の派遣費用を支援することなどが考えられる．

建築まちづくりの専門家の役割

　行政担当者が全ての景観地区づくりに専門家として関わることは望ましい．しかし行政内部には人事異動があり専門性を高めにくい．また多くの地区で景観地区を求める運動が起こった場合，行政の担当者だけで専門的な支援を行うことは困難である．

　そのような事態に，高い専門性を持って対応するためには，民間のまちづくりの専門家や建築家などの協力は必要不可欠である．現在，景観地区導入の問題に限らず，市民・住民による様々なまちづくり運動が展開されており，このようなまちづくり・建築専門家が協力している場面は多い．住民のみでいろいろな制度や法律にからんだまちづくりを進めるのは難しく，このような専門家の協力が欠かせない．

　ただし，住民が自力でこのような専門家の費用を捻出するのは困難である．そのため，行政が専門家派遣の費用を負担する制度が，多くの自治体でつくられ活用されている．

まちづくり・建築専門家は，景観地区導入の支援のため，次のような作業を行うことになる．

1. 景観地区導入の合意形成のもととなる規制素案を住民の意向に基づき，住民とともにまとめる．
2. 行政に対する地区計画素案提案のため，地区の地権者（所有権者，借地権者など）の2/3以上の合意を取り付ける実務を行う．
3. 2/3の賛成が集まれば，住民とともに行政に素案を提案し，景観地区導入へ向けて積極的に働きかける．
4. 行政が是と判断した場合，全地権者を対象にアンケート調査などを行い強い反対がないよう意見をとりまとめる．通常は7割程度の賛意を集めるのが精一杯かもしれない．この賛意をもとに住民とともに行政に対して都市計画審議会での提案・決定を強く働きかける．
5. 景観地区の都市計画決定がなされれば一段落で，専門家としての役割をとりあえずは果たしたことになる．
6. その後の景観地区などに基づく住民主体のまちづくりに専門家として協力する．

以上のような地区住民の意見をとりまとめるなどの実務家の役割とともに，建築家・建築専門家は，美しい街並みを形成しうる魅力的な住宅や建築の計画やデザインをつくり出しそれを実現する文化的・技術的な責任を負う．市民が好み求めるデザインを追求し，現代に適合した計画・デザインを生み出し，それをもとに住民の合意を形成し，長く愛される街並みに結実させる努力と実践が必要である．

京都市における先進的な景観行政の事例

新しい景観行政の先進的な事例として2007年の京都市の景観条例制定と景観地区の都市計画決定の取り組みがある．それまでは貴重な歴史的環境が効率第一のビル建築建設促進施策で破壊されてきた歴史を持つ．それに対し，計画的なまちづくりと美しい街並み景観の保存を求める市民の運動が継続されてきた．

しかし事ここにいたって，これ以上の無計画な都市空間の乱開発と京都ら

しい街並み景観の破壊の阻止・改善が，財界も含めた全市民的な世論となった．そして市内全域に厳しい景観コントロールを行うことが市議会全会一致で定められた．その主な内容は以下のとおりである．

図 5-3-1　建築デザインコントロールイメージ図

図 5-3-2　中心市街地の街路イメージ図

1. 市域の全域にわたる建物高さ制限の強化がなされた．京都の都心の河原町通・御池通・堀川通・五条通で囲まれる田の字地区と呼ばれる地域の建物の高さ制限が 31m であったものを 15m，幹線道路沿道地区で建物の高さ制限 45m であったものを 31m とした．
2. この地区を中心に和風の様式を基調とする具体的なデザインコントロールを行った．この内容については詳しい内容がスケッチも示されて定められている．このような具体的な形象を定めるため，条例制定にあたっては様々なイメージ図が京都市のホームページで提示された．その内のいくつかをご紹介したい．図 5-3-1 は中心市街地の街路に面する建築デザインコントロールの事例提案である．そして図 5-3-2 はそれらを具体的に街並みに取り入れた中心市街地の街路イメージ図である．
3. 伝統的建造物が多くはない低層高密の普通の街並みにも，美観形成地区という名称の景観地区が導入された．市内全域を対象としたうえ，地区別にデザイン基準が設けられた．
4. 眺望景観保全という考え方が導入された．重要な視点場からの眺望空間保全区域や遠景デザイン保全区域，世界遺産・名勝の周囲の 500m を

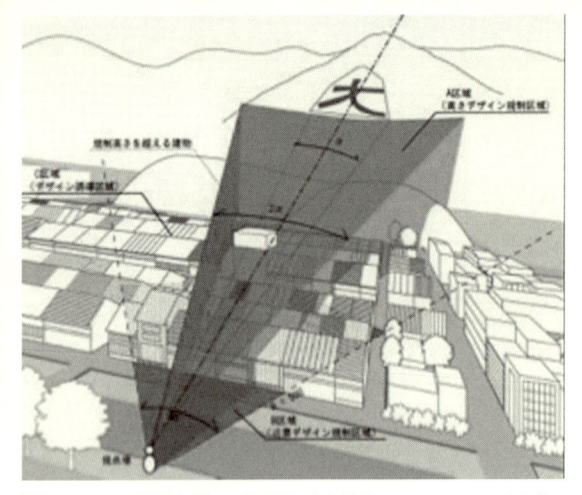

図 5-3-3 眺望景観権の説明図（京都市ホームページより）

近景デザイン保全区域とした．これは景観法には示されていない考え方であり，上乗せ条例が可能であるとする景観法の規定の具体的な活用の貴重な事例である．その具体的なイメージは市のホームページによれば図5-3-3のとおりである．

5. 街路景観に影響の大きい屋外広告物への規制が厳しくなった．具体的には掲示の高さや，色彩，形状，面積などが規制を受ける．市内全域で屋上広告や点滅照明が禁止され，また公園や史跡名勝地区などでは広告が掲示できないことになった．

この京都市の景観条例と景観地区は2007年9月から施行された．制定から施行の6カ月の間に，旧基準での駆け込み開発が進むのではないかと心配されたが，建築確認の制度変更による事務手続きの困難さにより，幸いなことにその際の乱開発は押しとどめられた．

その後に不動産業界などから規制緩和を求める声もあると聞く．しかし，市民や行政・企業の合意に基づく適切なコントロールを継続し，50～100年後に，昔の京都のような，日本人の心の故郷といって恥ずかしくない，美しい街並み景観の復活・再整備の実現を望む．

6. これからの日本的な住宅建築様式を考える

6-1. 大正モダンをモデルにした新しい様式
6-2. 新しい和風の様式の検討
6-3. 輸入様式であるモダニズムの人間化の問題
6-4. ポピュリズム批判と西洋風デザイン支持批判の問題
6-5. 美しい住宅デザインの普及に必要なこと
6-6. これからの住宅づくりは登録文化財を目標に

端正なデザインのスリランカ・コロンボのアジアモダン住宅

6-1. 大正モダンをモデルにした新しい様式

　これまで前節で見てきた内容を元に，これからのわが国における美しい街並みを形成しうる住宅デザインのあり方を展望してみたい．

　モダニズム建築はそれまでの歴史的様式を否定してつくられた．そして世界的に普及して50年以上が経過している．しかしこれまで縷々述べているように，一般の市民の支持するところとはなっていない．何故そのようなことになったのかということについての簡単な答えは，人々が，歴史・文化の積み重ねから逸脱した人間性に乏しいデザインや文化に，アイデンティティを感じないという点につきるであろう．

　文化的存在としての人間は，新人（クロマニヨン）になってからの5万年をかけて歴史の積み重ねの中で形成されてきた．そのため過去の歴史や文化からの唐突な分離・疎隔は人間性そのものの否定にもつながりかねないという違和感を感じるのであろう．このようなことを考えると，新しい建築様式は，歴史性や民俗性を尊重した文化性豊かな方向で検討されなければならないと考えられる．

　以下に想定される問題点と課題についてやや詳しく述べる．

直ちに景観デザインコントロールを行えば100年後にそれなりに整った街並みづくりが展望できる

　まずモデルとして，ヨーロッパやアメリカ，およびわが国の，歴史的な住宅地のように整った美しい街並みを考える．そこには美しい歴史的な様式の住宅や建築が秩序を保ちながら建ち並び，住民はその街並みや住宅に誇りと愛着を持って暮らしている．かつては日本の街並みも歴史的様式の住宅が並び立つ美しい街並みであった．今も少数ではあるが，全国各地にそのような美しい街並みが残されている．

　現在では，モダニズム様式や質の低い疑似歴史的様式の住宅・建築で埋め尽くされている日本の街を，誰もが大切に思い長く住み続けたいと思う整っ

た街並みに再整備したいと考えるのは不自然なことではないだろう．現在の日本の街の混乱ぶりを考えると，その実現性に疑問を感じる人は少なくないと思うが，50～100年の長期的な視点で考えれば実現の可能性は充分にあるように思う．様々なデータによれば，わが国の多くの都市の住宅や建築は30～50年の周期で建て替えられる．100年間の期間で考えれば，すべての住宅や建築は数回建て替えられることになる．すなわち現在直ちに，前節に示した景観法やそれに基づく景観条例・景観地区で京都市のように住宅や建築の建築計画やデザインに適切なコントロールを行えば，50～100年後にはそれなりに質の高い整った住環境や街並み景観が実現できる可能性は高い．

欧米の歴史的街並みのように意図的に景観づくりを行う

第2次大戦後，わが国の都市は過去の伝統的な様式を否定するモダニズム様式の建築で形成されてきた．モダニズム建築理論は，予定調和的な考えがベースにあったと思われるが，機能のみを優先し，美しくまちづくりを行うことを意図しないと宣言している．実際にわが国の建築設計者の手になるモダニズム様式によるほとんどの建築は，敷地単位のみで計画やデザインが検討され，既存の街並みとの調和や街並みを美しく形成することなどは考慮の外であった．そのため，何度も述べているように，景観が意識されず，混乱した醜い街並みが自ずとつくられたのである．近代以降のモダニズム建築による市民が支持する美しい街並み景観は，筆者の見る限りないに等しい．

そもそも，多くの美しい街並み景観は機能的に住宅を建てれば自ずと美しく建設できるという予定調和的な考え方で実現されてきたのではない．先にも述べたとおりほとんどの場合，ヨーロッパやアメリカの，さらには日本の，美しい歴史的街並みは，伝統的な美しいデザインや工法を用いて，意図的に美しい街並みの形成をめざして建設されたものである．あるいは工法や材料の時代的・地域的・法的制約により，整った街並みが自ずとつくられたのである．

このようなつくり方をモデルに考えると，工法や材料に制限の少ない現代の新たな住宅デザインや工法とそれによる街並み形成は，伝統的な質の高いものをベースに意図的に創造される必要があることになる．

では今後，どのような住宅建築様式をもって，美しい街並み景観を考えればよいのであろうか．

和風の伝統のあるところでは日本の歴史的様式を，その他の地区では洋風の歴史的様式を含め住民の好みで考える

わが国の住宅デザインの新たなあり方を考える場合，京都など伝統的な和風の建築様式の住宅が横溢しているところでは伝統的な様式が採用されることになるであろう．その他のモデルとなる建築様式が明確には存在していない大部分の地域では，基本的には住民が建築デザインと街並みを決定するという観点でが検討がなされなければならない．

関西における住宅の建築様式の好みの調査からは，都市部の少なくない部分では洋風民家のデザインが好まれていると考えられる．そのため，日本らしさを持った洋風民家のデザインのあり方，あるいは洋風の要素を持った日本型のデザインが探られることになろう．

また，工法的にはコストや技術力の面から工業化工法による建材を主たる材料として用いざるを得ない．そのためモダニズムデザインのシンプルな造形の仕上げやディテールを相当に取り入れざるを得ない．その意味では，和風と洋風およびモダニズムが混淆したデザインや工法が基本となり，和風の要素が大きいもの，洋風の要素が大きいもの，あるいはモダニズムの要素が大きいもの，などの新しいデザインが探求されることになるのであろう．

そのような普通の地区における探究のわが国の最近の事例として，マークスプリングス・カーサ[1]などアメリカの建築様式を忠実に取り入れた美しい住宅・住宅地がある．一目見てアメリカの住宅地と見まがうばかりで，ビクトリアン様式やミッション様式の住宅が建ち並ぶ街並みは整然として美しい．そして居住者や住宅を求める人には非常に人気が高い．

ただしこれは洋風文化をアイデンティティとして持つ横浜郊外に立地しているので問題が少なく成立していると考えられる．そのような伝統の希薄な他の地域で，これほどまでの忠実なコピーが多くの人に受け入れられるかは疑問である．

---

1) マークスプリングス・カーサ：本書7-4に詳述．

大正モダン様式は洋風歴史的デザインにつながる高い達成

　市民に受け入れられやすい類似の事例を時代を少しさかのぼって探ってみると，大正期から昭和初期に洋風民家などの様式を日本化した取り組みが見られる．それがいわゆる大正モダンと呼ばれる建築デザイン[2]である．大正モダンの住宅や建築設計には，武田吾一，藤井厚二，西村伊作やアメリカから帰化したウイリアム・メレル・ヴォーリスら当時の一流の建築家が関わった．

　当時はわが国において，学生や若手の建築家を中心に，新たなモダニズム建築デザインを支持する声が広まりつつあった．しかし経験の豊かな建築家は，モダニズムデザインをストレートには受け入れていなかった．そして洋風の折衷様式のデザインをそのまま取り入れるのではなく，プレモダン様式の，アーツ・アンド・クラフツの様式やウィーンのゼセッションの様式，アール・ヌーボー，アール・デコなどの様式を参照して，日本化したのである．

　それ以前の洋風建築を模した折衷様式の建築デザインは，ルネッサンスイタリアを発祥とする洋風の複雑な装飾で飾られ，手作りの生産に全面的に依存するものであった．明治時代に欧米からデザインが輸入された近代洋風建築は多くがそのようなもので，先進の欧米諸国に負けないよう，そのデザインが丁寧にコピーされてつくられたものであった．時間の経過とともに，単なるコピーだけではなく，日本らしいデザインも付加され，洋風近代建築であってもわが国の独自性のあるものがつくられるようになった．このような明治時代の折衷様式の建築デザインに続くのが，大正モダン建築デザインである．

　大正モダンデザインの住宅や建築は当時のトップクラスの建築家が設計しただけあって，味のある美しい洋風のデザインが魅力的である．これらのデザインは，モダニズム建築デザインのように，一般の市民に理解されず受け入れられにくいものではなく，多数の人々に支持され，大切に思われているデザインである．現在，少なからぬこれらの住宅や建築は，所有者や市民の支持で登録文化財に指定されている．また各地で，これらの建築の取り壊しに対して，市民的な反対運動が取り組まれている．このようなことを見ても，

　2）　大正モダンと呼ばれる建築デザイン．本書7-8，204-221頁．

大正モダン様式の建築デザインが多くの市民の支持を得ていることがわかる.

このデザインは，モダニズム建築デザイン以前では，外国から取り入れられた建築の様式としては，当時の最新のものであった．そしてこの期の住宅・建築の様式は，洋風の様式を日本化した市民の住宅としては歴史的に眺めても達成度が高い．そして，装飾が簡略化されたため建設費が安く工期も短くすることができた．このためある程度の資金負担能力のある中産階級の住宅に適したデザインであり工法であった．しかし，日本民族主義の伸張や戦争の進行により，和洋折衷住宅の発展は押しとどめられた．

そして第2次大戦敗戦後は，建築デザインの分野ではアメリカから導入されたモダニズム一色となった．建築家はこぞって住宅や建築をモダニズム様式で建てようとし，建築研究者もモダニズム賛美を行った．そのため戦前のこれらの洋風様式の日本化の取り組みは捨て去られた．

しかし，今後このような大正モダンデザインを新しい日本らしい洋風デザインのプロトタイプとして再度取り上げることには可能性があるように思われる．上述のように市民的保存運動の対象になることが少なからずあることや，様々なメディアに好意的に取り上げられることが多い状況などを考えると，市民的に強い支持を得て発展し，広く普及することが期待できる．そして既存住宅であっても少なくはない購入費を負担してでも入手してそこに住みたいと思われる魅力を長期に保持し，多くの人々に支持され世代が変わっても住み続けられる可能性があると思われるからである．

6-2. 新しい和風の様式の検討

関西の大都市部では，洋風の歴史的な建築様式が好まれたが，わが国全体の傾向であるとは必ずしも言い切れない．調査旅行などに出て全国の街並みを車窓から眺めると，新しい住宅は概して洋風まがいのものが多いような印象を受けるので，関西の傾向に近いのかとも思う．しかしわが国の伝統的な建築デザインの街並みがあまり残っていない地域でも，過去の伝統的な建築

デザインで，住宅や街並みをつくりたいという志向があるかもしれない．そのような地域での新しい日本的な建築デザインの方向性を考えてみたい．

わが国の伝統的様式は古くささの払拭と間取りや工法の現代化が必要

まずデザインに大きな影響がある平面計画や技術から考えてみる．田園地帯の伝統的な住宅の間取りは，客間としての座敷が家の最も好条件の場所をしめ，日常生活の場である茶の間の生活条件が最も悪いなど，封建的な家族関係を反映したもので，現代的な生活の器としては使いにくい．わが国の伝統的な住宅は，起居様式もタタミや板の間での床座の生活を前提としたもので，現在主流の椅子座の生活から見れば使いにくいものである．床座と椅子座の問題は，単に生活スタイルの違いというものではなく，高齢化社会を迎える中で，床座の生活スタイルが高齢者には困難であるという問題もあり，椅子座の生活が可能な間取りへと転換させることが重要な課題になっているということでもある．

間取りについて更に付言すれば，最近の建て売り住宅の様子を見ると，和室の予備室はあるが床の間が消えていく傾向にある．住宅に何らかのディスプレイスペースが必要であるとすれば，リビングにそのようなしつらえが必要になる．欧米におけるリビングや接客空間のディスプレイのしつらえは暖炉である．暖炉そのものが美しくつくられるとともにその周りに様々なものが展示できる空間となっている．暖炉は1つのモデルであるが，これからのわが国の住宅もそのようなしつらえを新しくつくり出していく必要があろう．

また，伝統的な工法が，自動的に畳や板の間の床の段差を生み出すもので，バリアフリーの条件である段差のない床の実現にも障害になっている．その他にも，伝統的木造住宅の工法は，断熱性能や気密性能の低さから，厳冬期には非常に寒い住宅であり，そこに住まう高齢者の健康を損なう．これらの問題点の解決は，技術を知っていれば比較的簡単なことである．それらを克服する技術の普及が課題となる．

外観のデザインについては，3寸5分から4寸勾配の黒瓦の軒の出の深い屋根，土壁または漆喰壁の外壁，木製の格子が入った引き違いの窓，などがその基本的な構成になろう．関西の調査[3)]では，和風を嫌う理由として「古

写真 6-2-1 奥の中庭から見る魅力的なカフェの屋根と窓の構成

写真 6-2-2 水盤が美しいカフェエントランスの中庭

くさい」という理由を挙げている傾向が若い人を中心に多かった．屋根や壁などの基本構成をふまえながら，「古くさい」ではなく，「歴史的な魅力」を備えた「将来につながる」デザインの創出が求められる．

東南アジアのトロピカルモダンも新しい和風のモデルに

そのようなデザインづくりの1つのモデルとして，東南アジアで近年展開されているリゾート建築のデザインを紹介したい．東南アジアに移住した西洋人がモダン様式をアジア化する試みを行っている事例である．トロピカルモダンともいわれている．東南アジアモンスーン地域にあり，わが国の伝統的な建築と同じように黒い瓦を葺いた軒が深いデザインで，同じように木材資源が豊富なことから木造の工法やデザインが基本となっている．そのような工法・デザインの基本の上に，欧米人などの建築家達がモダニズムのプロポーションや工法・デザインを取り入れ，東南アジアの伝統の上に新しいデザインや平面計画を創り出している．アジア的雰囲気に満ち，民俗的雰囲気がなじみやすさを醸し出している．にもかかわらずモダンの洒落た雰囲気もあり，現代の日本の若者にも受け入れられる質を持っているように感じられる．モダンな味を持つ和風の様式を考える上で興味ある事例であると思う．

そのようなデザインを深めた建築家として，南アジアのリゾート建築設計の嚆矢となったスリランカのジェフリー・バワや高級リゾートチェーンのア

---

3) 4-2．関西において好まれる住宅デザイン．

マンのホテル設計を数多く手がけているエドワード・タットルなどが挙げられる．いずれもモダニズムを学んだ建築家であるにもかかわらず，無機的な現代モダニズムデザインを採らず，地域の伝統的なデザインを現代的に発展させた，極めて魅力的な建築空間をつくり出している．新しい「和風」をつくり出す上で，大きなヒントを，これらの建築家の作品が与えてくれるように思う．

写真6-2-3　地域性をデザインしたアマンジオ南景観

写真6-2-1，6-2-2はバワによるスリランカの港湾都市コロンボの市街地に建つパラダイスロードのカフェである．窓と屋根の構成は和風を思わせるが，

写真6-2-4　ヴィラ内部のスッキリと快い空間

そのプロポーションは清新である（写真6-2-1）．また中庭にはギリシャのエンタシスを思わせる木製の列柱が，魅力的な水盤とともに美しい（写真6-2-2）．

写真6-2-3，6-2-4は，タットルの手になるインドネシアの古都ジョクジャカルタ郊外に建つリゾートホテル「アマンジオ」である．写真6-2-3の手前の小振りの建物は滞在用のヴィラとその東屋，奥のストゥーパ[4]を模した大きい建物はレストラン・ロビー棟である．明快なプランニングはモダニズムのそれであるが，デザインや空間は東南アジアの魅力を濃密に伝える．写真6-2-4はヴィラ内部．ベッドを囲む伝統的な四本柱のまわりを透明なモダンな空間が包んでいる．

4）　ストゥーパ（卒塔婆）：ストゥーパはサンスクリット語．まんじゅう上に盛られた仏舎利が納められている墓を指す．日本では三重塔，五重塔，多宝塔になっている．

どのような手法を探るにしても，これまでの数寄屋・町屋や農家の建築様式だけでは，洋風の支持が高くモダンへの嗜好も増加しつつある現代の日本人の好みには答えられないと考えられる．アジアモダンなどの成果も取り入れ，洋風やモダンのデザインイメージと何らかの混合をした新しい日本型のデザインイメージ・建築様式の創出が，日本的なアプローチの側からも必要とされよう．

6-3. 輸入様式であるモダニズムの人間化の課題

人々の忌避感は強いが現代の基本的技術であるモダニズムデザイン

度々述べているように様式調査によれば，抽象的にすぎるモダニズム様式に対する人々の忌避感は相当に強い．安藤忠雄の造形のモデルであるルイス・カーンのデザインや，抽象的な丸や四角の造形，ミース様式のガラスのカーテンウォールなどは「なじみにくい」，「形が斬新すぎる」，「風格がない」，「地域性にあっていない」，「醜い」などの理由で嫌われる（図4-2-10）ことがわかった．建築におけるモダニズムの造形がわが国で一般化して50年以上が過ぎている．にもかかわらず，一般の人々にはモダニズムの造形はなじみのあるアイデンティティのあるもの，美しいものとは受け取られていない．

一方，住宅であっても建設工法的にはモダニズム・現代建築のシステムに依存せざるを得ない現在の状況がある．コスト面・生産性から，部品・資材の性能面から，工業化されたモダニズムの技術を使わざるを得ない．そしてシンプルさを魅力とするモダニズム様式のそれなりの影響の広がりなどもあり，モダニズムの造形を部分的にしろ取り入れることは当たり前となっている．

モダニズムデザインの人間化の方向性

このようにモダニズム・現代建築のシステムは現在の基本的な工法・技術

となっているが，デザイン的な達成は一般の人々が十分に納得して受け入れるところとなっていない．この矛盾を解決するには，そのデザインの人間化や愛着の持てる文化情報の付加が課題となる．その方向性は以下のように考えられる．

1. モダニズムの生産性・性能面などの利点は活用する．
2. モダニズムのシンプルな美しさも取り入れる．
3. モダニズムの工法・造形に歴史主義・民俗主義の豊かな文化情報を付加してデザインする．
4. 一般の市民の好みを重視しつつ形づくる．

モダニズムも欧米から輸入の建築様式，日本化・人間化が必要

　何度も述べているとおり，建築専門家ではモダニズムの様式を唯一無二の現代の建築デザインとして信奉している人が多い．洋風住宅の様式は外国のデザインで日本に導入するのは似非デザイン的でふさわしくないとの意見をよく聞く．しかしそれらの人が正しいと信じているモダニズム様式も，実は欧米からの輸入の様式である．モダニズムは19世紀末からヨーロッパで用意され，20世紀初頭にフランス・ドイツなどで具体化・定式化されたが，大きくは広がらなかった．戦前にわが国でも紹介されていたが同様に普及しなかった．そして第2次大戦後にアメリカで花ひらき，占領国アメリカから最新の文化であり様式であるとしてわが国に布教ともいう形で普及された[5]．現在のところ，モダニズムがわが国固有の建築様式であるかのように信奉している専門家は多い．数寄屋建築の抽象的な造形にモダニズムデザインに通じるものがあり，そのような信奉のもとになっているのかもしれない．しかし本来，その2つは全く別のものであり，モダニズム様式は欧米からの輸入の様式であることは，明確に認識しておく必要があろう．

　伝統的な洋風の様式を輸入のものとして否定するとなると，同じようにモダニズム様式も輸入の様式として否定せざるを得ないことになる．残るのは伝統的な和風デザインのみになるが，このデザインも純粋に日本製のものではなく，歴史的に考えれば，アジア大陸から導入されたデザインが時間をか

---
[5] 「西山夘三によるモダニズム建築様式批判」，56頁．

けて日本化したものである．輸入された様式を全否定すると，私たちの手元に残るのは竪穴住居ぐらいしか残らないが，これではわが国の現代住宅をつくるのは不適切である．伝統的な和風が中国建築などの様式を模倣し日本化してつくられ，ジョージアンやビクトリアンの様式がイタリア建築の様式をイギリス化してつくられた．このように，わが国のこれからの新しい住宅建築の様式は，グローバル経済・文化の時代に相応しく，人々の好みに適合した世界中の優れたデザインや工法を，わが国の歴史や文化に適合させる形で導入・改良していくしか方法はない．モダニズム様式も最新の輸入の様式の1つとして，人々の好みに合わせて日本化していく過程を経ることが求められている．そして現在の相当に質の低い大衆化されたモダニズム建築[6]のデザインを抜本的に改善・高水準化していく必要がある．

　現在日本の建築界で最先端の流行りのスタイルとして喧伝されているものは，多くの場合，日本的な特徴を尊重するよりも，国内・国際的なデザイン競争で優位性を獲得することが目標とされている．例えば安藤忠雄のコンクリート打ち放しのマッシブかつ繊細な造形や，妹島和世の抽象的で軽々とした造形は，世界のどの都市に置いても変わりがないような，「国際的」な無国籍なデザインである．専門家の目から見れば美しいが，日本の地域で生活している市民にとっては，地域性とは縁遠い，難解で暮らしにくい造形でしかない．このようなデザインではなく，普通の人々に難なく理解でき愛着が持てる「市民化・日本化」をとげ，デザイン的にも高い質を獲得することが，これからのモダニズムの住宅デザインの最も重要な課題であると思う．

6-4. ポピュリズム批判と西洋風デザイン支持批判の問題

市民意向の尊重はポピュリズムか

　これからの建築デザインのあり方について議論をすると，わが国の建築専門家や建築系の学生は，建築専門家によりつくられた建築デザインが正しい

6）　大衆化されたモダニズム建築，77頁．

ものであるとし，一般の市民が好むデザインはレベルが低く趣味が悪いと考えている場合がほとんどである．市民が好むデザインを大切にして形づくることはポピュリズム（大衆迎合主義）であると批判されることが少なからずある．

インターネット上[7]で，東京大学の藤森照信[8]の最近の出版活動や創作活動に対して，ポピュリズムであるとの主旨の若手建築家達による批判が掲示されている．「藤森照信に興味がない．あんなものを載せる雑誌が悪い．まじめにやろうとしている若い建築家と，なんとなーく

写真 6-4-1　鳥の巣のような一本松ハウス

はやりに乗せられてしまった建築家との区別を見えにくくしてしまったから」との主旨の意見である．藤森の創るものはいわゆるモダニズム建築ではなく，民俗的な独自のデザインで，最近注目されている．屋根に上にタンポポやニラを植えたり木の上に「一本松ハウス」（写真 6-4-1）をつくったりなどしながら普通の人々にとって懐かしさを感じさせる建築デザインを追求・展開している．この藤森の，モダニズムデザインではなく市民にわかりやすい造形を指して，件の若手建築家たちは大衆迎合的であると批判している．彼らの意見を深読みすると，本来建築デザインはもっと高踏な芸術であるのに，藤森の最近の活動は建築デザインの正しいあり方を踏み外した大衆受けするデザインの見せびらかしに堕しているのではないかということになるのであろう．

筆者の経験でも，関西の住宅様式調査[9]の結果に対し少なからぬ建築関係者の間で「人々の住宅デザインの好みを重視するデザインのあり方はポピュ

---

7) http://science6.2ch.net/test/read.cgi/doboku/1034348334/52n-.
8) 藤森照信：建築史家，建築家．東京大学生産技術研究所教授．タンポポハウス，ニラハウス，一本松ハウス（写真 6-4-1）など一般市民に理解しやすいハンドメイドの住宅や建築をつくっている．
9) 4-2．関西において好まれる住宅デザイン．

リズムである」という主旨の批判がなされている．あわせて，市民の西洋風の建築デザインの嗜好をあやまったものであるとし，建築関係者がそれを容認することへの疑問を示している．

　それらの意見に対し，他の分野でのそのような問題の扱いを援用して，建築デザインにおいて，使う人々や眺める人々の好みを大切に思うことがポピュリズム・衆愚主義として批判されるべきことであるのかを検討したい．また西洋風の文化的質やデザインなどがどのように評価され扱われているかという点についても，分析を行ってみたい．

衣食の分野では基本的にポピュリズム批判は存在しない

　まず衣食住という人々の生活文化の問題から考えてみたい．衣についていえば，人々は制服などでないかぎり，基本的には自分の好みで着るものを選択する．またデザインとあわせ断熱性や通気性・吸湿性・耐久性などの物理的な性能や，価格など経済的な問題も考慮に入れて着るものを選択する．ただしそれらの物理的性能や価格の問題は，当然に備えているべき質であり，衣服の選択は基本的にはそのデザインが着る人の気にいるかどうかで決定されると言ってよいだろう．デザイナーは様々な斬新なデザインを創作し服飾産業はその販売を試みる．しかし人々は有名なデザイナーによるものであっても必ずしもそれを鵜呑みにするのではなく，自分の目やセンスで自分が気に入ったものを選択するのが普通である．衣服のデザインが人々に好まれ販売成績の向上を目的に作られることについて，それをポピュリズムとして非難する批判者は基本的には存在しない．

　またそのデザイン的傾向は，概ね西洋化しているといえる．西洋の衣服の合理性と西洋の生活文化の政策的・商業的導入などによる生活意識そのものの広範な西洋化がその原因であろう．どちらにしても，衣の分野では西洋化は概ね完了していると言えるであろう．明治時代であれば，洋装を奇異なものとして見，和風の着物を擁護する意見は多かったであろうが，現代では洋装を非難する人はいない．

食も食べる人の好みが第一

　食ではどうだろうか．建物や衣服の美が文化的質の高さを示すとすれば，食における文化的質は，美味しさ・食事の精神的な満足度であると言えるだろう．物理的な質としては栄養の高さや食中毒にならない安全性などがあげられる．この物理的質についても，当然に備えているべきものであり，通常，価格的に問題がないかぎり人々はその文化的質，すなわち美味しさで食を選択する．その評価はそれを食する人が行うのが通常である．美味しい店は流行り，不味い店は客が少ない，これは世のならいである．マスコミでレストランの美味しさを喧伝しても本当にそうでなければ，初期には客がふえても遠からず客足が遠のくということになる．すなわち食の分野においても，「食のおいしさを論ずるのは調理の専門家であり素人の意見を尊重する必要がない」というようなポピュリズム批判の議論は目にしたことはない．

　洋風・和風の問題でいえば，基本的には混合スタイルであるといえよう．食は衣にくらべ，より感覚的な面が大きいと考えられる．マザータンともいわれ，子どもの味覚の嗜好は3歳児頃までに概ね完成するようだ．そのため民族的・家庭的文化の伝承の影響が大きいのであろう．アジア型のグルタミン酸[10]系の味付けが基本となるため，欧米型のイノシン酸[11]系の味付けがドラスチックに日本の味を席巻するとは考えにくい．とはいっても洋食の普及は凄まじく，日常の食で日本化した洋風の食事がかなりの割合で食卓に上るのはあたりまえのことである．日本人は本場の味付けのヨーロッパなどの外国料理をレストランで堪能し，それらを日本化した洋食を自宅や大衆食堂で，好んで味わう．和風料理の専門家であっても，建築専門家が日本に新築された洋風建築を頭から非難するように，人々が洋風料理や洋食を好みのものとして食べるのは不適切であると発言することはない．

音楽など他の芸術分野でも市民の反応で評価が基本

　次に，他の芸術分野との比較でポピュリズムの問題を考えたい．分野とし

---

10) グルタミン酸：アジアで好まれる昆布だしなどの主として植物に由来するうまみ成分．
11) イノシン酸：欧米で好まれる肉系のうまみ成分．

て，音楽，演劇，絵画をとり上げる．クラシック音楽の場合，新しい曲や演奏を舞台にかけるにあたっては，聴衆の評価が最も重要である．演奏が終わって大きな拍手が来るかどうかが，その芸術的達成の最大の評価となる．評論家による評論は聴衆を多数集めるうえで効果を果たし，音楽文化の発展にも影響はある．しかし公演の成功につながる決定的な評価は多くの場合，聴衆の判断に委ねられる．

難解な現代音楽の試みもあるが，基本的には聴衆に受け入れられず，幅広い市民権の獲得には成功していない．一般の聴衆に人気があるのは，バロックや古典派，ロマン派など聞き慣れた表現スタイルを持った西洋の歴史的・伝統的な音楽およびそれを少し変化発展させたものである．そしてこのような一般の聴衆の好みを反映した音楽づくりに対し，ポピュリズムとの非難が表明されるようなことは身近には見聞していない．

またわが国の音楽の洋風化の問題については，明治期以来の洋風化政策により芸術的分野では洋風音楽が圧倒的多数の存在で和風音楽は弱小の存在となっている．サブカルチャー的な日常の音楽の場面でも，民俗的な要素を持つ演歌などは主として高齢層の好みに支えられており，若者層の支持は圧倒的にアメリカ型のロックミュージックなどに偏っている．すなわち芸術分野でも趣味的な分野でも，洋風の音楽がわが国の音楽の世界のなかでは圧倒的な主流であることがわかる．

演劇でも観客の意向が大きい

演劇でも事情は似たようなものである．幕がおりてドッと拍手がくるかどうかなど，観衆の評価の是非によってその舞台の価値が基本的に定まる．すぐには観客には支持されず時間をかけて評価が定まる場合もある．専門家の評論などにより観衆に支持が広がることもある．しかし経営的な問題からも，基本は市民的観衆の評価が決定的であるのは音楽と同じである．難解な前衛劇も試みられたりするがそれが観衆の大きな評価を得て成功するようなことは一般的ではない．現在わが国の演劇鑑賞活動などで人気があるのは，シェークスピアなどのヨーロッパの古典演劇の系譜につながる人間的な近代演劇を日本化・日本語化したものである．ここでも演目や内容の評価は一般の観

衆の判断に基礎を置いたものが普通であり，ポピュリズムの論難は見られない．

洋風化の点については，歌舞伎・文楽や能などの伝統的芸能・芸術はある程度の存在感を示している．しかしやはり和風の占める割合は小さく，上演の頻度や多くの人に観賞されている圧倒的多数は欧米から移入されたもの，およびその影響を強く受けたものである．

抽象絵画などでは建築に似た評価手法

絵画については，画廊が画家の評価を定めるというしきたりがある．そういう意味では，建築写真雑誌が建築家の評価を定めるという建築界の事情と近いものである．具象画であれば素人でもある程度は評価ができ，好き嫌いの意思表示ができる．しかし抽象画になると一般の人には理解ができず，判断が困難な場合が多い．売り出し中の画家の場合は，個展などで自作を販売するのであるが，観賞しに来てくれた一般の人に購入してもらわなければならず，自分の創作目標と一般の人の好みの乖離で悩むことになろう．画家で生計を立てることは容易なことではなく，普通は他に職業を持ちながら画業を継続することになる．大きな展覧会で幾度か入賞し，絵画界で評価が定まってくると，有名な画廊がバックに付き，号あたり数万円という価格が定められる．こうなればしめたもので，画業に専念して生計を立てることが可能になる．つまり絵画界の専門家の内での評価が，その画家の評価を定めるのであり，売るために大衆受けする絵を描く画家は大衆作家として蔑まれることになるのかもしれない．つまり絵画界では，ポピュリズム批判は存在しうる．

西洋化の問題では，全体としては西洋画の影響やシェアが大きい．和風の絵画も創作されているが，まちの中の画廊での展覧会は油絵やリトグラフ[12]などの西洋画が一般的である．ここでも洋風の絵画を非難し，和風への回帰を主張するような傾向は存在しない．

絵画と音楽や演劇とで何故このように一般の人の評価に対する考え方が異なるのであろうか．絵画が，あまり大衆化せず個人的な好事家が収集し観賞

---

12) リトグラフ：水と油の反発を利用した平版画の一種．

するという傾向は今も強い．それに対し音楽は，古くは絵画と同じように貴族の個人的なスポンサーシップで支えられて創られ観賞されてきた．このような時代であれば，音楽と絵画はかなり近い存在の仕方であったとも考えられる．しかし音楽に関わる芸術家は近世の古典派・ロマン派の時代に，一部の貴族の庇護による存在から，大衆の支持による入場料収入や楽譜の出版収入で生計を立てることが可能になった．このことから音楽はクラシックであっても大衆に支持されなければ存在し得なくなったともいえよう．その後の西洋のクラシック音楽が，大衆の支持に依存しつつも，その芸術的質は全体として高い水準を保ちつつ継続されていることは否定できない．すなわち古典派以降のクラシック音楽は，芸術的な高みと大衆の好みが矛盾するものでないことを示している．そのあたりの事情は演劇も似たようなものであろう．

　それに対し絵画の場合は，基本的には一品生産であることがそのような大衆化や市民による評価を基本とすることを妨げていると考えられる．油絵などでは有名画家の作品は驚くほど高価であるし中堅作家や新進作家でも簡単に買える値段ではない．リトグラフであっても数十部の限られた量の制作であり，優れた作品は通常10万円を軽く超える．庶民が簡単に購入できるものではない．自ずと，限られた需要層に対し，画廊が権威付けした作品を販売するという形にならざるをえないのであろう．

ポピュリズム・洋風コピーとの論難は建築と抽象造形芸術の分野で

　以上見てきたように，文化・芸術分野におけるポピュリズム批判は，多くの場合当てはまらないことがわかる．一般の市民・大衆の評価に依存して芸術家としての生活・活動を維持し得ず，専門家の評価により，多くはない業務としての芸術活動を維持するスタイルとなっている抽象造形芸術やそれに準ずるデザイン性を尊重する建築設計の分野においてポピュリズム批判の論理が通用するものと考えられる．

　西洋化の問題については，他のほとんどの分野は西洋風が一般化し，それに対して批判的な傾向は見られない．西洋の歴史的・伝統的なものをベースとしたデザインや文化の移入について，これを否とするのは概ね現代の建築分野のみであることがわかった．同じ建築分野でも第2次大戦前にはそのよ

うな西洋風歴史的建築デザインによる新たな建築の設計に対する忌避的な言説は建築界の間でもほとんどなく，大正モダンのような西洋風歴史的様式と連続したデザインの建築がトップクラスの建築家の設計により多数つくられたのは先に述べたとおりである．

　建築分野のこの変化は，これも何度も述べている通り戦後のモダニズム建築様式の全面的な導入に原因があると考えられる．人々の生活に密着した住宅の分野をのぞき，それ以外の建築ではモダニズム一色となった．大学などの専門教育でも，歴史的デザインは過去の遺物として考古学的研究の対象となり，新しい建築を設計する教育の内容は，モダニズム建築の計画や設計のみとなってしまった．そしてその傾向は，現在も継続している．

6-5. 美しい住宅デザインの普及に必要なこと

　これまで美しい街並みを形成できる住宅デザインのあり方に検討を加えてきた．その実現のためには設計の専門家が幅広く具体的に関わっていくことが必要とされる．しかし現在の建築家の関与の程度は低い．その問題などを考えてみる．

建築家が選択されないのは高い設計料と信用・連絡機会の不足
　住宅の平面計画やデザインの専門に関わる仕事は，本来，建築の設計者である建築家の役割である．しかしいくつかの理由で，建築家への住宅設計依頼は新開発団地でも3％以下[13]と少ない．なぜ少ないかについては，図6-5-1[14]の調査がある．これによれば，設計事務所を選ばない第1の理由は「設計費が高そう」である．実に72％近い高率である．第2の理由は「設計事務所が信用できない」というところにありそうだ．メンテナンス不安，付

---

13) 3％以下：155頁に記述．
14) 図6-5-1．設計事務所を選ばなかった理由：日経アーキテクチャー，07年8月27日号，133頁．

Q「個人の設計事務所」を選ばなかった理由は？(3つまで選択)

- 設計費が高そう　71.7%
- 依頼するルートがわからない　45.1%
- 竣工後のメンテナンスがきちんとしていそうもない　23.0%
- 付き合いにくそう　17.7%
- 予算を守ってもらえそうもない　16.8%
- 思った通りのものを設計してくれない気がする　8.8%
- 建築法規を守ってもらえそうもない　6.2%
- 思いもよらないアイデアを出してもらえそうもない　2.7%
- その他　3.5%
- 特にない　3.5%

設問「住宅の設計は誰に依頼したいですか」で「個人の設計事務所」を選ばなかった人に聞いた。有効回答数：113

調査概要 調査会社ヤフーバリューインサイトの協力を得て、インターネット上でのアンケートを2007年7月に実施。新築の戸建て住宅を購入する予定がある、25歳以上の200人から回答を得た。

住宅の設計は誰に依頼したいですか

- ハウスメーカー　40.5%
- 個人の設計事務所　13.0%
- 地場の工務店　8.5%
- 組織設計事務所　5.0%
- ゼネコン　0.0%
- その他　2.5%
- 特に考えていない　30.5%

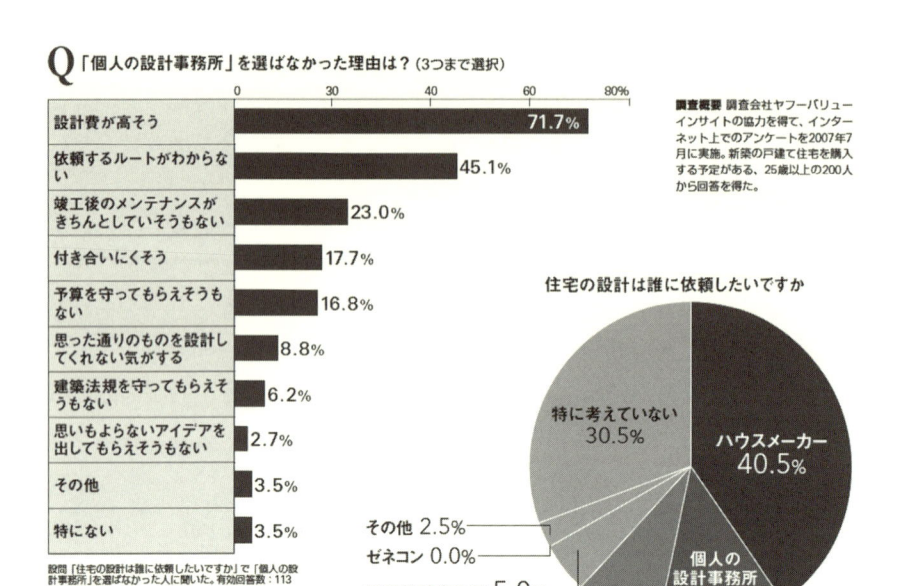

図 6-5-1　設計事務所を選ばなかった理由

き合いにくそう，予算厳守不安，設計内容不安，法律遵守不安などを合計するとこれも 72.5% となる．第3は「依頼ルート不明」である．

第2の「設計事務所が信用できない」という市民意識の改善のためには，建築家側の対応が大きく改善される必要がある．前出の「建て主を騙してでも自分の作品を完成させよう」という業務の進め方[15]や「市民が好まないモダニズムデザインの押しつけ」をやめ，委託された専門家として「工事費や維持管理など」を適正にコントロールする役割が，市民的に幅広く理解されるような取り組みが，個人的にも業界全体としても真摯に進められる必要がある．第3の「依頼ルート不明」への対応は，出版物やインターネットなどの活用で，安全で安価な設計・監理の専門家業務を需用者である市民と直接に結びつく取り組みに可能性がある．以下では，高いと忌避される設計料への対策や，工事費を引き下げる方法などについて述べたい．

---

15) 建て主を騙してでも…という業務の進め方：75頁に記述．

設計料・建設費を引き下げるためには

　人々が求めやすい住宅建築デザインの設計を行うためにはプランブック[16]など安価で質の高い設計図書の普及システムが必要となる．また個別に注文住宅を設計するにしても，CAD利用の合理化による設計のローコスト化が必要になる．優れたCADソフトはこれまでの手書きや遅れたCADソフトによる図面作成の1/3～1/4の手間で設計図書作成が可能であり，設計のローコスト化の実現が，現実的な課題になっている．ただしその場合でも，設計者による工事監理は必要で，この業務に関するローコスト化は簡単ではない．しかしモデルとなる平面計画・デザイン・ディテール・工法などが一般化すれば，工事監理は現状よりもっと簡単なものになり，ローコスト化が可能になろう．

　このような住宅デザインの普及のもう1つの条件は，建設費のローコスト化である．いかに美しく使いやすい住宅であっても，コストが高すぎれば幅広い普及は難しい．立方体に近い単純な形状が工事費の引き下げの1つの要件である．長細い間取りや凸凹した間取りに較べ，床面積に対し外壁面積や基礎長が少なくなり，構造・仕上げともに安価になる．コンパクトなプランとなり外部との熱のやりとりが少なくなるため，省エネルギー性の高いランニングコストが低く全室冷暖房の快適な住まいとすることも可能になる．また，まとまった大空間がつくりやすく，仕切りを簡易に変更することにより，機能の可変性が高い平面計画とすることも可能になる．このように，集約性の高いコンパクトな間取りは，建てやすく暮らしやすく，長期的な変化にも

---

16)　プランブック：アメリカでは，建築家に設計を依頼するのは大金持ちの邸宅などであり，一般の市民が住宅を建てる場合はプランブックから好みの設計を選定して設計図を購入する．設計図の価格は5万円から20万円程度のリーズナブルなものであり，工事内訳書も添付されている．建て主はこの図面でビルダーに工事を発注し，施工の専門的なチェックはハウジングインスペクターが定められた内容で行う．このチェックを受けないと金融機関の融資が下りない仕組みになっている．
　そして，このプランブックに設計を提示することにより経営を行う建築設計事務所も少なからず存在する．よく売れるプランを設計すれば収入が多いことになる．そのためには設計者一人が優れていると思う設計ではなく，多くの市民の支持を得られるプランやデザインでなければならない．素人には建築デザインはわからないとするようなこれまでのデザイン観はここでは改められなければならないのである．

対応しやすいという，住宅を長期に活用できる物理的な質を持っている．50坪を超えるような大規模な住宅であれば，中庭を設けたり，2棟に分割するなどの複雑な間取りが必要になるが，延べ床面積で40坪を切るような規模の住宅であれば，まとまったコンパクト間取りが一般的には必須条件となる．

サステイナブルな家づくりのためには間取りは4LDKなどが基本

間取りのタイプについては，長期に活用されることを考えれば，現在の家族像からは前述のとおり最低でも4LDKまたは5LDKが望ましい．今後の日本の家族像を考えると，戦前のような農村型の封建的な大家族制度に戻ることは考えられない．これからもおそらく1組の夫婦とその子どもによる家族が基本となろう．また現在は，高齢社会化の進行や若年単身者の増加により，当分は夫婦2人世帯や単身者世帯が増加の傾向にある．しかし50～100年の期間で考えれば，現在と同じような傾向が続くとも考えにくい．長期に見れば，社会状況や経済状況の変化で，家族の形態が変化し，また夫婦と子どもによる核家族が支配的な家族像となる状況に立ち戻る可能性は充分にあると考えられる．夫婦で子どもを産み育てるということが，人類史やこれまでの社会の基本的なあり方であったし，今後もそのような役割を持った家族のあり方が長期的には社会の基本になると考えられるからである．夫婦2人世帯や単身者世帯ばかりになり，新しい世代が生み育てられないことになれば，その社会や国家はいずれ消滅せざるを得ない．その意味で現在の日本の少子高齢化傾向は，遠からず克服されざるを得ないだろう．100～200年のタームで考えるべき住宅供給を，短期的な需要予測のみに拘泥して行うべきではない．社会的・総合的に考えれば，未来の子どもを産み育てる家族の利用を想定して，これからの住宅は建設され維持管理されなければならない．

4LDKであれば，基本的な核家族であっても，夫婦2人世帯であっても，不自由なく暮らすことができる．単身者家族で家が大きすぎ維持管理に困るのであれば，他の単身者らとシェアーすることも考えられる．このように住宅規模がそれなりであれば，様々な需要に対応できるが，その逆はない．眼前の小規模住宅需要に近視眼的に対応して小規模住宅ばかり大量に供給すれば，将来に家族の状況が大きく変化した場合は，途端に対応できなくなる．

戦後の公営住宅が住戸規模の小ささなどから税法上の耐用年数の半分程度の30〜40年の寿命で大量に建て替えられた事例を見れば，小規模住宅の大量供給の問題点は明らかである．スクラップ＆ビルドを避けるサステイナブルな住宅づくりは，物理的な側面から考えれば汎用性が高い機能性を持つタイプとすること，すなわち4LDK以上の規模を基本とすべきである．131頁で紹介している18〜19世紀に多数供給されたロンドンのテラスハウスの間取りはその多くが4LDKもしくは5LDKである．7-2に記しているレッチワースの住宅も多くは4LDKもしくは5LDKである．7-3に記すサンフランシスコのペインティッド・レイディのビクトリアン住宅も，見聞した限りでは，応接間としてのパーティルームが相当に広く，この点で他の国と異なっているが，基本的な構成は4LDKもしくは5LDKである．このように，近代以降の先進資本主義国の住宅は，4LDKもしくは5LDKが基本的なスタイルとなっていることに学ぶべきである．

ローコストな箱型の建物に様々なデザインを付与し街並みをつくる

コスト・生産性や性能・機能面からは，箱型の同じような間取りが望ましいわけであるが，そのような単調な同じ形の箱が並んで，本書が課題として掲げるスクラップ＆ビルドを克服できる美しい街並みの形成が可能なのであろうか．その問題の解決のためには，内外の歴史的な街並みのあり方が参考になる．わが国においても伝統的な美しい街並みが数少ないながら残されている．これらの街並みを形成する町家は，どれも間取りはほとんど同じである．道路に面するデザインは黒瓦の屋根に漆喰の白壁か土塗り壁，開口部には木製の格子が入るという類似の形態である．しかしその各々の部分の高さや出入りは形状が微妙に異なり，その並び立つさまは美しい．欧米においても，伝統的な住宅などによる街並みは，同じような間取りやデザイン・仕上げである．しかし各々が全体の調和に反しない異なる装飾や破風や塔などの付加物がデザインとして加えられており，その家らしいアイデンティティを生み出している．それらによる街並みは，個々の味を見せながら，全体としては調和して美しい．これからのわが国の住宅による魅力的な新しい街並み形成には，これらの内外の歴史的な美しい街並みのあり方に学ぶ必要がある

と考える．

　以上のように和風であっても洋風であっても，単体ではシンプルな住宅計画・デザインの存在が基本である．それらに様々なデザイン上の変化や装飾などの付加物を付与すること，これが具体的な，整って美しい街並みのつくり方の原則であると考えられる．

省エネルギー技術を反映したデザインの具体化の課題

　省エネルギーの技術を反映した建築計画とそれに基づく住宅デザインの追及もこれからの重要な課題である．全地球的な環境問題からは，外気の遮断と開放，太陽熱の遮蔽と導入，断熱・気密の自在なコントロール技術など，これまでの在来の技術を発展させた中間技術[17]的な取り組みによる，新たな普及しやすい省エネルギー技術とそれに基づく新たなデザインの具体化が求められている．これまでの開放系[18]の和風の住宅計画・技術に大きな変化が生まれることになるであろう．

6-6. これからの住宅づくりは登録文化財を目標に

住宅は文化財的価値を持つことが必要

　これまでの本書の分析を総合的に考察すると，これからつくられる住宅は文化財的価値を持つことを目標につくられることが必要であるとの結論に到る．スクラップ&ビルドに抗し長期に住まわれ使い続けられる住宅は，人々が愛着を持って長く住み続けたい思ってしまう文化的・芸術的価値を持つことが必要不可欠である[19]．いかに物理的に耐久性が高くても，木造住宅の場

---

17) 中間技術：最先端の技術と伝統的な技術の中間的な技術を言う．最先端の技術が生産第一主義の非人間的な質を帯びやすいのに対し，中間技術は伝統技術を人々に身近な，中間的に発展した科学や技術でリファインする．これにより人間的で扱いやすくなじみやすい方向性で伝統技術を発展させる役割を果たす．
18) 開放系：アジアモンスーン地帯の亜熱帯に共通の外気を常時室内に流入させる形式の住宅などの空間の性質．

合は適切な維持管理がなされなければ，思いのほか早く朽ち果てる．長く住み続けるにはコストをかけたきちんとした維持管理が必要不可欠である．人々が相当に多額の費用をかけてもその建物を存続させようというように思わなければならない．

　人々がそこまでして建物を存続させようとするのは，その建物に強い愛着を持っている[20]からである．4-1 の調査では，長期に住み続けられる住宅では，下鴨でも阪神間でも，1000 万円を超える費用をかけて修繕が行われている事実がある．そしてこのような住宅における住み手の建物に対する強い愛着は，文化性やデザインに関することを根拠にする．

登録有形文化財登録基準

　1996 年に登録有形文化財制度が文化財保護法に追加された．この制度は滅失する恐れの強い明治期以降の建造物の文化性を評価しその保存の促進を目的にするものである．まともにその文化的価値を評価されることなく破壊されてしまうことの多い近代の住宅の評価・保存にその目的の大きな部分があったとも聞く．実際に各地をまわってみると，これまではほとんど評価されてこなかった大正・昭和初期の住宅などが多数登録され，地域の歴史的空間や街並みの保存に大きな役割を果たしていることがわかる．
登録有形文化財登録基準（文部省告示第 152 号，平成 8 年 8 月 30 日）には，その基準が次のように定められている．

登録有形文化財登録基準

　建築物，土木構造物及びその他の工作物（重要文化財及び文化財保護法第 98 条第 2 項に規定する指定を地方公共団体が行っているものを除く）のうち，原則として建設後 50 年を経過し，かつ，次の各号の一に該当するもの
1. 国土の歴史的景観に寄与しているもの
2. 造形の規範となっているもの
3. 再現することが容易でないもの

---

19) 文化的・芸術的価値を持つことが必要不可欠：133 頁に詳述．
20) その建物に強い愛着を持っている：127 頁に詳述．

写真 6-6-1　登録有形文化財／箕面住宅改造博跡地のEさんの家

写真 6-6-2　登録有形文化財／JR 西岩国駅

　地方自治体が発議した建造物が登録されることになるが，その登録のハードルは必ずしも高いものではないようだ．これまで自治体が登録申請を行い否決されたものはないと聞く．実際各地の登録有形文化財を見ても，重要文化財クラスと比較して，その文化的・造形的達成はそう高くはないとは感じる．とはいえその地域では重要な歴史的・文化的価値を持つ建造物であり，登録有形文化財として登録されることは，その建物などの地域における評価と保存に大きな役割を果たしているのは間違いがない．写真 6-6-1, 2 はこのところの調査で行き当たった登録有形文化財である建築の事例である．

登録文化財制度の住宅・まちづくりへの活用

　さてこれからのスクラップ&ビルドを乗り越え，人々に愛され長期に使い続けられる住宅・住宅地づくりを展望する上で，この登録有形文化財制度を有用な制度として利用する必要があると考える．これからの住宅づくりの目標を，築50年後に居住者や地域の人々が有形文化財として登録を行おうとする質の住宅をつくることにおいてはどうかということである．登録有形文化財に匹敵する質を持つとすれば，住み手や市民は，その建物の文化的質に強い愛着を持つことになる．そしてスクラップ&ビルドされることなく，その空間やデザインが愛されて長期に住み続けられることであろう．新たに築

造する住宅が登録有形文化財クラスの質を持つこと，そしてそのようなものが地域で多数をしめる状況となることは，この冊子の目標である「愛され住み続けられる住宅・建築デザイン」の具体化の方向性・展望を示すものであるといえる．

　例えば，現在イギリスでは45万件を超える建物が文化財として登録されている．それに対しわが国の登録されている物件数は約7千件に過ぎない．イギリスのような美しい街並み景観を幅広い地域で実現しようとすれば，文化財として登録される建築物数を大きく増やす必要があるだろう．長く使い続けられる住宅・建築とそれが文化財であることは必要十分条件の関係にあることは4-1（133頁）に記したとおりである．

7. 優れた事例に学ぶ

7-1. 優れた事例に学ぶ
7-2. イギリス近代の住宅地レッチワース
7-3. サンフランシスコの好まれる住宅・住宅地
7-4. 横浜市郊外のマーク・スプリングス・カーサ
7-5. 神戸市西神ニュータウン，シアトル・バンクーバービレッジ
7-6. 100年定期借地によるさいたま市の住宅地ムカサガーデン
7-7. 住宅による街並み景観づくりをめざす金山町
7-8. 大正モダンの建築様式に学ぶ

ユニ・リーバがつくった空想的社会主義の街ポート・サンライト

7-1. 優れた事例に学ぶ

欧米の意図的な美しい街並み景観づくりなど

　スクラップ＆ビルドを乗り越え，愛着を持って長期に住み続けられる住宅まちづくりの実現のためには，どのような方法論でそれらのデザインを行えばよいのであろうか．まずモデルとして，欧米およびわが国の，歴史的な住宅地のように整った街並みに学ぶことから始めてみよう．そこでは美しい様式の住宅や建築が秩序を保ちながら建ち並び，人々はその街並みや住宅に誇りと愛着を持って暮らしている．

欧米や国内のいくつかの先進事例を

　欧米の事例としては，100年を超える歴史のあるイギリスのレッチワースとアメリカのサンフランシスコの事例を取り上げる．中世に由来するようなあまりにも古い事例では，意図的に街並みを形成する必要のある今後のわが国の取り組みの参考とするにはややかけ離れる感があり，20世紀初頭の計画的につくりあげられた住宅地を取り上げることとした．わが国の事例では，そのようなややさかのぼる時代の優れた郊外型戸建て住宅地は，4-1に紹介したものを除き，まとまって残されているものは少ないので，比較的最近の意図的な美しい街づくりの取り組みである横浜のマーク・スプリングス・カーサ，神戸市西神ニュータウンのシアトル・バンクーバービレッジ，さいたま市の定期借地の住宅地ムカサガーデン，そして既存の町全体を対象とした戸建て住宅による伝統的な街並み再生に取り組んでいる山形県金山町を取り上げる．

7-2. イギリス近代の住宅地レッチワース

ハワードらによる99年定期借地制度の住宅地

　ロンドンから北へ50kmの郊外に位置するレッチワースは，20世紀初頭にエベネザー・ハワードらにより開発された．約4km²の居住地の周囲に約5倍の広さの農村が配置され，人口3万2千人の住宅地として計画された．レッチワースは当初，社会主義的な理想を掲げ，都市の持つ活力と農村の持つ豊かな自然を合わせ持つ自律的な労働者のまちとして20世紀初頭に計画された．しかし経営的な観点から，資金負担力のある中産階級向けの田園都市（ガーデンシティ）として実現した．建物は居住者の所有物であるが，敷地はファースト・ガーデンシティ会社が所有し，99年定期借地制度で入居者に賃貸された．

道路面積比率を低減する短冊状の敷地割り

　その基本的な構成は，放射状の主街路の連結という形でつくられている．まちの中心部には公共施設とともに近世的な伝統的デザインが魅力的な商業ゾーンが当初から整備され，学校やホテル地区なども定められた．宅地割りは，例えばタウンハウス型のブロックでは，幅25m程度の道路に間口8

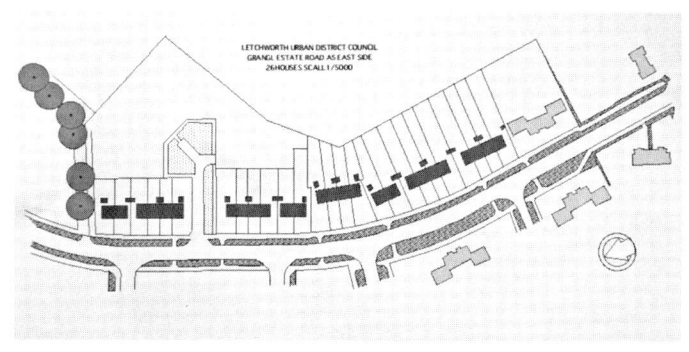

図7-2-1　レッチワースの典型的敷地割り図

7. 優れた事例に学ぶ

写真7-2-1 イギリスなどの民家様式に範を取るゲルマン民族の心象風景を外部デザイン化

〜10m程度，奥行きがその4〜7倍程度の細長い形状となっている（図7-2-1）[1]．道路側には奥行き12m程度の前庭が取られ，裏にはそれよりも大きい生活のための裏庭が設けられている．前庭を大きく取ることにより，道路を挟んだ住宅と住宅の間隔は50mを超える程度の大きなものとなり，田園都市としての緑豊かで開放性の高い街並みをつくり出している．

4LDKが基本の誰もが住みやすい住戸タイプ

住宅の住戸タイプは戸建て住宅とともに，2戸1タイプや，4戸1タイプなどが多く建設されている．住宅を密着して建てることにより，各々が比較的小規模なものであっても，大邸宅のような豊かな雰囲気をつくり出すことが可能となっている．またその間取りは，L＋D＋K＋応接間＋3寝室が基本のどのような核家族などのタイプでも住みやすい4LDKなどの構成となっている．

ゲルマン民族の心象風景をデザイン

アンウィンやパーカーらの建築家によって設計されたレッチワースの住宅のデザインイメージは，イギリス固有のコッツウォルドなどの民家デザインに通ずるゲルマン民族の心象風景である「中世ドイツの農村のピクチャレスクなデザイン」にも求められ[2]，多くの人に受け入れられることとなった（写真7-2-1）．

---

1) 図7-2-1は美術館における100周年展示をスケッチしCADで再作図したもの．
2) 戸谷英世，イギリスの住宅デザインとハウスプラン，41頁，住宅生産性研究会，2002年．

建築家アンウィンらによる丁寧な設計・建設

　アンウィンら建築家は，レッチワースの中に設計事務所（写真7-2-2）を置き，設計や工事監理に取り組んだ．後のモダニズム建築・住宅供給計画のような標準設計や工業化工法による短期・大量建設を行わず，各々の住宅はそれぞれの独自性を持って，1つずつ設計され建設された．レッチワースの中をそぞろ歩いても，全体として似たような様式であるが，全く同じデザインのものを見付けることはできなかった．そして各々の住宅建築の微妙な独自性を主張できるように丁寧に設計されていると思われた．レッチワース建設の中心となった農家スタイルの設計事務所建築はそのまま保存されガーデンシティ・レッチワースの情報を集め公開する博物館となっている．写真7-2-3は博物館の内部である．アメリカの2×4工法を思わせる簡素な構造・仕上げである．以上のような，計画的なまちづくりと生活利便施設の配置，開放性が高く緑豊かな屋外空間の整備，ちまちまとしていない，ゆったりとした建物の構成，誰もが住みやすい標準的な間取り，イギリス人の好みに添った民家風デザインにより，100年経った今もほとんど改変されることなく維持がなされ，高い支持を得ている．

写真 7-2-2　博物館となっている設計事務所建築

写真 7-2-3　博物館の簡素な内部

7. 優れた事例に学ぶ

7-3. サンフランシスコの好まれる住宅・住宅地

様々な階層に好まれるペインティッド・レイディなどの様式建築住宅

　サンフランシスコの戸建て住宅で特徴的なものは，市街地内に存在する多数のペインティッド・レイディ[3]などの様式建築の住宅である．サンフランシスコ市街地内の住宅は，(1)狭小間口3階建て住宅（間口6～7m程度で木造が主）で，(2)様式建築が基本で，非常に美しく，(3)19世紀末から20世紀初頭に建設された．19世紀のゴールドラッシュの時代にビルダーにより大量供給され，1906年以前に5万戸が完成している．そして現在は約1万3千戸が保存活用されている．美しい建築であるが高収入階層への住宅に限らず，中産階級や庶民階層など，様々な収入階層に応じて供給されているのが特徴である．このように幅広い階層性があり，所有形態についても，1棟を1家族が所有するいわゆる戸建て持ち家や，階毎に所有者が異なるフラット型，縦割りに所有者が異なる長屋型などのコンドミニアム型の持ち家，さらにコンドミニアムに類似の形態の借家がある．

　バークレイなど郊外戸建て住宅は，サンフランシスコ市街地内のものと少し異なっている．それらは(1)木造2階建て戸建て住宅が中心で，(2)高密な都心立地ではなく緑の多い郊外戸建て団地に建てられており，(3)しかし市内と同じように様式建築が基本となったものである．

様式建築は既存住宅（中古住宅）でも価格が高い

　さて，既存住宅が流通する場合のサンフランシスコの人々の評価は，先に述べた地元の不動産取引仲介業者の意見では，様式建築は既存住宅（中古住宅）でも価格が高いが，モダンおよび無様式は価格が低い．そして住宅の不動産広告は，文化的価値のアピールが第一で，機能や性能面での情報はあま

---

3) ペインティッド・レイディ：イタリアからイギリスに移入され定式化したビクトリア様式がアメリカに移入され，それを用いて建設された住宅．木造下見板張りの外壁をペンキで美しく塗装しているためペインティッド・レイディと呼ばれる．

り評価されないとのことであった．

　サンフランシスコの街並みを概観して直感的に感じたことは，以下の通りである．まず様式建築の並ぶ街並みは美しいと感じられた．様々な色彩の様式建築の並ぶ様は，わが国の伝統的な景観とは大いに異なるが，パステルカラーの整った姿は，非常に美しいものであった．そしてその維持管理の良さから，人々がその街並み・家並みを愛し大切にしていることが感じられた（写真 7-3-1）．

写真 7-3-1　典型的なペインティッド・レイディ住宅

　また 100 年近く経過しているにもかかわらず，おのおのの住宅は現在も生活に支障のないプランニングで，大きく改変されることなく活用されている．それらは現在わが国でも一般的なものとなっている公私室型の間取りで，おのおのの部屋が大きめであることなどにより，様々な生活スタイルに対応できる．

標準設計的図面や工業化部材を用いながらハンドメイド感を演出

　その造られ方については，建築家による質の高い標準設計的図面が存在し，それに基づきビルダーによる大量建設が行われた．残されている建物を見るとビルダー，カーペンターの様式感の確かさが感じられ，建築様式に関する高い水準での常識が幅広く存在していたことがわかる．建築様式の中心をなす装飾材は工業化の進行でプレハブ化され，住宅の大量供給に対応することができた．しかしそのような装飾材は本物らしさ・質の高さが感じられ，ハンドメイド感も強い．現在日本で流行りつつある似非的な建築装飾とは一線を画する質がある．大量生産品でありながら高い質が実現できている．

　以上のように 100 年程度経過する古い住宅でありながら，手に入れたくなる強い魅力があり，現実に新築住宅に匹敵あるいはそれを超える高い価格で売買されている．

写真 7-3-2　スコット・ストリートの家の美しい食堂

美しい内装のスコット・ストリートの家

　続いて，現在流通しているそのような既存住宅の事例を紹介したい．第1は，スコット・ストリートの家である．立地はサンフランシスコらしい傾斜の強い高級住宅地である．外部デザインの建築様式はイギリスで20世紀初頭のエドワード7世の時代に流行したエドワーディアン様式で，あまり広くない敷地間口にシンプルな妻面を見せて建てられている．あまり装飾は多くなく，上品な雰囲気を醸し出している．1912年に建設されており，所有形態は1棟を1家族で所有している．地階に車庫，1階が公室，2・3階に私室やファミリールームが設けられている．間取りは，3ベッドルーム，ファミリールーム，プレイルーム，2台分のガレージという構成である．内装は，極めて美しく，格子模様の天井や壁の仕上げが見事である（写真7-3-2）．歴史的建築の様式の魅力が遺憾なく発揮された魅力的な内部デザインである．このようなデザインであれば，多少資金負担は増加しても手に入れたいというゆとりのある人達はいるであろうと，納得させられる質を持っている．但し価格は3,950,000ドル，約5億円（2002年12月時点，以下この項については同様）と高額な物件であった．このようなクラスであれば周辺地域が無電柱化されているのはもちろんであるが，道路上に設置されている様々な設備の会所の蓋までもが，目立ちにくいよう道路舗装に似た材料・色調でつくられているのも印象的であった．

中産階級向けの木造積層コンドミニアム

　事例第2は，クリッパー・ストリートの家である．前例とは異なり，立地は中産階級住宅地で，所有形態はコンドミニアム（日本におけるマンションのような持家共同住宅）で1・2階を異なる家族が所有するフラット型の住

宅である．構造は木造で，様式はビクトリアン・スティック様式と思われる（写真7-3-3）．1903年に建設され1930年に改装がなされた．木造でフラット型の所有があることはやや驚きであったが，街を眺めてみると1棟に複数世帯の居住する木造住宅はかなりの頻度で存在しており，一般的な形態であることがわかった．鉄筋コンクリート造などに較べると，音の問題など不利な点も多いと思われるが，持家住宅としてどのように評価され共同居住されているのか興味深いところである．外部デザインは，シンプルながらそれなりに美しいものであった．ベッドルーム数など間取りの詳細は不明である．内部デザインも，それまでの豪華なものと比べればシンプルではあるが，細かいつくりの暖炉や天井照明まわりのディテールなどそれなりに凝ったものとなっている．

写真7-3-3　クリッパー・ストリートの家の外観

　価格は499,000ドル，約6300万円と比較的安い．前にみた事例が不動産業者よる販売案内であるのに較べ，この住宅では所有者が直接販売案内を行っていたが，低額物件であり不動産業者の経費を抑える目的によるものと思われる．

美しい様式住宅と醜い無様式住宅が面と向かう街並み

　さて，様式建築に人気があり，モダン様式ないしは無様式に人気がないと先に書いたが，その典型的な事例になる街並みを発見した．サンフランシスコの庶民の住宅街（写真7-3-4）である．右側の街並みはモダン様式ないしは無様式の住宅が並んでいる．魅力に乏しく，どちらかといえば日本の風景に似ている．これらの住宅のどれかに住みたいという気は起こさせない．

　一方，左側の街並みはビクトリア様式の住宅が並んでいる．1枚の写真で見なければ，右と左は別々の街並みだと思える．左側の街並みだけを見てい

7. 優れた事例に学ぶ　　223

写真7-3-4　式建築による調和のとれた街並み（左）と，無様式建築による不調和の街並み（右）

れば，整った美しい景観で，かなり魅力的に見える．これらの住宅であれば，内部もビクトリア様式で美しいのではないかと中をのぞいて見たい気を起こさせる．住んで見たい気を起こさせるようにも思う．ただし，向かいにあたる右側の街並みが美しくはなく，電線が空を飛び回って猥雑なためその魅力は半減ではあるが．

7-4. 横浜市郊外の　　マーク・スプリングス・カーサ

ヨーロッパ中世城郭都市をイメージした空間構成

　優れた街並み景観づくりで販売促進上の優位性を示そうとする戸建て建て売り住宅団地が，関東や関西で散見されるようになった．ここで紹介するのは東京と横浜の中間に位置する南町田のマーク・スプリングス・カーサである．都心から遠隔地で準工業地帯であるという不利な立地を逆手にとり，5.5ha（734戸）の大きな規模のヨーロッパ中世城郭都市をイメージした空間構成で，魅力的な住宅地を創出している．団地の周囲を城壁をイメージした中層マンションで取り囲み，外部の工業地的なやや荒れた喧騒の環境と，内部の質の高い住宅地とを隔離する計画となっている．城壁の内部は欧米の歴史的な建築様式で整えられた2階建ての戸建て住宅地となっている．

　この戸建て住宅地の宣伝用のホームページ（図7-4-1）に行き当たったときに，その徹底した欧米のクラシック様式のモデル住宅の写真を見て，アッと思った．それは，わが国でよく見かける何かうさん臭い偽のデザインではなく，本場の本物のデザインがそこにあったからである．しかしその時点では，そのような徹底した洋式デザインは一部のモデル住宅に限られているの

だろうと思っていた．どちらにしても早く本物を見ておきたかったので，つてを頼って見学を申し込んだ．

設計・計画者であるミキヤホームズ社長（当時）の渋谷征教さんの案内で竣工間近な団地を見学した．驚いたことに，予想に違って戸建て住宅はすべて歴史的建築様式のデザインで建設されていた．クイーンアン様式（写真7-4-2），スパニッシュ・ミッション様式（写真7-4-3）に加え，コロニアル様式のものもあった．各様式はおのおのまとまって建てられており，美しく落ち着いた街並み景観を形成していた．とても日本の街並みとは思われず，ヨーロッパかアメリカの郊外住宅地に立っているような錯覚に襲われた．

写真7-4-1　マンションから見たマーク・スプリングス・カーサ戸建て住宅の街並み

街並みデザイン最優先の住宅・住宅地デザイン

住宅はおのおのが個別に丁寧にデザインされている．デザイン上の工夫は，とにかく街並み景観を最優先して外部の計画・デザインを行っているとのこ

図7-4-1　マーク・スプリングス・カーサ配置図（販売促進ホームページより）

7. 優れた事例に学ぶ

写真 7-4-2 クイーンアン様式の街並み

写真 7-4-3 スパニッシュ・ミッション様式の街並み

とであった．確かに窓の位置や大きさ，ベランダの位置や屋根の形など，景観を優先して設計されており，街並み全体が日本離れをして美しい理由がわかった．住宅の間取りは2階に3寝室と水まわり，1階は大きなひとつながりの真っ白な空間で，アメリカの最近の住宅の内部空間イメージが取り入れられた魅力的なものである．

中層マンションもカリフォルニアスタイルの魅力的なデザインとなっている．渋谷さんは，このマンションの設計にはアメリカで修業した日本人設計者を用いている．その理由は，日本で教育を受けた設計者が自分の好みやデザインのみを押し付けるのに対し，アメリカで修業した設計者は需要者の好みを重視した質の高い設計ができるからということであった．そして実際に，渋谷さんの意図は成功していると思われた．

戸建て分譲住宅は，近隣では同規模のものが3500万円程度で売られているが，この団地では6000～7000万円程度で販売された．このような高価格にもかかわらず，売れ行きは好調で，街並みデザインと住宅の質の高さが，少なからぬ市民に高い支持を受けていることがわかる．

7-5. 神戸市西神ニュータウン，シアトル・バンクーバービレッジ

北米型の住宅地づくりを意図

　神戸市の北西部に位置する西神ニュータウンは1971〜2010年の長期に開発が行われている開発面積約634ha，人口約6万1千人の，住宅を中心とする総合的な団地である．シアトル・バンクーバービレッジはその南西部に位置する戸建て分譲住宅団地で，1989年に分譲が行われた．事業主は神戸市住宅供給公社で，設計にはアメリカとカナダの建築家や技術者が関わった．工法は2×4工法である．

　北アメリカの優れた街路空間デザインと合理的な工法によるローコストな住宅・住宅地づくりをめざして事業は推進された．完成された街路空間は，写真のようにかなり質の高いものである．戸数は各々13戸ずつの計26戸（図7-5-1）である．曲線状の街路はシアトル村（写真7-5-1），直線状街路

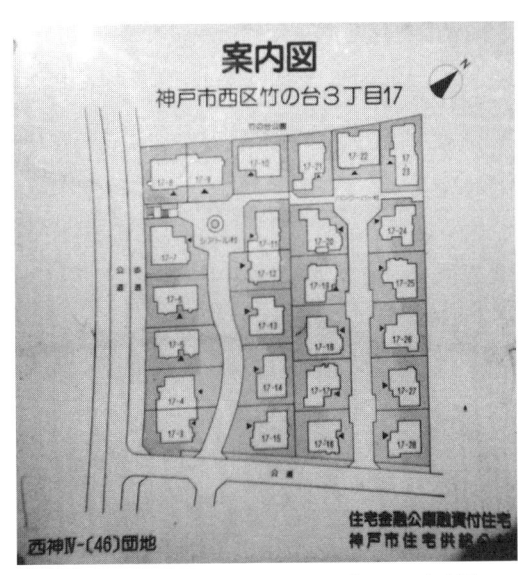

図7-5-1　シアトル・バンクーバービレッジ案内図

写真7-5-1　シアトル村の街路景観．曲線道路の魅力がある

写真7-5-2　バンクーバー村の街路空間

写真7-5-3　バンクーバー村クルドサック広場

はバンクーバー村（写真7-5-2）である．北米に較べ，敷地面積も住宅の延床面積も小振りなため，やや狭苦しい感は否めない．しかし塀を設けないオープンな外構は，簡素で美しい住宅デザインと相まって，開放的で魅力のある街路空間をつくり出している．また街路の電柱・電線は裏側に隠されており，それらによる猥雑な空間の汚染を防ぐ手だてが取られている，そのため街路区間は透明性があり美しい．

街区計画はいずれも引き込み道路の端部に展開のための広場が設けられたいわゆるクルドサック型の計画となっている．これにより街区は最奥部に住宅によるアイストップ[4]（写真7-5-3，バンクーバー村クルドサック広場に面する住宅）ができ，視覚的にもまとまった街区空間が創出されている．

個々の住宅のデザインは装飾の少ないモダンなもの（写真7-5-4．モダンな住戸デザイン）であるが，建物を構成する立体

---

4) アイストップ：道路の向こう側が視覚的に抜けているのではなく，美しい建物や植栽で遮られ，囲まれた印象的な空間が生み出される．

が複雑な組み合わせになっていることや，街路からの壁面の出入りも住戸ごとに異なっているため，単調な空間づくりを免れている．また各住戸は，インナーガレージを持っており，住戸前の道路空間は，自動車が密集して並ぶ混乱した醜さを免れている．

写真 7-5-4　シアトル村のモダンな住戸デザイン

文化性にかける普通の日本型の分譲戸建て住宅の街並み

写真 7-5-5 は隣接する普通の日本型の分譲戸建て住宅の街並みである．この写真は，わが国の新開発戸建て住宅団地の典型的な街路空間を示している．道路の幅は 6m と十分に広い．各敷地もそれなりの広さで，各々

写真 7-5-5　隣接する普通の日本型の分譲戸建て住宅の街並み

の住宅は独立性を持って建っており空間的なゆとりは少なくない．低層住宅地区としての法規制は厳しく，既成市街地のような中高層マンションとの混在はなく採光や日照・プライバシーなどの住環境は良好に保たれている．すなわち環境的には，わが国の住宅地の中では相当に優れた物理的質を獲得していることがわかる．

問題は文化的質，街並みデザインである．各々の敷地はデザイン性に乏しい醜い塀などで囲い込まれ，街路空間は魅力的ではない．奥に建つ住宅はプレハブ住宅でデザイン的魅力に乏しい．道路面には電柱や電線が我が物顔に屹立しており，猥雑な醜い雰囲気を演出している．この写真とシアトル村（写真 7-5-4）・バンクーバー村（写真 7-5-3）とを比較してもその差は明らかである．すなわち日本的な戸建て住宅開発には，文化的な質の高いイメー

ジが欠損しているのがわかる．

7-6. 100年定期借地によるさいたま市の住宅地ムカサガーデン

地主の窮地を救う立場から100年定期借地を構想

　ムカサガーデンは2002年から開発・分譲が始まった41戸の戸建て住宅地である．浦和駅からバスを乗り継ぐ立地で，交通はあまり便利ではない．しかし分譲は順調で，いよいよ最後の数宅地を残す完成期に入った．この住宅地の基本的な特徴は，わが国初めての100年定期借地住宅地ということである．事業者の(株)ロッキー住宅社長大熊繁紀さんは本来は税理士で，農地の維持管理に困っている地主の立場に立ってこの定期借地のシステムを考え出

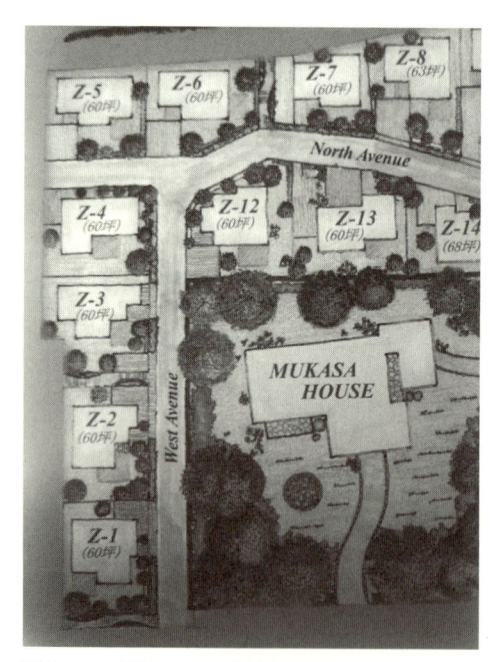

図7-6-1　団地の1・2期街区計画

した．その考えに地主の武笠さんが共感しこの住宅地が実現した（図 7-6-1）．

100 年定期借地で住宅の質を担保

わが国の普通の定期借地は 50 年程度の期間満了時に借り主が建物を取り壊して，更地にして地主に返却するようになっている．しかし，この 100 年定期借地制度では期間満了後は建物と土地をそのまま地主に引き継ぐとしている．100 年以上継続して住み続け，更に建物を継続するということで，住宅の質はそれに相応しい上質のものとすることが必要とされる．良いものを建てれば建設費が上昇するが，土地の購入費用が不要なので，住宅の購入者はふつうの建売住宅分譲よりも安価に住宅を手に入れることができる．このような方式は，リースホールドと呼ばれイギリスでは普通の土地・住宅システムである．

写真 7-6-1　煉瓦の街並み景観

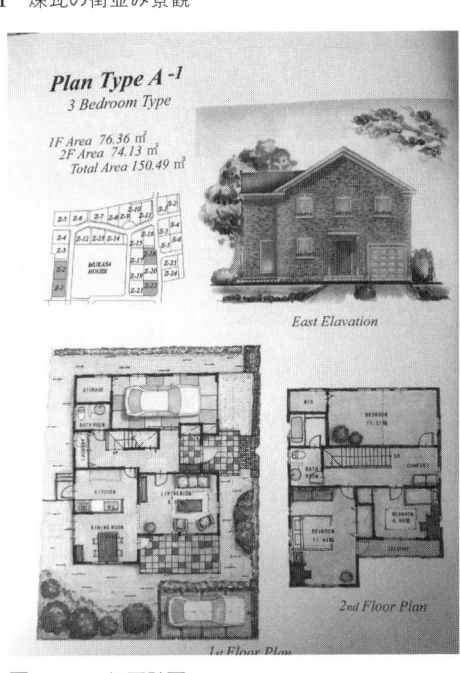

図 7-6-2　住戸計画

大熊さんは，開発や建設をコントロールしやすい 100 年定期借地制度を利用して，外壁煉瓦仕上げや洋風民家などのデザインのコントロールを行った．オーストラリアからの輸入煉瓦会社も立ち上げ，この住宅地に建つ住宅をほとんどこの煉瓦を用いたデザインとしたのである（写真 7-6-1）．

開発者による厳しい建築・景観コントロールで美しい街並みを実現

　街並みは，すべて似た種類の煉瓦の外壁にすること，階数は2階建て以下にすること，2期以降はインナーガレージにすること（図7-6-2住戸計画に記載）が，建設の条件となっている．また電柱・電線は敷地の外側に隠されており，道路面は無電柱・無電線化が実現しており，その街路空間は透明性・開放性があり快適である．このように建築基準法などを大幅に超えたコントロールで整った街路空間の質を獲得している．この建設条件を破りそうな入居者は，大熊さんの売買時の面接により排除される．

　完成間近になり美しい住宅地景観がそれなりの規模で実現した．街並み景観が美しく形成されるにつれて，医者など高額所得者の入居が目立つようになってきている．

7-7. 住宅による街並み景観づくりをめざす金山町

良い意味での旦那衆の歴代町長が住宅による街並み景観改善を企図

　金山町は山形県の北端に位置する人口は7千人の農山村で，人口は漸減の傾向にある．1878年に東北地方を旅行したイギリスの旅行家イザベラ・バードの著「日本奥地紀行」には，金山町が特に「ロマンチックな雰囲気の場所」であると記述されている．外国人によるこのような評価は，その後，金山町の人々に自分の町の自然や文化に特別の思い入れを持たせるもとになったのかもしれない．

　先々代の町長がヨーロッパの街並みの美しさに感心し，金山町の街並みもそのようにしたいと思い，昭和38年に啓蒙運動としての「全町美化運動」をはじめた．金山町の町長は，代々山持ちの家系から町民の信頼を得て選出されてきた．歴代町長の職を担ってきたこれらの人々は金山町の産業（林業が中心）政策の思想と地域の歴史・文化とを一身に身につけた，いわゆる良い意味での旦那衆というような指導者的存在の人たちであると推測される．今地方政治でよく見られるこざかしい金儲けなどに走ろうとする利権的政治

家の姿勢とは無縁の，地域の産業と文化を発展させようとする，本当の意味での地域に責任を持つ姿勢を身につけた人たちなのであろう．

1983「新金山町基本構想」，1986「金山町街並み景観条例」

　1971年に30歳で当選した先代町長は，町民の信頼を得て，7期にわたって町政を担当した．先々代の意向を汲み，さらに進んだ取り組みを行った．

　金山町では1983年に「新金山町基本構想」を策定した．その中で「街並み（景観）づくり100年運動」を基幹プロジェクトとして位置付けたのである．これは100年をかけて自然景観と調和した美しい街並みをつくっていこうというものである．また，あわせて林業等の地場産業の振興や人と自然の共生をも意図している．

　1986年3月に「金山町街並み景観条例」が制定された．その内容は「街並み景観形成基準」とともに，街並みの基本となる「金山型住宅」の基準が明記され，さらに金山型住宅建設の助成制度も定められた．条例の第6条に記されている「街並み景観形成基準」の内容は以下のとおりである．

街並み景観形成基準など

　町長は，街並み景観形成地域及び街並み景観形成特定地区を指定でき，地域・地区ごとに街並み景観の形成のための基準（街並み景観形成基準）を定めることができる．街並み景観形成基準は，次の事項のうち必要なものについて定められる．
（1）建築物等の規模及び敷地内における位置形態
（2）建築物等の意匠，色彩及び素材
（3）建築物等の1階部分及び屋上の形態
（4）敷地の緑化措置
（5）その他街並み景観の形成のために町長が必要と認める事項

　町長は，この基準を用いて，既に美しい街並みが形成されているところや新しく景観形成を意図する地域・地区のコントロールが可能になった．

図 7-7-1　金山型住宅の条件

金山型住宅

　もう一方，金山町の街並み景観づくりに大きな役割を果たしているのが金山型住宅である．金山型住宅とは，在来工法による白壁と切り妻の和瓦屋根をもつ住宅である．金山産の木材など伝統的な材料と，伝統的な工法や設計を用いることにより気候風土にあった建物となる．そうして年数が経過しても愛着を持たれ美しく古びる，環境にもやさしい住宅づくりが意図されている．

　金山型住宅のデザイン基準は図 7-7-1 のようなものである．和風妻入りの金山型住宅が街区の中で主たる建築となり，それによる家並みが「次代に継承する美しい共有財産」として自ずと形成されることを意図している．すなわち金山型住宅は，法規制により義務づけられる住宅デザインではなく，建設助成により誘導されて建設される．

　金山町街並み景観条例に基づく助成額は以下のとおりである．新築・増改築とも，形成基準への合致度に応じ，外観の整備にかかる経費の1/3を限度として，住居の場合に最大 50 万円が助成される．詳しくは表 7-7-1 のとおりである．平成 16 年度までの累計件数で 988 件，助成金の累計総額は 176,606 千円となっている．現在，金山町の住宅総戸数は約 2 千戸であり，

表 7-7-1　建設助成

		助成対象内容	限度率	限度額(円)	備　考
建築物	建築	建物の新築の工事費のうち外観に係る経費	1/3	500,000	住居 500,000 円 その他 200,000 円
		建物の増改築の工事費のうち外観に係る経費	1/3	500,000	
		建物の修繕の工事費のうち外観に係る経費	1/3	500,000	
		建物の新築・増改築・修繕で，その他助成対象と認められる経費	1/3	500,000	
	境界の整備	門・塀・柵・垣根等の増改築に係る経費	1/3	150,000	ブロック対象外
		門・塀・柵・垣根等の修繕に係る経費	1/3	150,000	
		門・塀・柵・垣根等の増改・修繕で，その他助成対象と認められる経費	1/3	150,000	
	外観の色彩	外観の半分以上にわたる色彩の変更に係る経費	1/3	100,000	
		外観の半分以上にわたる色彩の変更で，その他助成対象と認められる経費	1/3	100,000	
その他	周辺環境整備	水路・道路に類するものの建設に係る経費	1/2	500,000	
		水路・道路に類するものの修繕に係る経費	1/2	500,000	
		水路・道路に類するものの建設・修繕で，その他助成対象と認められる経費	1/2	500,000	
	緑化	宅地の緑化に類する経費	1/4	100,000	周辺環境に及ぼす効果
	その他	その他助成対象として特別に認められる経費			

その内の半数で何らかの助成がなされていることになる．

　実際に街並み景観を眺めながら歩くと，金山型住宅がまとまりを持った街並み景観を形成する建築であることが強く意識される（写真 7-7-1）．また町役場屋上から金山町の景観（写真 7-7-2）を眺めると，役場周辺では金山型住宅が高い比率で建設されていることがわかる．

毎年の金山町住宅建築コンクールでデザインが収斂

　さてこの金山型住宅の意匠はどのように定められたのであろうか．この意

写真 7-7-1　町役場前の金山型住宅の街並み

写真 7-7-2　金山町役場屋上からの鳥瞰

匠は，名高い建築家や研究者など専門家が決めたものではない．金山町では昭和53年から毎年金山町住宅建築コンクールが行われている．該当年間に金山町の大工・職人により建設された住宅の技術・生産方式などの顕彰・育成にあわせ，デザインの顕彰・評価を目的としている．そしてその審査は公募された一般の町民により構成される審査委員会で行われる．様々な分野から選出された審査委員の意見がぴったりと一致するわけではないので，最優秀賞はこれまで決められたことがないという．しかし長年の建築コンクールの積み重ねにより自ずと伝統に基づく住宅の形態はある方向に収斂した．これが条例に記載されている金山型住宅の意匠である．誰か有名な芸術家が創造したものではなく，金山町の地域性や文化性に基づき，人々の合意の上に必然として自然に生み出された形態なのである．

　他の自治体のこのような景観コントロールの定めの場合，いわゆる「有識者」や自治体幹部，担当部局が定めることが普通である．このような場合デザインのあり方に深い掘り下げを行うことは容易ではなく，達成度が低く市民の不興をかうこともありうることである．例えば，2007年3月に制定された京都市の景観条例がある．条例そのものはこれまでの乱開発を規制しようというもので，高さ規制を半分程度の高さに引き下げるなど，市民的立場からも意義深いものであると評価できる．問題は形態規制である．庇の出の規制やファサードデザインの誘導があるがこれがいかにも手続き的に練り上

げ不足で，市民などから多くの疑問の声が出された．

このような事態と比較すると，金山型住宅のデザインは，長い時間的経過と広い衆知の積み上げにより，町民の大多数が合意できる意匠として創造され典型となったものである．

全国の景観づくりのモデルに

景観法の成立とそれに基づく景観地区の普及により，今後，全国的にそのまちや地区らしい街並み景観づくりや住宅・建築のデザインコントロールが広がるものと思われる．金山町の取り組みや金山型住宅のデザインの決定過程は，そのような景観づくりやコントロールのもっとも望ましい事例として学ばれる必要があると考える．

7-8. 大正モダンの建築様式に学ぶ

なじみやすさや必要な文化的情報が欠如したモダニズム建築デザインではなく，市民にとってアイデンティティや文化性・芸術性が感じられる具体的な建築デザインのあり方や様式を提示したい．モデルとして，高い達成であると考えられる大正モダン（164 頁に詳述）の建築様式とつながるものを筆者が体験した限りで紹介したい．

大正モダンは美しいプロポーションとシンプルな装飾が特徴

大正モダンデザインは，プロポーションの美しい立面構成にシンプルな装飾を付加しているところに特徴がある．それ以前の折衷主義によるルネッサンス様式の複雑でコストのかかる装飾ではなく，モダニズムデザインにも通ずるシンプルでセンスの良い装飾が散りばめられている．

19世紀末〜20世紀初頭のプレモダンと軌を一にするローコストで人々に受け入れられやすいデザイン

　この美しいプロポーションとシンプルな装飾は20世紀初頭にヨーロッパで展開されたアーツ・アンド・クラフツ，ゼセッション，アール・ヌーボー，アール・デコなどと軌を一にするものである．ローコストで，現代人にも受け入れられやすいデザインであるということで，これからの建築に創造的に用いられ，空間デザイン・文化情報を豊かにする役割が期待できる．以降の頁を用いて，そのような建物のデザインを簡単に紹介したい．

　さらに末尾に，同様の考え方を探る中で，筆者が設計した建物についても数例を紹介することにしたい．上記のような考えをまとめる過程の作品であり，全体の構成は歴史的・伝統的な空間構成を現代化する試みを行ったつもりであるが，一方の重要なデザイン要素である大正モダンにならった装飾を適切に導入するところまでは到ってはいない．そうそうたる有名建築家の作品の後に自分のものを提示するのは相当に気が引ける．しかし日ごろ建築家と名乗りながら，理論を述べるだけで制作物をお見せしないことはこの出版の意義を不充分なものにするとも考えられるので，恥を忍んで掲載することにした．なお掲載する建物名は次のとおりである．

- 南海鉄道浜寺駅駅舎（設計：辰野金吾ほか）
- JR萩駅駅舎（設計：不詳）
- 求道会館（設計：武田五一）
- 旧制松本高校講堂（設計：不詳）
- 旧制姫路高校本館・講堂（設計：不詳）
- 紫織庵（設計：武田五一・上坂浅次郎）
- スパニッシュ・ミッション様式の住宅（設計：W.M. ヴォーリス）
- 京極小児科住宅（設計：不詳）
- 西本願寺神戸別院M寺（設計：筆者）
- 芦田内科（設計：筆者）
- 惣山町の家（設計：筆者）
- 北野白梅町の家（設計：筆者）

モダニズムを超える建築デザインを

　この図書で探求した建築デザインは，住宅のデザインを基本とするものである．基準とした市民の好みが，住宅でしか推し量れないためであることは先に述べた．しかしビルや施設建築であっても市民の好みは，抽象的な形態を持つモダニズムの造形ではなく，文化的な情報を豊富に持つそれ以前の伝統的な建築デザイン・様式にあることは，日本各地の取り壊し建築の保存運動からも明らかである．今後の新築の場合，コスト面や工期，あるいは新しいセンスなどから，ルネッサンス建築などの様式が不適切であることは明白であるが，それらを近代化し簡略化したゼセッションやアール・デコの様式を現代化して用いることには大いに可能性があるように思われる．

　なお「モダニズム以前にはもどれない」との建築専門家の主張がある．しかしこの考えはモダニズムのみが正しい様式であるとする偏った建築教育により形成されたものである．歴史的な様式を好み，豊かな文化情報の存在を求める市民の希望を尊重し，サステイナブルな建築づくりをめざす立場にポジションを移し，柔軟に思考して，本来あるべき役割を果たすべきであろう．

南海鉄道浜寺駅駅舎
（設計：辰野金吾ほか）

　辰野金吾（1854～1919）は明治・大正期のわが国の代表的な建築家である．南海鉄道浜寺駅駅舎は大正モダンに先駆けて1907年に辰野片岡事務所の設計・監理で建設された．辰野の建物は大きいものが多いが，この駅舎は木造平屋の住宅に近いスケールの建物となっている．構造の軸組が化粧の表し仕上げである北欧・イギリスの民家のデザインのハーフティンバー様式（洋風の軸組構造）を模してデザインされている．

　正面の形は左右対称の美しいもので，真ん中に大きな妻入り屋根の破風と4本の柱からなる頂部にアーチを設けた列柱の入り口，左右に小さな破風の屋根が並び，バランスのよい落ち着いたファサード（主たる立面）デザインを形成している．各々の破風まわりや列柱のディテールに味があり，ブルネレスキ[5]のデザインを彷彿とさせる魅力的な外部デザインである．

写真 7-8-1-1　浜寺駅の左右対称のファサード

5) ブルネレスキ：ルネッサンス期にイタリアのフィレンツェで活躍した建築家．フィレンツェのドゥオモ（32頁）や捨て子養育院の設計などで有名．

ルネッサンスの様式をそのまま真似したデザインではなく，19世紀末から20世紀初頭にかけて欧米で流行したアール・ヌーボーなどの様式をバージョンアップしたものである．破風や欄間の木製の化粧部材は，構造部材をそのまま見せるのではなく，文化的な情報を伝える円・三角や星形の飾りとしてデザインされている．ルネッサンス様式のデザインであれば伝統的な具象的彫刻が取り付けられるところであるが，この飾りは抽象的な文様であり，現代でも受け入れられやすいシンプルな形象であるといえよう．また破風のけらば材[6]には，シンプルな彫刻が施された下魚[7]が設けられている．このように伝統的な様式を近代化しつつ文化情報を伝えるデザイン的な努力が組み込まれている．そしてこのように幾分抽象化したデザインであれば，具象彫刻などに較べ建設費は安価で工期は短く，現代であってもそのような設計や施工を行うことは困難ではない．

写真 7-8-1-2　抽象的文様が並ぶ柱頭部のディテール

写真 7-8-1-3　簡素にデザインされた破風のディテール

6)　けらば材：妻側の屋根に接する庇の一番外側の斜めの部材．
7)　下魚：けらば材の交差部分にぶら下がる部材，アジアでは魚がぶら下がる形を取っていたため下魚と呼ぶ．

7. 優れた事例に学ぶ

JR 萩駅駅舎
（設計：不詳）

　萩駅は1925年（大正14年）に建設された．老朽化が激しく，無人駅となっていた．萩市は駅をJR西日本から無償で譲り受けた．これを機に修繕を行い，建築としてはもとの萩駅として復元された．1996年に登録有形文化財となった．そして駅の機能は残しながら，1998年から「萩市自然と歴史の展示館」として利用されている．

　建設当時，鉄道省は主要駅を近代洋風建築の様式でデザインしたが，萩駅はその中でもモダンでシャープな美しいデザインで創り上げられている．道路から眺めるファサードデザイン（写真7-8-2-1）は，パステルカラーのハーフティンバー（洋風の軸組構造）の外壁に，洋風の三角屋根の破風の玄関が突き出しており，その上に半円形の屋根窓が並んでいる．形状は水平方向に長く安定したイメージであるが，少し幾何学的な形態も読み取れてハイカラでおしゃれである．

　玄関の破風の部分（写真7-8-2-3〜4）は，中央が幾分寄せ棟のように折

写真7-8-2-1　水平性が強く魅力的な道路からのファサード

れ曲がっている．その垂れ下がった屋根庇を受ける肘木が三角形の部材に少し彫り込みがある形で3枚並んでおり美しい．板材や線材を少し加工して並べれば簡単に創り上げることのできる装飾であるが，その効果は大きい．

柱は，角材を4本で構成する複合コラムとなっているが面白い効果をつくり出している（写真7-8-2-2，7-8-2-4）．

写真7-8-2-3　少し装飾性のある肘木が美しい破風

写真7-8-2-2　通用口の4本組柱

写真7-8-2-4　正面性をデザインしているメインエントランス

7. 優れた事例に学ぶ

求道会館
（設計：武田五一）

　武田五一（1872～1938）は辰野金吾の弟子で，京都大学建築学科の創設者として有名である．ヨーロッパのアーツ・アンド・クラフトやゼセッションなどの美術・建築運動の日本への紹介者でもある．代表的な作品としては，今はファサードのみが残されている京都府立図書館，旧山口県庁舎，藤井有鄰館（京都市左京区岡崎）や京都の三条通の旧毎日新聞社京都支局ビルなどがある．

　求道会館（写真7-8-3-1）は1915年の，武田が東京を離れる直前に文京

写真7-8-3-1　ギリシア神殿をモダナイズした求道会館ファサード

区に建てられた．仏教界の刷新を試みる若き仏教者近角常観（1870～1941）の求めに応じ，12年間の設計期間をかけて生み出されたものである．仏教の寺院のような仏を前にして念仏を唱えるための施設ではなく，人々を前に説教を行う目的の，キリスト教の教会のような施設として計画された（写真7-8-3-2）．

写真7-8-3-3は入り口の街灯詳細，写真7-8-3-4は内部の2階ギャラリーまわりの詳細である．手摺りに○に卍をはめ込むなど，形を単純に割り切ることなく，細やかな造形が与えられている．

写真7-8-3-2 内部，正面の仏壇まわりはキリスト教会内陣のような構成

写真7-8-3-3 入り口右の街灯詳細，柱頭部にシンプルな装飾

写真7-8-3-4 2階ギャラリーを支える鉄骨柱と○に卍の手摺り

旧制松本高校本館・講堂
（設計：不詳）

　ナンバースクール（一高・二高など）に続く1922年に完成した「地名」スクールの初期のものとして設立された旧制松本高校（現信州大学）の本館（写真7-8-4-1）と講堂である．設計は文部省営繕であると思われるが具体的な設計者は不詳である．現在は松本市立「あがたの森文化会館」として公民館，図書館，市民の文化活動の拠点として活用されている．また国指定の重要文化財となっている．

　外壁やファサードは木造の軸組が格子状に組まれ，壁面はパステルカラーで塗装された下見板張りである．軸組の構成は細い枠材による繊細なデザインで，美しく組み合わされている．このような施工のコストはそう高くはないと思われ，住宅などの2階建て程度の小規模な建築の外壁デザインに応用しやすいデザイン・仕上げである．

　写真7-8-4-3は本館に接して建てられている講堂の入り口庇の上部である．木製柱は2本組で，上部の桁との取り合いは単純ながら伝統的な形状に切り

写真7-8-4-1　木造軸組の構成が美しい本館ファサード

込まれた肘木が設けられている．またその下部の柱頭には数珠状の簡単なレリーフが彫り込まれている．2本組の柱の形状は軒裏に突き当たり，更に軒先まで延長されて，見上げ部分のデザインの主たる構成となっている．欄間部分にも，屋根裏換気口をイメージさせる木組みが同様に軒先まで伸びており，直線状の軽やかなデザインが創りだされている．いわゆるモダニズムデザインでは，このような不必要なデザインは捨象され，単純で退屈なデザインになりがちであるが，ここではその機能的には不必要なデザインが，空間の活性化に大きな役割を果たしている．

　写真 7-8-4-4 は講堂の階段手摺りである．親柱には単純なレリーフが彫り込まれている．また少し面取りがなされた手すり子の間に単純であるが美しい透かし彫りがされた板がはめ込まれている．モダニズムデザインのデザイン要素の少ない手摺りや手すり子にくらべ見る人に訴えかける内容を持っている．この程度の細工であれば，コストはそう高くはなく現代でも同様のデザインと実現は可能である．大正・昭和初期の建物にはこのような単純な装飾が多く付加され効果的である．

写真 7-8-4-2　軽快な窓枠まわり

写真 7-8-4-3　講堂入り口庇の柱頭

写真 7-8-4-4　簡素な木彫りが美しい

7. 優れた事例に学ぶ

旧制姫路高校講堂
（設計：不詳）

　旧制姫路高校講堂（写真7-8-5-1）は，文部省営繕の設計で1926年に建設された．現在は兵庫県立大学姫路新在家キャンパスの講堂として使用されている．1990年に姫路市の都市景観重要建造物等，1999年に国の登録有形文化財となっている．

　建物のデザインは洋風であるがルネッサンス以降の折衷主義の様式ではなく，現代のモダニズム様式でもない．どの様式かと特定しにくい．アール・ヌーボーのような動植物の曲線的な装飾はない．しかし装飾はかなり簡略化されつつ存在しており，どちらかといえばプレモダンのゼセッション様式に近いと分類できよう．写真7-8-5-2の塔屋部分の詳細を見れば，プロポーションは美しくシンプルなデザインはモダニズムの雰囲気が強い．しかし縦長の窓は繊細な格子により仕切られ，その上部にはヨーロッパの伝統的な形状を模した丸窓が設けられて美しい．

写真7-8-5-1　どっしりと安心感を与える姫路高校ファサード

写真7-8-5-3は内部2階ギャラリーの腰の手摺りのデザインである．格子状の仕上げのデザインの床梁の上部に木造木組を思わせる形をした飾り桝が貼り付けられている．何の力を受けないことは形から見れば明確であるが，平板な形状に単純ながら味のある線状のレリーフが彫り込まれており，この飾り桝に特別な力を与えているように見える．

写真7-8-5-2　四角と丸の組み合わせが美しい塔屋部分詳細

写真7-8-5-3　何となく魅力的な2階ギャラリー手摺り

7. 優れた事例に学ぶ

紫織庵
（設計：武田五一・上坂浅次郎）

　京都の街中に建つ江戸後期の和風医院建築に，1926年に武田五一がモダンな洋間を付け加え，数寄屋大工の上坂が茶室や和風部分にかかわった．武田は洋間部分の道路側に，妻を見せた切妻の和風部分を付加している．これにより増築部分が既存の和風の街路に無理なくとけ込めるよう工夫している．洋間部分の外壁は重厚なタイル仕上げになっておりその上部には短柱の彫りの深い列柱がデザインされている，その上端には六角形の単純な形状の装飾が設けられている．道路側からは側面が見えるのみであるが，門の付近の道路を通過する際に彫りの深い列柱が印象的な一瞥を与えている．

　洋間外壁には玄関庇（写真7-8-6-3）が設けられている．洋館の壁であれば洋風の庇がつくのが普通であろう．しかしここでは武田は伝統的な和風の持ち出しの庇のディテールを用いているが違和感はなく，洋風と和風がうまくマッチするデザインとなっている．

写真7-8-6-1　和洋混合の道路よりの外観

写真 7-8-6-4 は洋間の天井であるが，和風農家を思わせる太い竿縁の，スパニッシュ風天井となっている．細かい造形はないが，西洋の民俗的形象を用い，人々の心に馴染みやすい形象を用いている．

写真 7-8-6-2　強い存在感を持つ短柱が並ぶ洋間外壁上部

写真 7-8-6-3　洋間外壁に取り付けられた玄関庇

写真 7-8-6-4　洋間のスパニッシュ風天井

スパニッシュ・ミッション様式の住宅
（設計：W.M. ヴォーリス）

　写真7-8-7-1の神戸住吉山手に建つW.M.ヴォーリスの手になる小寺邸は，1930年に完成した．スペインの住宅様式をアメリカ化したスパニッシュ・ミッション様式の住宅では関西の代表的なものである．

　建物は左右対称で美しく，門や塀は手作り感の強い魅力的なものである．門灯（写真7-8-7-2）は手のこんだ味のある細工となっているが，平面的な造形で，現在の技術でも制作はそう難しくはない．

　写真7-8-7-3は小寺邸の主たるファサードの破風のディテールである．棟木の下には，破風飾りとしてスパニッシュ瓦の丸瓦が短く切られ3枚がおむすび状にずれて壁に張り付けられている．簡単なディテールであるが味のある効果的な装飾となっている．その下には径の小さなアーチの窓が2つ並んでおり，瓦の飾りとうまく調和して配置されている．窓の下端は持ち出し型

写真7-8-7-1　神戸市住吉山手の堂々とした小寺邸ファサード

写真 7-8-7-2　植物を文様化した小寺邸門灯

写真 7-8-7-3　柔かく手作り感の強い小寺邸破風飾り詳細

の小さいテラスで，壁の中から生えてきたような連続的なデザインとなっており魅力的である．壁は手作り感の強いラフなスタッコの仕上げとなっており，時間の経過による外壁の汚れが建物に風格を与えている．

　写真 7-8-7-4 は堺市浜寺に建つヴォーリスの手になる近江岸邸（1935年建設・登録文化財）の霧庇である．三角形に構成される肘木・腕木の上に板 1 枚の薄い庇が載りその上に銅板が葺かれるという，軽やかな造形である．肘木には繰り型の造形が刻まれ，また先端の受け桟は肘木や腕木に差し込まれるという，簡単ではあるが手作り感が強く感じさせるディテールになっている．

写真 7-8-7-4　簡素ながら美しい浜寺の家霧庇詳細

7. 優れた事例に学ぶ

京極小児科住宅
（設計：不詳）

　芦屋市の阪神打出駅北の国道2号線に面して建つ京極小児科の旧館（写真7-8-8-1）である．築年数や設計者は不明．国道よりも1階近く上がった部分に1階の床がある．サンフランシスコのビクトリアン住宅であるペインティッド・レイディと同じような構成で，地盤面に近い地下室は倉庫などに用いられているものと思われる．

　2階の上に屹立する主屋根は矩勾配（10/10の勾配）を超える急な勾配となっている．その急勾配の屋根には三連の破風のある屋根窓が設けられて屋根面のデザインの特徴となっている．主屋根の破風面にも縦長の小窓が設けられており，急勾配の屋根の中に，3階の居室が設けられていることがわか

写真7-8-8-1　ランドマークとなっている京極小児科ファサード

る．通常より高い1階の上に3階建ての建物が乗るということで，実質的には4階建てに近い高さを獲得している．この4階建てに近い高さと，急勾配のとがった屋根は，国道2号線を走る車から見ても特徴的で，昔からこのあたりのランドマークになっている．

　2階南面には間口全面にわたってインナーバルコニー（写真7-8-8-2）が設けられている．2階に主たる生活スペースが設けられていると思われ，このバルコニーは住まいに対する庭園の役割を果たしているのであろう．バルコニーにはねじりん棒のように加工された6本の柱とその上に渦巻きがレリーフされた柱頭が載っており，急勾配の主屋根を支えている．ねじられた柱は，全体として直線で構成されたこの建物に手作りの造形の魅力を付加している．その柱の上に乗る柱頭はその魅力を更に増加させる．ギリシャ・ローマのオーダーのイオニア柱頭部の渦巻きの飾りを平面的に拡大・簡略化した魅力的な造形となっている．柱と頂部の全体は，甘くて美味しい大きな砂糖菓子のようにも見える．バルコニー内部には美しく整えられた菱形格子の窓が設けられており，空間に味付けをしている．

写真7-8-8-2　ねじりん棒のような柱が美しい2階バルコニー
　　　　　　―詳細

西本願寺神戸別院 M 寺
（設計：筆者）

　神戸市中央区に建つ真宗の寺院である．市街地の真ん中の狭い敷地に建設するということで，法定容積ギリギリの鉄筋コンクリート造3階建てとなった．延床面積は399m²である．竣工は2002年3月であった．

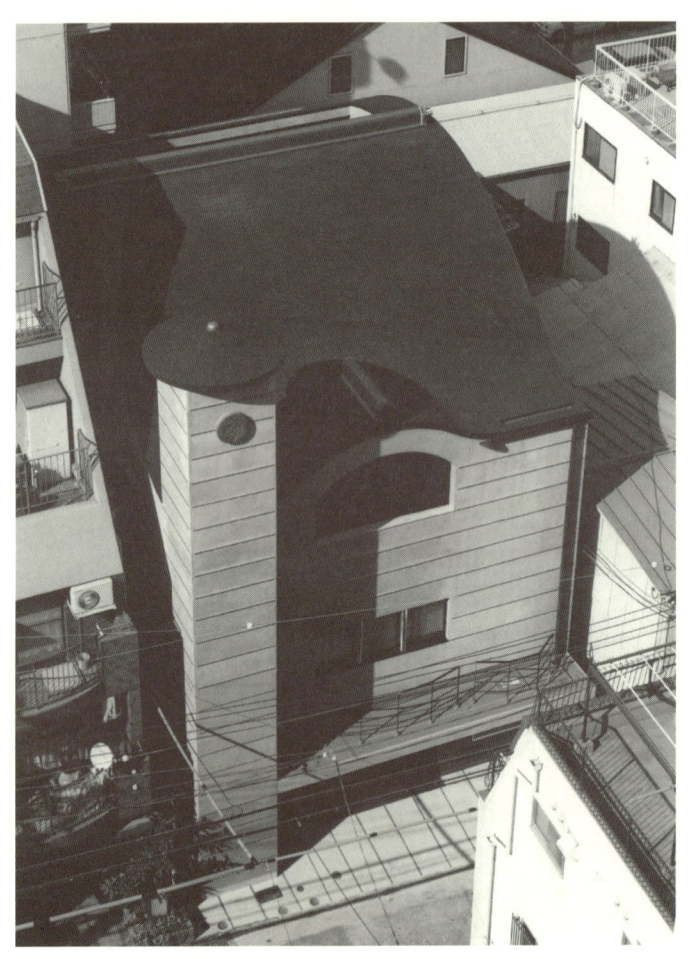

写真 7-8-9-1　M寺南面を上部から見る

インド様式の西本願寺神戸別院（通称モダン寺）の配下に属する真宗西本願寺派の寺院である．1階には寺院会館集会室兼駐車場を，2階に本堂及び会議室を3階に住職家族の住居を設けている．

外部デザインは，寺院などのデザインサーヴェイを行った結果，国宝の西本願寺唐門の造形を簡略化して取り入れた唐破風を基調としたアール・ヌーボー調のものとした．大屋根を唐破風の構成にするとともに，道路に面する破風屋根も唐破風の形象を用いている．正面左の丸屋根の付いた棟はエレベーターシャフトで，上部に寺院の紋章を張り付けている（写真7-8-9-1）[8]．

道路からのメインの入り口のガラス建具は，様々な格子を組み合わせた装飾的なものとなっている．正面上部には寺院の紋章を張り付けている（写真7-8-9-2）．また集会室内部デザインは，天井と床に方向性の強い線状のデザインをほどこし，白と黒の色調でシンプルな造形を基調とするアーリーモダン[9]調とした．線状のイメージの天井と床にはさまれた部分には光を微かに通すアクリル棒を多数埋め込んだ真っ黒な大型引き戸が設けられている（写真7-8-9-3）．

写真7-8-9-2 様々な格子が組み合わされた道路からの入り口建具

写真7-8-9-3 リニアーなデザインの集会室から道路側を見る

---

8) 写真7-8-9-1，写真7-8-9-2，写真7-8-9-3，は花城辰男撮影．
9) アーリーモダン：モダニズム建築デザインの初期の意．ロースや初期のコルビュジェのような幾何学的ではあるが手作り感のあるデザインをさす．

7. 優れた事例に学ぶ

芦田内科
（設計：筆者）

　腎透析を中心的な医療内容とする大型の内科医院（写真7-8-10-1）[10]．鉄骨造地上三階の延床面積1,355m²の建物で，1999年8月に完成した．旧城下町の丹波柏原町に立地する地域の中心的な医療施設である．平面計画は院長の綿密で合理的なプランを，建築専門家の立場から筆者がリファインした．外部デザインについては，院長はシャープなモダンなスタイルを，経営に深く関わる院長夫人は，城下町の伝統に適合するイメージを希望された．協同の長期のスタディの結果，診療部門にはシャープなカーテンウォールで医療機関として信頼される科学性の表現を，そして管理部門は（そして階段室も），近接の山上にある三重塔に相関させて，多宝塔の伝統的なイメージを用いたデザインに落ち着いた．

　先端科学をイメージさせる反射ガラスカーテンウォールが，歩くにつれて空やまわりの景観変化の映り込みを見せ，非日常性を経験させるメインアプローチの仕掛けとなった（写真7-8-10-2）．管理部門の多宝塔のイメージの具体化のため，ブラマンテのテンピエット[11]の一層部分を簡略化した屋根飾り（写真7-8-10-3）を寺院の相輪のように頂部に設けた．その上に高い避

写真7-8-10-1　遠景，右の丸屋根は管理棟，左の屋根は階段室

10)　写真7-8-10-1は花城辰男撮影．

写真 7-8-10-2　西面のメインアプローチ

雷針棒を設けているが，その先端には雷を受ける花の彫刻が設けられている．

　外来待合いは，天井までのカーテンウォールによる開放的な空間になっている（写真 7-8-10-4）[12]．開口部内部にはカーテンウォールと同じ寸法でデザインされた大型の可動断熱障子も設けられており，格子形状による明快でモダンなデザインとなっている．この断熱障子は，厳冬期における暖かい快適な温度環境の保持と，夏場の赤外線を遮蔽し冷房効率を上げる役割も果たしている．

写真 7-8-10-3　管理部門屋根頂部の屋根飾り

写真 7-8-10-4　待合い内部，カーテンウォールを内部から見る．内側には断熱障子が設置されている

11) テンピエット：ローマのサン・ピエトロ・イン・モントリオ教会内に 1514 年にブラマンテの手によってつくられた円形平面の礼拝堂．
12) 写真 7-8-10-4 は花城辰男撮影．

7. 優れた事例に学ぶ

惣山町の家
（設計：筆者）

　神戸市北区に建つ，40代の夫婦2人のための住宅である．完成年は1993年．やや成熟した南下がりの戸建て住宅団地であるが，南隣地の2階部分で眺望が遮られるため2階に居間や食堂など共用室を上げた．写真7-8-11-1は北側の道路面から見たファサードである．外部デザインは，周辺が大手ハウスメーカーによる洋風の雰囲気の工業化工法住宅で固められているため洋風を基調にしながらも，馴染みやすく手作りの魅力が強く示せるデザインを試みた．屋根は赤っぽい窯変瓦で2階窓台には木製の切り込みのあるフラワーボックスが設けられておりスイスあたりの民家にも見えるが，プロポーションでは和風のようにも見える．洋風と和風の両方に見えるやや複雑な雰囲気であり，心のつながりを切り捨てたようなデザインの周辺の工業化住宅とは明らかに違う魅力となっている．

　写真7-8-11-2は2階居間である．小屋裏を利用し，船底天井[13]の吹き抜

写真7-8-11-1　手作り感の強い道路側ファサード

---

13) 船底天井：船底を逆さにして見上げるような真ん中が高い天井．

写真 7-8-11-2　4本柱の櫓が組まれた2階居間

け風の開放的な空間とした．真ん中には4本柱の櫓を組み高い天井を支え，その上部には暖気を外部に排気できるトップサイドライトを設けている．この4本柱の櫓は，インドネシアなど東南アジアの伝統的な空間・構造の構成であり，そのようなアジアの伝統ともつなげる空間づくりとした．色調的にも，床天井は白木の仕上げ，間の壁は

写真 7-8-11-3　棟換気金物の単純な飾り

木材の軸組と白壁と，和風のイメージとしている．この住宅は試みにOMソーラーを用いた．開放型のソーラーシステムのためその性能は充分ではないが，どうにか大空間での居住性を支えている．写真7-8-11-3は棟換気の吸排気口詳細である．夏期の大量の小屋裏排気と，OMソーラーの小屋裏への排気のため効率の良い排気口が必要で，アルミ製の既製品を設置した．しかしそのままではいかにも工業製品そのままで，安易にデザインしている感じが否めない．そこで吸排気性能を損なわず，安価に手作りの感じを示すため，細い木片を十字に組んで留め付け，写真のデザインとした．

7. 優れた事例に学ぶ

北野白梅町の家
（設計：筆者）

　京都市北区北野に建つ，延床面積134m²の木造地上2階建ての住宅．竣工は2004年8月である．

　中層マンションや低層住宅が混在するやや乱雑な街並みに立地する，4人の核家族のための住宅である．高密な住宅地でもプライバシーや日照が確保できるよう，簾でカバーされたポーチや，2階窓から日照を受けることができる大きい吹き抜けを持つ居間を設けた（写真7-8-12-2）．1階の居間の南側には天井面と側面に網戸を入れた庭代わりの屋外室が設けられている．この網戸枠に御簾をかけ，南前面に接近している隣家からの覗き込みをコントロールしながらプライバシーの高い屋外生活ができる．高密でも自然を取り入れることができる京都の伝統的な坪庭の役割を，中層化の街並みに対応するよう新たな計画手法で実現したものである．内外のデザインも含め新たな

写真 7-8-12-1　法規制で蔵造り風となった南西面から見る道路側ファサード

都市住宅像を追求を意図した．2階への階段は，敷地形状から生じた東面の半円の壁を生かし木造の片持ち形式の階段が設けられている．担当した大工の力量はたいしたもので思わず拝みたくなる迫力ある出来栄えとなっている（7-8-12-3）．8本足のヒトデのような照明器具（写真7-8-12-2）も同じ大工の作であるが，精度が高く見事である．職人技の大切さを思い知らされた．

なお，高断熱・高気密の技術を用いているため，寒い京都であっても，1台のストーブで家中の暖を取ることができる．

写真 7-8-12-2　居間から南を見る．1階には網戸の入った屋外室，2階は南前面の3階建てに遮られない採光窓

写真 7-8-12-3　居間当面の半円形の壁に木製片持ち型の階段と2階廊下がもうけられている

参照図書

　この著作の執筆にあたり参照した図書の一部として概ね100冊程度を以下に記す．なぜ筆者がこのような考え方に到達したかに興味をお持ちの方がいれば，以下の文献などにそのヒントが隠されている．そのようなことはさておき，いずれも興味深い文献ばかりであり，一度読まれることをお勧めする．なお，複数の章にわたる内容を含む場合も多いが，表記上の単純化のため主要な部分が関わっている1つの章に名を記した．図書の表記は「図書名／編著者名／出版社名／出版年」としている．

【第1章】
アメリカの住宅生産／戸谷英世著／住まいの図書館出版局／1998
失われた景観／松原隆一郎著／PHP新書／2002
英国の持続可能な地域づくり／中島恵理著／学芸出版社／2005
快適都市空間をつくる／青木仁著／中公新書／2000
環境と開発／宮本憲一著／岩波書店／1992
環境要覧2005/2006／地球・人間環境フォーラム編／(財)地球・人間環境フォーラム／2005
空間の社会経済学／大泉英次，山田良治編／日本経済評論社／2003
住宅で資産を築く国，失う国／住宅産業問題研究会編著／井上書院／2004
世界の環境都市を行く／井上智彦ほか編／岩波ジュニア新書／2002
地球人口100億の世紀／大塚柳太郎，鬼頭宏著／ウェッジ選書／1999
定期借地権とサスティナブル・コミュニティ／定期借地・住宅地経営研究会編著／井上書院／2002
都市開発を考える／大野輝之，レイコ・ハベ・エバンス著／岩波新書／1992
都市美／西村幸夫編著／学芸出版社／2005
土地・持家コンプレックス／山田良治著／日本経済評論社／1996
西山夘三とその時代／西山文庫編／西山文庫／2000
日本の住宅はなぜ貧しいのか／戸谷英世ほか著／井上書院／2003
文明崩壊　上・下／ジャレド・ダイアモンド著／草思社／2005
美の条例／五十嵐敬喜ほか著／学芸出版社／1996
古くて豊かなイギリスの家，便利で貧しい日本の家／井形慶子著／新潮文庫／2004
街並みの美学／芦原義信著／岩波書店／1979
続・街並みの美学／芦原義信著／岩波書店／1983
豊かさとは何か／暉峻淑子著／岩波新書／1989

【第 2 章】

Alvar Aalto／Markku Lahti 著／The Finnish Building Centre／1998
Charles Rennie Mackintosh／John McKean ほか著／Lomond Books／2000
Historic Arts & Crafts Homes／Brian D. Coleman 著／Gibbs Smith, Publisher／2005
Philip Webb／Sheila Kirk 著／Wiley-Academy／2005
William Morris／Pamela Todd 著／Chronicle Books／2005
アール・デコの世界 1〜5／佐野敬彦編／学習研究社／1990
アルヴァ・アアルト／武藤章著／鹿島出版会 SD 選書／1969
英国の未来像／チャールズ皇太子著／東京書籍／1991
オットー・ワーグナー／H. ゲレーツェッガー，M. パイントナー著／鹿島出版会 SD 選書／1984
伽藍が白かったとき／ル・コルビュジェ著／岩波書店／1957
近代建築／オットー・ヴァーグナー著／中央公論美術出版／1985
近代建築の失敗／ピーター・ブレイク著／鹿島出版会 SD 選書／1979
空間時間建築／ジークフリート・ギーディオン／丸善／1969
現代建築の巨匠／ペーター・ブレイク著／彰国社／1967
現代建築論／山本学治著／井上書院／1968
現代の建築／西山夘三著／岩波新書／1958
建築美論の歩み／井上充夫著／鹿島出版会／1991
建築の多様性と対立性／ロバート・ヴェンチューリ著／鹿島出版会 SD 選書／1982
世界建築宣言文集／ウルリヒ・コンラーツ編／彰国社／1970
天才建築家ブルネレスキ／ロス・キング著／東京書房／2002
都市デザイン／J. バーネット著／鹿島出版会 SD 選書／2000
西村幸夫風景論ノート／西村幸夫著／鹿島出版会／2008
パッラーディオの建築／ジェームズ・S. アッカーマン著／彰国社／1979
フランスの景観を読む／和田幸信著／鹿島出版会／2007
ミース・ファン・デル・ローエ／ワーナー・ブレーザー編／A.D.A.EDITA Tokyo／1976
山本学治建築論集 1 歴史と風土の中で／山本学治著／鹿島出版会 SD 選書／1981
山本学治建築論集 2 造形と構造と／山本学治著／鹿島出版会 SD 選書／1981
山本学治建築論集 3 創造する心／山本学治著／鹿島出版会 SD 選書／1981
ライト自伝／フランク・ロイド・ライト著／中央公論美術出版／1988
歴史都市の破壊と保全・再生／アンソニー・M. タン著／海路院／2006
私のルイス・カーン／工藤国雄著／鹿島出版会／1975

【第 3 章】

The National Trust／木原敬吉監修／駸々堂／1991
完全なる人間／A.H. マスロー著／誠信書房／1998
現代のエネルギー・環境政策／小林俊和著／晃洋書房／2008

建築論／森田慶一著／東海大学出版会／1978
建築論／西山夘三著／勁草書房／1969
住居論／西山夘三著／勁草書房／1968
住宅の権利・誓約集／中林浩監修／日本住宅会議／1999
創造的人間／A.H. マスロー著／誠信書房／1972
適当だけどなぜか幸せなイギリス人真面目だけど苦労が多い日本人／古川修著／大和書房／2003
時を超えた建設の道／クリストファー・アレグザンダー著／鹿島出版会／1993
地域空間論／西山夘三著／勁草書房／1968
パタン・ランゲージ／クリストファー・アレグザンダーほか著／鹿島出版会／1984
マズローの心理学／フランク・ゴーブル著／産能短期大学出版部／1972

【第4章】
18世紀ロンドンの私生活／ライザ・ピカード著／東京書籍／2002
Evaluative image of the city／J.L. Nasar 著／SAGE Publications／1998
新都市型戸建て住宅に関する研究／特定非営利法人西山夘三記念すまい・まちづくり文庫編／特定非営利法人西山夘三記念すまい・まちづくり文庫／2003
長期居住者訪問調査・住み替え調査報告書／竹山清明著／特定非営利法人西山夘三記念すまい・まちづくり文庫・京都府立大学人間環境学部竹山研究室／2002

【第5章】
概説景観法／景観法制研究会編／ぎょうせい／2004
景観法と景観まちづくり／日本建築学会編／学芸出版社／2005
景観法を活かす／景観まちづくり研究会編著／学芸出版社／2004
住宅白書2007-2008 サステイナブルな住まい／日本住宅会議編／ドメス出版／2007

【第6章】
Asian Resorts／Tan Hock Beng 著／グラフィック社／2003
Geoffrey Bawa／David Robson 著／Thames & Hudson／2004
イギリスの住宅デザインとハウスプラン／住宅生産性研究会編／住宅生産性研究会／2002
イギリスの住まいとガーデン／川井俊弘著／TOTO出版／2003
イタリア社会と自治体の挑戦／梅原浩次郎著／かもがわ出版／2006
遺伝子で探る人類史／ジョン・リレスフォード著／講談社／2005
ウィーン／河野純一著，大山富夫写真／京都書院／1989
建築／アンドリュー・バランタイン著／岩波書店／2005
人類がたどってきた道／海部陽介著／NHKブックス／2005
図解百科・様式の要素／スティーヴン・キャロウェー編／同朋舎出版／1994
ドイツの景観都市／飯田実著／工作舎／1995
にぎわいを呼ぶイタリアのまちづくり／宗田好史著／学芸出版社／1999

西村伊作の楽しき住家／田中修司著／はる書房／2001
日本文化 モダン・ラプソディ／渡辺裕著／春秋社／2002
ヒト，この不思議な生き物はどこから来たのか／長谷川眞理子編著／ウェッジ選書／2002
フェラーリと鉄瓶／奥山清行著／PHP研究所／2007
マイクロトレンド／マーク・J. ペン，E. キニー・ザレスン著／NHK出版／2008
ヨーロッパ環境都市のヒューマンウェア／大橋照枝著／学芸出版社／2007

【第7章】

Community by Design／Kenneth B. Hall & Gerald A. Porterfield 著／McGraw-Hill／1995
How to Create Your Own Painted Lady／Elizabeth Pomada ほか著／E.P. Dutton／1998
Letchworth／Mervin Miller 著／Battler & Tanner Ltd.／2002
Letchworth Garden City 1903-2003／Margaret Pierce 著／Yesterdays World Publications／2002
Mark Springs Story／マークスプリングス物語評価総括委員会編／井上書院／2004
Victorian Domestic Architectural Plans and Details／William T. Comstock 著／Dover Publications, Inc, New York／1881
次世代のアメリカの都市づくり／ピーター・カルソープ著／学芸出版社／2004
世間遺産放浪記／藤田洋三著／石風社／2007
日本奥地紀行／イサベラ・バード著／平凡社／2000
歴史遺産 日本の町並み108選を歩く／吉田桂二著／講談社／2001

エピローグ

　「プロローグ」に記したように本書は12年以上前から研究・調査し書きためた論考からなっている．本としてまとめる作業を始めてからも6年以上は経っている難産とも言えるものである．

　最初にとりまとめたものは，第3章の「アメニティと住宅デザイン」と「マズローピラミッドと生活空間のあり方」である．この2つの論考は本書の基調をなすものである．「建築家が修練を積み自分の好みのデザインをする」のが建築デザインの本旨というのではなく，建築計画やデザインは人々の幸せのために形づくられるべきで，とりわけ精神的・文化的達成が大切であるとする考え方を明確にすることができた．

　この考えをもとに，第4章の市民の好みから望ましい建築デザインを探るという研究に取りかかった．「4-2. 関西において好まれる住宅デザイン」が最初の調査である．モダニズムデザインはあまり好まれないであろうと仮説を立てての調査であったが，モダニズムデザインに対する市民の忌避度は予想をはるかに超えたものであった．また，考えた以上に洋風民家・伝統様式のデザインが好まれていることもわかった．また和風が京都でもそれほど好まれていないことも意外であった．その他の調査からも，同様の傾向が明らかになった．

　調査ではモダニズム建築が市民に支持されず，洋風の伝統的様式への支持が高いことが示されたが，わが国の建築界の常識とは大いに異なる結果であり，どのように取り扱うかについては，いささかの躊躇があった．いろいろと調べるうちにまず見つけたのは4-5に記載のナサールの文献である．アメリカでも，市民はモダニズムを好まず伝統的様式を好むことが明らかになった．またその後，1-3にある戸谷英世の論説に接し，わが国にも現代建築デザインについて同じ考え方の人がいることがわかり，わが意を強くした．

　第1章は，本書の社会的意義を再考して記した．デザインが単なる趣味的

なものではなく，環境問題や幸福追求権・財産権に関わる重要なものであることを掘り下げた．

　第2章では建築デザインを評価する上で必ず行わなければならないモダニズムに関しての考察を加えた．これはまた建築を新たに学ぼうとする人々にとってのガイダンスでもある．この章をまとめたあと，ギーディオンの空間・時間・建築などのこれまでの近代建築デザイン史に関する文献との比較を試みたが，社会・経済史との関連などの多様な観点からは，本書の分析の方がより科学的で総合的であると判断された．

　いかにスクラップ&ビルドを克服する可能性のある新しいデザインを提案できても，それを実現する方策がなければ画餅である．第5章では，新しいデザインや街並みを支持する市民が，それを実現する方策を探った．

　本書の難産の原因は，第6・7章である．どのような研究でも，将来を展望するところは多くの困難がともなう．望ましい形象のストレートな創造は困難である．そこで，まず論理から出発し，その論理に適合するものを過去に求めようとする方法を取った．いわゆる温故知新である．調査で明らかになったモダニズムデザインの問題点「文化的情報の欠如」の克服が基本的な課題であることを論理の中心に据え，現代でも利用可能な，そして現代の市民にも支持され得る，文化的情報を豊かに持った建築様式を探ることになった．

　求める建築様式は身近にあった．私のワーキングフィールドである京阪神に豊富に存在する大正モダンと呼ばれる建築様式である．デザインサーベイ（デザイン調査）はまだ始まったばかりだが，古い住宅地の中を歩くとそこかしこにそのようなデザインの歴史的な雰囲気が魅力的な住宅が佇んでいる．大正から昭和初期にかけての，先人たちの努力の結晶である．ミッションスタイルやゼセッション，アール・デコなどを日本化したそのようなデザインを温めながら新しいデザインを知り生み出すのがこれからの大きな課題であると思う．

　今でも抽象的な形態のモダニズム建築デザインや建築論を強く信じる傾向の強い建築専門家の間では，本書の内容はなかなか理解が得られないかもしれない．しかし現在の日本における住宅や建築のデザインや建設は行き詰ま

っている．いくら新しい建築をつくっても街並みは混乱を増加させるだけであるし，また設計者が市民から住宅設計の発注を得ることは困難である．町場の工務店も工業化住宅などとの競争で仕事を取るのは容易でない．

　本書のように，住民・市民の好み・望みの実現を課題として掲げる建築論・デザイン論は，上記のような問題を改善する上で，唯一の可能性のある創作・方法論であろう．本書の内容が広く理解され，これからのわが国の住宅づくりやまちづくりに，しかるべき影響を与えることができるよう期待したい．

　なお，この図書は，京都橘大学の助成を受けて出版するものである．

[著者紹介]

竹山 清明(たけやま きよあき)

京都橘大学現代ビジネス学部教授．1946年兵庫県芦屋市に生まれる．京都大学工学部建築学科卒業，同大学院修士課程修了．兵庫県建築部営繕課・住宅建設課に勤務．1級建築士事務所生活空間研究所主宰．神戸松蔭女子短期大学助教授，京都府立大学准教授をへて2008年より現職．専門は建築意匠・計画．工学博士，1級建築士，日本建築家協会登録建築家．

サステイナブルな住宅・建築デザイン
新しい空間創造の方法

2009年2月25日　第1刷発行

定価（本体3200円＋税）

著　者　　竹　山　清　明
発行者　　栗　原　哲　也
発行所　　株式会社 日本経済評論社
〒101-0051　東京都千代田区神田神保町3-2
電話 03-3230-1661／FAX 03-3265-2993
振替 00130-3-157198

装丁＊渡辺美知子　　　　太平印刷社・根本製本

落丁本・乱丁本はお取替いたします　　Printed in Japan
© TAKEYAMA Kiyoaki 2009
ISBN978-4-8188-2042-5

・本書の複製権・譲渡権・公衆送信権（送信可能化権を含む）は㈱日本経済評論社が保有します．
・JCLS ㈱日本著作出版権管理システム委託出版物）
本書の無断複写は著作権法上での例外を除き禁じられています．複写される場合は，そのつど事前に，㈱日本著作出版権管理システム（電話03-3817-5670，FAX 03-3815-8199，e-mail：info@jcls.co.jp）の許諾を得てください．

西山夘三の住宅・都市論
―その現代的検証―
住田昌二＋西山文庫編　本体 3800 円

住宅政策の再生
―豊かな居住をめざして―
塩崎賢明編　本体 4200 円

都市モデル論序説
竹内光博　本体 4200 円

都市空間を創造する
―越境時代の文化都市論―
端信行・中牧弘允・NIRA 編　本体 3400 円

イギリス住宅政策と非営利組織
堀田祐三子　本体 4200 円

日本経済評論社